Le Maroc et ses riverains méditerranéens

Histoire et Perspectives méditerranéennes
Collection dirigée par Jean-Paul Chagnollaud

Dans le cadre de cette collection, créée en 1985, les Éditions L'Harmattan se proposent de publier un ensemble de travaux concernant le monde méditerranéen des origines à nos jours.

Déjà parus

Mehenni AKBAL, *Archives algériennes de la France coloniale, Réflexion sur la valeur de l'administration communale,* 2019.
Tahar KHALFOUNE (dir.), *Mélanges en l'honneur de l'historien Gilbert Meynier*, 2019.
Sofiane BOUHDIBA, *Jeunes de Tunisie*, 2019.
Chérifa SIDER, *Traumatisme psychologique et suicide en Algérie*, 2018.
Hassan BANHAKEIA, *La littérature de voyage en Afrique du Nord*, 2018.
Gibson NCUBE, *La sexualité queer au Maghreb à travers la littérature*, 2018.
Jacques BINOCHE, *L'Algérie et sa représentation parlementaire, 1848-1962*, 2018.
Saâdia AGOURAY, *Mobilités spatiales à Casablanca. Caractéristiques, mécanismes et impacts*, 2018.
Sofiane BOUHDIBA, *Six millions de femmes*, 2018.
Hosni KITOUNI, *Le désordre colonial, L'Algérie à l'épreuve de la colonisation de peuplement,* 2018.
Houria ALAMI MCHICHI, *Un autre regard sur les migrations, Expériences du Maroc*, 2018.
Antoinette CHAUVENET avec Faïza CHERFI et Marie-Claire MICHAUD, *La promotion des droits humains en Algérie*, 2017.
Catherine GUILLAUMOND, *Cuisine et diététique dans l'occident arabe médiéval. D'après un traité anonyme du XIIIe siècle, Étude et traduction française,* 2017.
Driss ABBASSI, *La Tunisie depuis l'indépendance, Politique, histoire, identité,* 2017.
Işil ZEYNEP TURKAN-IPEK, *Chroniqueurs politiques en Turquie (1980-2014),* 2016.
Imane BENNANI, *L'habitat menaçant ruine au Maroc, Les procédures administratives à l'épreuve des effondrements,* 2016.
Mokhtar KHELADI, *L'Algérie pays immergeant*, 2016.
Abdellah BOUNFOUR *Malaise dans la transmission, La crise de l'autorité familiale, scolaire et politique au Maghreb,* 2016.

Abdelghani YOUMNI

Le Maroc et ses riverains méditerranéens

Emergence économique,
réformes, défis et enjeux

L'Harmattan

5-7, rue de l'Ecole-Polytechnique, 75005 Paris

www.editions-harmattan.fr

ISBN : 978-2-343-16567-7
EAN : 9782343165677

« Quand les pays qui s'acquièrent, comme j'ai dit, sont accoutumés de vivre sous leurs lois et en liberté, il y'a trois manières de s'y maintenir : la première est de les détruire ; l'autre d'y aller demurer en personne ; la troisième est de les laisser vivre selon leurs lois, en tirant un tribut, après y avoir établi un gouvernement de peu de gens qui les conserve en amitè »

Nicolas MACHIAVEL, Le Prince, 1515

Introduction

« Dans quelle mesure les politiques économiques telles qu'elles ont été appliquées dans certains Pays du Sud et de l'Est de la Méditerranée (PSEM), durant les trois dernières décennies, ont impacté leur développement économique et social? », telle est la question centrale à laquelle nous tenterons de répondre à travers le présent ouvrage. Nous verrons qu'en dépit de toutes les complexités liées à l'analyse de cette question, des débuts de réponses restent possibles et c'est dans ce sens que nous essaierons de la décortiquer en nous focalisant sur les traits marquants des politiques socioéconomiques de cette région. Tout au long des trois dernières décennies, les éléments essentiels des politiques publiques adoptées, se sont présentées sous les dénominations de « Plan d'Ajustement Structurel » (PAS) ou de « Libéralisation Financière » venant traduire concrètement les idées du courant néolibéral prôné par les grands bailleurs de fonds institutionnels de la planète. Pour les plus enthousiastes, de nouvelles voies de développement ont été ouvertes, mais à des échelles nationales, voire régionales, fondant des modèles de développement largement axés sur le partenariat entre le secteur public, en renouvellement de son mode de management, et le secteur privé globalisé et à la recherche de nouvelles niches d'opportunités et de profits.

Pour bien comprendre à la fois les fondements macroéconomiques et les outils d'évaluation de ces politiques publiques dictées ou choisies, nous tenterons de répondre à trois questions subordonnées à notre question majeure :

- Quelles évaluations peut-on faire de la mise en œuvre du PAS et de la libéralisation financière?
- Quels sont les principaux dispositifs et les mécanismes de déploiement de ces politiques publiques ?
- Dans quelles mesures, les choix de modèles de développement pilotés de part et d'autre par la plupart des PSEM contribuent-ils à se faire sentir tant au niveau du développement économique que de la réduction des inégalités ?

Et c'est dans ce sens que nous aurions bien tort de ne pas esquisser des réponses aux interrogations suivantes :

1- La libéralisation financière doit-elle toujours être introduite de la même manière et au même rythme dans tous les pays en développement ?
2- Comment peut-on se prémunir des effets pervers du développement financier sur le bien-être collectif et sur la répartition des revenus ?
3- Le développement financier peut-il potentiellement réduire la pauvreté ?
4- Y a-t-il une corrélation entre l'ouverture aux capitaux étrangers, le développement de la sphère financière, les tentatives de bonne gouvernance et le décollage de l'économie réelle dans ces pays ?
5- L'accentuation des dualismes économique, fiscal, financier et social dans la plupart de ces pays n'est-elle pas une réponse à l'échec de l'ajustement et de la libéralisation financière ?

Autant de questions auxquelles nous entendons apporter des débuts de réponses. Cela étant dit, nous allons dans ce livre essayer de comprendre et d'expliquer, le cas échéant, si les réformes structurelles et les politiques de libéralisation financière constituent pour ces économies des pays du Sud et de l'Est de la Méditerranée, les seuls remparts contre leur retard de développement et contre les inégalités sociales. N'existe-t-il pas d'autres alternatives ?

Sans souscrire à la belle marche de l'ultralibéralisme ni regretter les économies planifiées ou keynésiens d'antan, nous espérons :

- Concourir de manière constructive à une meilleure compréhension des effets des politiques de l'ajustement structurel et de la libéralisation financière en général sur certains PSEM et plus particulièrement sur le Maroc.
- Disposer d'une vision synthétique des liens existants entre le développement financier, le développement économique et la réduction des inégalités dans le cas de ces pays.
- Tout en analysant les tenants et les aboutissants de l'échec partiel des politiques de libéralisation financière mises en place pour chaque économie, essayer de plaider en faveur d'une réflexion plus globale aboutissant à une conception de politiques publiques en adéquation avec les réalités territoriales et socioéconomiques de ces pays ;

- Tenter de faire des propositions de solutions au cas par cas quant à l'impératif d'un développement financier tenant compte des risques de fractures sociales et des multiples embrasements passé, présent et à venir que connaissent les pays du Sud et de l'Est de la Méditerranée.

Chapitre I
Fondements et évaluation des dimensions macro-économiques et sociales des politiques d'ajustement structurel dans les PSEM

SECTION I : PHILOSOPHIE, INDICES ET OBJECTIFS DES POLITIQUES D'AJUSTEMENT STRUCTUREL

Et si les discours plaidant en faveur de l'austérité et des réformes d'ajustement structurel n'étaient pas la potion miracle pour faire débarquer les pays du sud de l'endettement et des inégalités sociales. Pourtant, il faut se résoudre à l'évidence que ce sont ces deux mesures que la Banque Mondiale et le Fonds Monétaire International ont défendues et défendent depuis un demi-siècle.

1.1- La philosophie thérapeutique des organisations internationales, ajustement versus stabilisation

Vers la fin des années soixante-dix et suite notamment aux effets néfastes des deux chocs pétroliers de 1973 et de 1979, des déséquilibres macro-économiques sont apparus dans un bon nombre de pays en développement. Traduisant des insuffisances d'ordre structurel, tant complexes et profondes, ces déséquilibres se sont manifestés notamment à travers une crise de la dette extérieure de ces pays conjointement avec celle de la balance de paiements. En effet, le poids de la dette extérieure et le caractère exponentiel de son service ont aggravé considérablement, dans ces pays, à la fois les déséquilibres des balances de paiements et les déséquilibres budgétaires. Rappelant que la relation entre ces deux types de déficits est largement connue dans les récits de la littérature économique souvent sous le nom de « déficits jumeaux ». Sur ce point, on spécifie qu'on parle de déficits jumeaux quand une hausse du déficit budgétaire induit une augmentation du déficit extérieur. L'étude des déficits jumeaux a également fait l'objet de nombreux travaux théoriques et empiriques et a connu un regain d'intérêt dans les années quatre-vingt suite à leur hausse simultanée aux Etats-Unis[1]. En principe, les deux déficits, souvent étroitement corrélés, ont conduit à la nécessité de mettre en place des stratégies de sortie de crise, toutes sans sauvetage.

Dans cette perspective, il est plus utile de spécifier que depuis 1982, année de la crise du Mexique, les pays en développement subissent des évolutions différenciées et selon leurs propres caractéristiques macroéconomiques, microéconomiques et leur spécificités démographiques. On peut distinguer dans ce diagnostic trois catégories de pays comme spécifié ci-dessous :

- Certains de ces pays, après de courtes périodes de réorganisation impulsée par des réformes en la matière, reprennent le chemin d'une croissance durable.
- D'autres, à l'opposé, s'orientent plutôt vers des thérapies de choc et vers l'ajustement récessif, le cas de la majorité des pays au sud de la Méditerranée.
- D'autres enfin, mettent des politiques d'ajustement vertical fondées sur la relance par une politique de l'offre orientée vers les exportations, l'exemple des paus du Sud Est Asiatique.

Si globalement ces politiques ont été fondées sur la base d'approches économiques d'inspiration libérale, comme spécifié et défini par des organisations internationales telles que le Fonds Monétaire International et la Banque Mondiale, certains pays ont tenté des politiques d'ajustement structurel hétérodoxes (Argentine, Brésil) ou d'auto-ajustement (Rwanda, Burkina Faso), et ce, dans la perspective d'éviter des conséquences sociales désastreuses et déstabilisantes des systèmes économique, politique et social régnants.

Etant donné ces éléments et ces faits, et dans le but d'examiner convenablement les sujets et les acteurs mis en jeu, nous adoptons une démarche présentant d'abord ces institutions, les conceptions théoriques qui sous-tendent leurs interventions, le mode d'élaboration et enfin les effets sociaux de ces programmes.

---

[1] Jobert Thomas, Zeyneloğlu İrem, « Peut-on parler de déficits jumeaux pour la Turquie ? Une étude empirique sur la période 1988-2000 », Economie Internationale 1/ 2006 (n°105), p.63-83.

1.1.1- Les contours des stratégies et du rôle des institutions internationales

On peut bien sûr concevoir que l'aggravation des déséquilibres dans les pays en développement a conduit à une intervention des organisations internationales pour dicter des politiques économiques tentant à ressortir de telles crises qui faisaient paniquer, non seulement les économies nationales, mais contaminaient également les contours d'une économie internationale de plus en plus libérale et en marche vers la globalisation. Il faut souligner que ces institutions n'ont pas été créées pour ce mode d'intervention et que cela était en parfaite contradiction avec leur mission officielle.

a- Les logiques de l'intervention du Fonds Monétaire International

A la base, le FMI a été créé pour assurer la stabilité monétaire internationale et permettre aux liquidités disponibles de financer la croissance économique mondiale. Cette double mission lui confère alors le statut de juge et partie dans l'évaluation de l'équilibre de la balance des paiements des pays en difficultés. En ce qui concerne cet organisme, les articles de l'Accord de Bretton Woods, datés de1944 et qui sont à l'origine de sa naissance, furent fortement influencés par l'expérience de l'entre-deux-guerres dont les spécificités ont été l'instabilité des systèmes financiers, le niveau des prix, le chômage et les fluctuations de change.

Pensée et conçue dans un cadre libéral, l'intervention du FMI était jugée propice pour jouer un rôle central dans la coordination des prêts bancaires à l'égard des pays plombés par les dettes, pour lesquels les déséquilibres de la balance des paiements et les déficits budgétaires ne sauraient, en principe, être que transitoires. Dans l'exercice de ses prérogatives, la pression du FMI donnait aux gouvernements des alibis politiquement acceptables. Afin de réduire les déficits jumeaux, la recette est bien simple : ces pays devaient proscrire si non les transferts sociaux et les subventions aux importations, relever le niveau des taxes, diminuer les emplois et les salaires dans le secteur public et accroître les prix des biens et services à caractère régalien. En outre, on préconise, en plus, d'opérer des dévaluations monétaires dans la perspective d'accroitre une politique publique d'import-substitution forcée. Ainsi, les pays ont, à certains moments, détourné l'animosité vers le FMI qui était blâmé par l'opinion publique « d'imposer » des mesures économiques aussi restrictives. En réalité, les gouvernements des pays débiteurs coopéraient pleinement avec le FMI et considéraient de leur plein gré que les coûts de cette opération étaient préférables aux coûts du statu quo.

Le FMI n'est pas exclusivement un organisme de financement, mais un gestionnaire d'économie du défaut. La crise de l'endettement s'est avérée être une problématique impliquant autant les gouvernements créanciers que les débiteurs comme le FMI, la Banque Mondiale et les grandes banques privées ayant de fortes créances sur les pays en développement. La question de la dette a été souvent parementée, en réalité, c'est une source d'incertitude et de stagnation économique conduisant souvent à un effet domino incluant dans son sillage débiteurs et créditeurs ne disposant pas de moyens propres. Après 1980, le FMI s'est focalisé sur le couple ajustement/rééchelonnement de la dette des pays en développement. Pour ces pays, les experts du FMI considèrent que l'ajustement est la seule réponse nécessaire à l'exaspération de la contrainte du surendettement alors que le rééchelonnement n'est qu'une mesure en amont de l'ajustement, permettant une solution en demi-teinte des effets pervers de l'endettement.

b- La feuille de route de la Banque Mondiale

La naissance de la Banque Mondiale remonte aux accords de Bretton Woods, de juillet 1944. Dénommée « Banque Internationale pour la Reconstruction et le Développement : BIRD », elle devait accorder des prêts pour le financement de projets publics de reconstruction au profit des régions ravagées par les affres de la Seconde Guerre mondiale.

C'est une banque d'assistance, de mise à niveau et d'accompagnement. Elle vise la croissance par le développement à travers le financement : « Pour avoir un maximum d'efficacité, les investissements de la Banque Mondiale doivent être consacrés aux projets qui contribueront plus au renforcement de l'économie du pays emprunteur »[2].

Parallèlement, elle se présente comme un centre de pilotage, de réflexion, d'analyse et de coordination au service des nations en difficultés. Cette institution a une vocation internationale dont les fonctions ont évolué en fonction des changements économiques et

---

[2] BIRD Rapport annuel, Banque Mondiale, Washington DC, 1949-1950.

géopolitiques dans le monde, passant des infrastructures dans les années 1950-1960, à la satisfaction des besoins essentiels entre 1960 et 1980, aux plans d'ajustement structurel durant la décennie 1980-1990 pour s'orienter depuis 2000 vers la lutte contre la pauvreté, la corruption et la promotion de la bonne gouvernance et le développement durable.

Considéré comme l'un des maîtres à penser de la Banque Mondiale, Robert Mc Namara, Président de la Banque Mondiale de 1968 à 1981 disait qu'« il est très difficile de mettre en place des politiques efficaces de lutte contre la pauvreté. Pour une raison que l'on oublie souvent : pour donner aux pauvres, il faut prélever une partie de la richesse d'un pays pour la redistribuer et cette idée est dans la plupart des cas rejetée par le reste de la population qui a le sentiment d'être pénalisée. Pour ma part, je pense que l'on peut consacrer des sommes importantes pour la pauvreté sans pénaliser la croissance. Au contraire, en investissant sur les pauvres, en leur donnant les moyens de se former, ou de profiter du progrès technique, on enrichit à terme le pays ».

c- Les contributions du plan Brady

Le programme de « réduction volontaire de la dette » annoncé en mars 1989 par Nicholas Brady opère une vision nouvelle en termes de réduction de la dette. Elle serait essentiellement construite autour des procédures des marchés financiers, ainsi les créances bancaires seraient converties en titres financiers titrisés et associés à de plus modestes garanties en faveur d'organismes multilatéraux. C'est une poursuite de l'ajustement avec un apport de liquidité pour éviter les cessations de paiement d'Etats souverains. Réelle innovation, ce plan a offert des solutions viables pour 39 pays lourdement endettés, à hauteur de 330 sur un encours total de 560 milliards de dollars.

Se focalisant sur le cas mexicain, il est à spécifier que ce pays a réalisé, en juillet 1989, le premier exercice de ce plan de sauvetage avec les quatre options suivantes offertes aux banques créditrices :

- Echanger une partie des créances contre de nouvelles obligations de valeur finale réduite de 35%, au taux d'intérêt de marché et offrant la garantie de remboursement total après 30 ans et, in fine avec 18 mois d'intérêts garantis renouvelables.
- Convertir des créances contre des obligations de même valeur faciale, mais à taux d'intérêt réduit de 6,25% pour une maturité de 30 ans et remboursable à terme.

- Aucune conversion de créances en titres, mais apport de new money pour un montant égal à 25% de l'encours détenu, sur quatre ans, de 1989 à 1992 remboursable sur 15 ans avec un délai de grâce de 7 ans et un taux d'intérêt égal au LIBOR+33/16 de points. Cet accord se solde par une réduction de la dette mexicaine envers les banques commerciales de 14,5 milliards de dollars. Les garanties du principal et des intérêts sont financées en utilisant les ressources de la Banque Mondiale (2 milliards de dollars), d'un fonds de droits de tirage spéciaux (1,3 milliards de DTS) et les réserves mexicaines (1,3 milliards de dollars).
- Accepter de mettre régulièrement de l'argent frais dans les caisses de l'Etat mexicain.

L'ingénierie financière du plan Brady, mélange des prêts et des dons pour réussir le mécanisme de sauvetage. Ce plan a montré qu'il suffisait d'effacer une partie de la dette pour permettre aux débiteurs d'honorer, par la suite, les créances restantes puisque leur prix a augmenté après les allègements de la dette. Bien évidemment, seules les deux premières possibilités constituent une réduction effective de la dette. Que le pays gagne sur le capital ou sur les intérêts, les deux propositions sont à peu près équivalentes, pour le pays débiteur ou pour les banques. En revanche, la troisième et la quatrième possibilité ne libèrent absolument pas les banques du fardeau mexicain : elles gardent alors des créances en souffrance irrévocables à 100% de leur valeur en imposant aux banques l'obligation de continuer à financer le Mexique, année après année et dans ce sens le maintien de l'orthodoxie bancaire s'avère bien coûteux. Ainsi nous déduisons que ce plan n'est donc pas une fin, mais plutôt une étape essentielle qui indique clairement le modèle d'une finance en labyrinthe que la globalisation imposera un jour aux Etats et aux banques privées du monde.

1.1.2- Les conceptions de l'Ajustement Structurel

Résumons, dans la terminologie Banque Mondiale et Fonds Monétaire International, la notion d'« ajustement structurel » fait en principe référence à une modification de la structure des prix dans les contours de l'économie nationale qui a des problèmes liés aux déficits jumeaux. Dans l'objectif d'asseoir lesdites économies sur des bases plus saines, la solution idoine serait que les prix se forment sur des marchés concurrentiels au sein d'économies plutôt ouvertes et libérales et dans lesquelles l'intervention des pouvoirs publics serait limitée voire prohibée.

Dans les pays industrialisés, les problèmes d'ajustement et de stabilisation sont souvent abordés à l'aide du modèle Keynésien de relance par la demande en référence à l'école de Cambridge. Ces approches n'ont pas été retenues dans le cadre de la mise en place des programmes d'ajustement structurel des pays pauvres.

Selon Bernard Petit[3], la stabilisation vise à restaurer l'aptitude des pays concernés à poursuivre le service de la dette, mis en péril par l'excès de la demande sur l'offre. Cette politique de contraction de la demande privilégie les instruments de politique monétaire (taux de change, crédit) et budgétaire (compression des dépenses publiques, accroissement des recettes fiscales). Conçus pour une durée plus longue, leur objectif est d'adapter les éléments structurels de l'économie aux capacités réelles et de rétablir, ce faisant, les conditions nécessaires à la reprise de la croissance. L'objectif est dès lors de libéraliser l'économie, de l'ouvrir à l'extérieur, et d'assurer la dérégulation.

1.2- Principales questions liées à la mise en place de l'ajustement structurel

Nous essaierons d'approfondir les aspects inhérents à deux questions essentielles afférentes à la portée des Plans d'Ajustement Structurel. Il s'agit de celle liant l'endettement extérieur à la balance des paiements et de celle le corrélant fortement à la contrainte budgétaire de l'Etat.

1.2.1- L'endettement extérieur et ses effets sur la balance des paiements

Dans cette analyse macroéconomique, la question qui se pose est de savoir si les modèles simples ou complexes de l'ajustement permettent aux économies surendettées de dégager des excédents en devises et, le cas échéant, à quel coût en termes de croissance économique, ou au contraire s'ils sont à l'origine d'un « nouvel endettement ».

Ainsi, les décideurs politiques espéraient que l'ajustement par le biais de la croissance des recettes en devises des pays débiteurs

---

[3] PETIT Bernard, (1993) : « L'Ajustement Structurel et la Position de la Communauté Européenne », Revue Tiers- Monde, T. XXXIV,n° 136, oct.-déc.

contribuerait à une reprise économique « spontanée » et à une résorption du poids de la dette. Pour qu'un tel ajustement se réalise, deux conditions sine qua non doivent être remplies :

- Primo, il est nécessaire de gagner des parts de marché à l'extérieur ;
- Secundo, il faut que les appareils productifs soient suffisamment flexibles pour pouvoir se tourner d'une manière systématique vers la demande extérieure. En d'autres termes, la résorption des dettes passe par une approche incluant l'import-substitution et la hausse des exportations.

a- L'ajustement et l'accès aux marchés financiers

L'obligation de rembourser pour les pays débiteurs est soumise à la condition de dégager des excédents nets en biens et services. Il est vrai que les flux de financement extérieur offrent la possibilité de rembourser les tranches de la dette, mais seulement de manières conjoncturelles. Le remboursement structurel et réel ne peut se réaliser que dans une phase mature des échanges commerciaux entre les pays riches et les pays en développement. En ce sens, les riches doivent accepter une balance commerciale déficitaire vis-à-vis des plus pauvers. Si ce n'est pas le cas, le système se grippe.

En termes d'échanges cette configuration n'est qu'une image d'Epinal dans les relations entre les nations : à titre d'exemple, à la fin de la deuxième guerre mondiale, les Etats Unis ont financé la libération et la reconstruction de l'Europe des alliés et des vaincus avec des prêts, tout en conservant et en renforçant leurs mesures protectionnistes. De l'aveu de tous, seuls des excédents des exportations de produits manufacturés et de services riches en technologies du Sud vers le Nord permettront de desserrer la contrainte extérieure et d'alléger le surendettement. Le remboursement suppose que les pays industrialisés jouent la flexibilité relative, le problème devient sérieux dans le cas d'un dilemme épineux « remboursement de la dette du Sud » ou « protection de l'emploi au Nord ». Ce compromis ne peut se faire que dans deux cas de figures :

- Le premier est celui de la délocalisation ou de la colocalisation d'une partie de la production des firmes multinationales vers les pays en développement. Avec un double mécanisme, une main-d'œuvre locale de ces pays rémunérée en devise et des produits des pays en développement exportés vers les marchés des pays industrialisés dans la mesure où ils correspondent à des flux internes à « l'espace firme multinationale ».

- Le second est d'encourager les exportations des firmes publiques ou privées des pays en développement, mais ce type de conquête de marchés est beaucoup plus complexe en raison de la concurrence entre les pays en développement et une résistance des structures industrielles et des partenaires sociaux dans les pays riches.

Tableau n°I.1 : Balance des paiements courants et endettement extérieur des quinze pays lourdement endettés (milliards de dollars)

	1982	1987
Balance des paiements courants	-50,7	-7,6
Exportations de marchandises	112,2	112,1
Revenus des services	29,7	29,7
Importations de marchandises	-108,2	-84,2
Dépenses en services*	-43,2	-38,2
Paiements d'intérêts	-43,4	-30,9
Transferts	2,2	4,3
Endettement extérieur	380	466
En % des exports de biens et services	268	329
Pour mémoire		
Balance commerciale en termes réels**	4	54
Exportations de marchandises	112	136
Importations de marchandises	-108	-82

* A l'exclusion des paiements d'intérêts de l'endettement extérieur

** Données à prix constants calculés aux taux de change de 1982

Source : BRI, Rapport 1988, p.77

b- Contraintes internes et disparités des appareils productifs

Il nous semble à présent qu'il est difficile de développer les exportations vers le Nord. Cela passe par la maîtrise des processus de production, la forte intelligence économique d'identification des marchés et l'utilisation des avantages relatifs pour mettre en place des mécanismes optimaux de satisfaction de la demande extérieure. Cependant, il est inconcevable de faire autre chose que de réduire la demande interne pour faire fléchir le poids des importations, de telle manière qu'à moyen terme les produits importés antérieurement et consommés localement puissent être disponibles pour l'exportation.

Nous n'avons que quelques cas d'école, tous asiatiques, le Japon, l'Inde, la Chine et la Corée du Sud et Singapour.

Sur le plan théorique, cette question a été bien soulevée par Keynes dans les discussions sur les réparations allemandes de 1919 qui suivirent la Première Guerre mondiale. Tout va bien pour la théorie « moderne » tant qu'on considère que les Anglais se mettront, du jour au lendemain, à consommer davantage de produits allemands.

De plus, pour que la réallocation soit efficiente, il est inutile qu'une élévation des exportations s'accompagne d'une forte progression des importations. Cela crée inévitablement un effet d'éviction. De même si les économies sont désarticulées, la croissance des exportations se traduit par une forte propension marginale à importer. Sans détour, les pays en développement ont des parcours inégaux en matière de compétitivité et de progrès technique ce qui induit des dynamiques de croissance à forte élasticité et des sorties par « le haut » fort limitées.

1.2.2- La question de la dette extérieure et la contrainte budgétaire

Il est intéressant et fort utile de rappeler ce que dit la science économique sur la question de l'interdépendance et de l'existence de vases communicants entre dette extérieure et dette intérieure. Rembourser la dette consiste fondamentalement à dégager un excédent budgétaire. Pour cela il faut travailler à résoudre l'équation de la soutenabilité de la politique fiscale et de l'évolution du taux d'endettement. L'objectif de toute politique fiscale est de régulariser les cycles, soutenir la croissance ou stabiliser la dette publique, un vrai dilemme pour tout gouvernement ayant de la dévotion pour ses adminsitrés et pour sa population. A la base, une situation fiscale est considérée comme insoutenable si elle débouche dans le futur sur une situation d'insolvabilité de l'Etat. Pour parler de soutenabilité, il faut que la valeur actualisée du surplus, avant le paiement des intérêts et l'amortissement du principal, soit au moins égale à la dette publique existante. Quelle que soit la méthode employée pour soutenir la dette, via la réduction des dépenses publiques et/ou via l'augmentation de la pression fiscale, les conséquences sur les niveaux d'investissement et sur la consommation risquent d'être de taille et peuvent ralentir sérieusement la croissance économique.

a- Effets de seuil et alternatives de la politique budgétaire

La notion d'effet de seuil est généralement soulevée lorsqu'on traite la question de la dette extérieure et de la contrainte budgétaire. Ainsi, l'existence d'effets de seuil implique l'existence de régimes budgétaires naturels ou artificiels conditionnels à l'endettement public. Et cela dépend pleinement de la coexistence entre les mécanismes de la demande et les mécanismes de l'offre. Toute baisse des dépenses publiques annonce une baisse future des prélèvements fiscaux et cela se traduit par un effet de richesse.

Pour ce qui est des effets de l'offre, ils reposent d'une part sur l'ajustement par la baisse des dépenses publiques qui limitent l'accroissement de l'impôt et, d'autre part, sur la composition de l'ajustement budgétaire qui dépend du niveau du taux d'endettement. En réalité, l'essentiel de la dette des pays en développement est constitué par la dette publique contractée par les Etats. En étudiant sept pays surendettés (Argentine, Brésil, Corée du Sud, Indonésie, Mexique, Philippine, et Venezuela), Reitsen et Van Totsenburg ont montré que, pour ce groupe de pays et même pour des pays à revenus relativement élevés, les problèmes budgétaires sont au centre de la crise d'endettement.

Trois options s'ouvrent à ces Etats en dehors de la réduction des dépenses publiques comme le suggère le schéma suivant :

Figure n°I.1 : Options de réduction des dépenses publiques

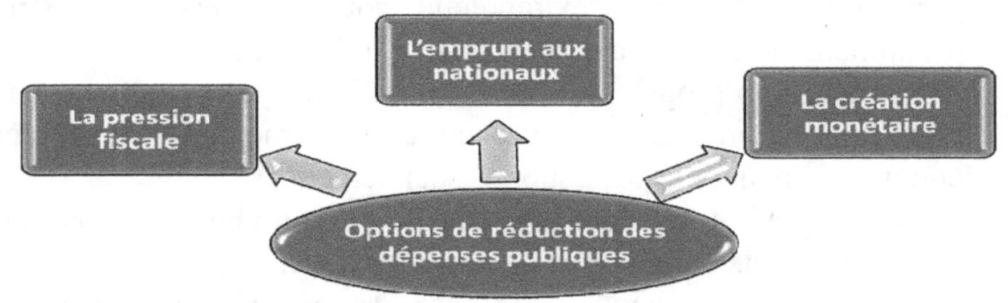

Source : l'auteur

Reisen et Van trotsenburg, attestent que la plupart des pays de cet échantillon ont financé le déficit budgétaire exclusivement par l'inflation[4]. Ils soulignent que s'il est clair que l'inflation est un mode

[4] D'après la Banque Mondiale (1989), pour les seuls pays d'Amérique latine les transferts du secteur public au titre de la dette extérieure.

de financement des transferts nets, celui-ci trouve ses propres limites face à l'érosion du pouvoir d'achat des actifs monétaires qu'il crée au profit le plus souvent d'une fuite de capitaux et des multinationales, même si le coût relatif de la main-d'œuvre diminue.

Un des éléments fondamentaux de la plupart des programmes d'ajustement mis au point avec l'aide des institutions internationales est la réduction du déficit budgétaire qui se fait soit par l'ajustement budgétaire, soit par l'ajustement stabilisateur. Ainsi, il y a lieu de préciser la portée de ces deux variantes :

- L'Ajustement budgétaire consiste en la consolidation et la préservation des équilibres financiers fondamentaux qui constituent une exigence absolue, que ce soit pour satisfaire aux règles des bailleurs de fonds et du FMI « autorités macroéconomiques de tutelle » ou encore pour créer un climat d'assainissement des finances publiques. Dans ce sens, l'ajustement budgétaire doit concerner aussi bien les inputs (recettes) que les outputs (dépenses publiques).
- L'Ajustement des recettes doit reposer sur :

1. La politique fiscale qui doit s'attaquer aux multiples exonérations et aux différents bastions privilégiés consentis « injustement » à certains revenus, aux rentiers et à certains secteurs économiques ; ceci est d'autant plus prioritaire que ces incitations fiscales se sont révélées inefficaces ;
2. La suppression sinon la réduction des exonérations dont bénéficie l'agriculture et qui s'extrapolent souvent vers l'industrie agroalimentaire comme c'est le cas pour le Maroc ;
3. La formalisation progressive de l'informel pour le soumettre à une assiette fiscale proportionnelle et graduelle permettant de l'intégrer économiquement pour le supporter socialement ;
4. La lutte contre la fraude et l'évasion fiscales qui vident les comptes des prélèvements obligatoires de leur substance.

Par cette logique axée sur la stabilisation, la maîtrise et la rationalisation des dépenses publiques doit aller dans plusieurs directions et plus particulièrement vers :

- Un moins d'« Etat » en utilisant la réduction versus la suppression des subventions aux entreprises publiques ;
- Un ciblage des subventions de certains produits de consommation de base au profit des couches sociales les plus vulnérables et non de les généraliser à toute la population (subventions aveugles) comme c'est le cas pour la Caisse de Compensation marocaine ;

- Une maîtrise des dépenses de fonctionnement qui absorbe une part importante du PIB sans donner de résultats probants ;
- La recherche d'outils moins onéreux afin de financer le fardeau du service de la dette publique.

b- Le dilemme « plafonnement de la dette extérieure/Croissance de la dette intérieure » : Dettes et déficits jumeaux

Les fondamentalistes du plafonnement de la dette sous-estiment souvent le coût de l'ajustement nécessaire pour stopper brusquement le financement par l'endettement. C'est à cause de ce coût que des pays désargentés sont souvent confrontés à d'énormes problèmes sociaux et économiques. En général, la maîtrise de la dette extérieure transparente se fait au détriment de la dette publique opaque et intergénérationnelle. Il est indéniable que la crise de la dette extérieure et le reflux brutal du financement extérieur de l'après 1982 aient constitué une véritable épée de Damoclès pour les pays endettés. Les ajustements ne semblaient plus être ni supportables ni aisés.

Face à ce manque de flexibilité et par peur de troubles sociaux, il était donc nécessaire de trouver des alternatives de financement du déficit public. Au niveau interne pour faire face aux défaillances de gestion et aux coûts des ressources externes, il fallait donc innover et proposer des taux de rendement élevés afin que les parts de dettes émises en titres trouvent un écho favorable auprès des épargnants privés et institutionnels. Tout en étant très coûteuses pour le Trésor Public, les émissions de titres ont été souvent exprimées en monnaie locale. Dans les pays où le système financier est étroit, le gonflement de la dette se traduit souvent par la montée des arriérés de paiement. Dans le domaine public, cela se traduit par une augmentation très significative des dépenses engagées, qui ne sont pas liquidées durant l'exercice budgétaire aggravant davantage les déficits et le poids de la dette.

Dès la fin de l'année 1983, en Côte d'Ivoire et à titre d'exemple, les arriérés du secteur public vis-à-vis de l'ensemble des autres agents dépassaient ceux de la dette extérieure publique. La capacité d'un Etat à stabiliser le niveau de la dette sur le PIB à court et moyen terme est souvent utilisée pour évaluer la soutenabilité de la dette. A l'inverse, une hausse du ratio « dette publique/ PIB » peut provoquer une crise de confiance des investisseurs, une hausse du risque et par conséquent une dégradation du cours de la dette avec une augmentation des taux d'intérêt adossés aux titres de la dette.

Face à ce constat, des doutes légitimes peuvent naître sur la capacité future des autorités à consentir l'effort budgétaire nécessaire ou sur l'impact d'un tel effort sur la croissance économique. Il peut être instructif de dire qu'un Etat est néanmoins contraint de respecter un équilibre budgétaire inter-temporel, dit sentier d'équilibre de la dette, dans la mesure où les détenteurs des titres souverains n'acceptent pas de détenir indéfiniment sa dette publique, et donc il ne peut s'endetter perpétuellement : c'est la condition d'évitement de « jeu à la pyramide de PONZI »[5], qui revient toujours à une perte définitive du capital et des profits virtuels et une mutualisation des pertes futures.

c- Investissements et mesures de rééquilibrage budgétaire

L'un des grands principes macro-économiques, et qui n'est plus un secret de Polichinelle, est que la politique budgétaire peut servir, avec ou sans dégâts, à huiler la machine de la croissance et à relancer certaines économies stagnantes. Or, un nombre important d'études, portant pour la plupart sur des pays industrialisés, semble montrer qu'une politique budgétaire expansionniste dite de la demande, ne permet pas toujours de sortir de la récession. En particulier, lorsque le ratio Dette Publique/PIB est assez élevé, il se peut même qu'une augmentation du déficit budgétaire entraîne une baisse de l'investissement et de la consommation privée, ce qui annule l'effet d'une hausse des dépenses publiques ou d'un allègement fiscal sur la demande globale. Ces mêmes études montrent que, dans les pays à faibles revenus où les ajustements sont financés en partie par l'augmentation des recettes fiscales et le recouvrement, ceux-là accroissent les recettes en améliorant l'administration de l'impôt, en éliminant les exemptions et en réduisant la fraude fiscale. Ce type de gouvernance pourrait dans certains cas favoriser la croissance économique par le biais de l'augmentation de la productivité et la stimulation de l'investissement privé.

En termes quantitatifs, il a été montré que des taux d'investissement privé annuel étaient compris entre 9% et 11% entre

---

[5] En référence à l'escroquerie de C.Ponzi dans les années 1920 qui utilisait contributions de nouveaux investisseurs dans sa chaine pour partager les intérêts des premiers investisseurs.

1970-1975 que des pays comme le Cameroun ou la Côte d'Ivoire sont passés à des taux plus élevés de l'ordre de 13% et 11% entre 1975-1980. Ces taux se sont maintenus à ce niveau au Cameroun entre 1981-1986 et ont chuté en Côte d'Ivoire dès le début des années 80. Cette réaction décevante de l'investissement privé dans les pays africains est qualifiée par Demery de « résultat troublant de l'ajustement dont l'explication reste complexe ». Il s'agit pour Dombush d'un camouflet pour le FMI, car l'investissement privé est un des piliers des politiques de l'ajustement structurel, sa reprise conditionne le passage de la stabilisation dont les effets récessionnistes sont établis à la croissance économique.

Que retenir des exemples camerounais et ivoiriens? C'est qu'en l'absence d'une reprise de l'investissement privé, l'ajustement ne pourrait à long terme réduire les inégalités. Selon Elbadawi et Ghura, la chute de l'investissement serait l'une des raisons de l'échec de l'ajustement structurel en Afrique et pour formuler des politiques capables de relancer significativement l'investissement privé en Afrique, il faut au préalable comprendre les soubassements de ces baisses pendant la décennie de l'ajustement. Haavelmo reprochait aux théoriciens de l'investissement une tendance à procéder comme « le dactylographe qui serait tellement pressé de taper qu'il oublierait d'apprendre le clavier ». La question des déterminants de l'investissement a souvent été évitée par les experts de Bretton Woods.

Dans les démarches d'analyse et tout en mettant l'accent sur des variables « évidentes », la dévaluation monétaire pourrait également être nocive à l'investissement privé. Lizondo et Montiel attirent l'attention particulière sur l'éventualité d'une « dévaluation contractionniste » et sur le fait que la libéralisation financière peut aussi affecter négativement l'investissement à cause de la dualité entre la sphère réelle et la sphère financière. Parallèlement et pour mieux défendre l'idée de la faiblesse d'une corrélation entre le rééquilibrage budgétaire et le niveau d'investissement, un corps de littérature s'oriente vers un lien de causes à effets entre la taille de l'Etat et la croissance économique .Ainsi, naissait l'idée défendue par Blejer et Khan d'une relation d'interdépendance entre l'investissement public dans les infrastructures, l'investissement privé et le développement économique.

L'ensemble de ces résultats confirme la prophétie de R. Nurkse qui écrivit en 1953 que s'il y a une place pour l'activité gouvernementale en matière d'investissement, c'est bien d'un consentement presque général dans le domaine des travaux et services publics essentiels, allant des routes et chemins de fer aux télégraphes et téléphones puis écoles et hôpitaux et infrastructures aéroportuaires et portuaires. Alors que l'économie américaine d'aujourd'hui impressionne le monde surtout par ses méthodes de production de masse, elle se distinguait surtout au début du dix-neuvième siècle par sa façon de constituer son capital social d'infrastructures.

Il existe enfin un risque plus global et systématique de troubles sociaux face aux contraintes de l'ajustement, il s'amplifie plus particulièrement en l'absence de partenariat crédible entre l'Etat, les forces syndicales et le patronat public et privé. Les méfaits ainsi causés peuvent se traduire plus singulièrement par des dommages significatifs pour les investisseurs étrangers, pour l'attractivité touristique dudit pays, conduisant le cas échéant à des remaniements, voire et c'est de plus en plus courant à des renversements des gouvernements en place.

1.3- De l'élaboration à l'évaluation des programmes d'ajustement

La mise en place d'un plan ou d'un programme d'ajustement structurel renvoie à tout un processus allant de sa genèse jusqu'à sa mise en place, tout en passant par les indices de son appréhension et par l'intégration de ses mécanismes et de son architecture.

a- La genèse de la crise de l'endettement dans les PVD

Les pays en voie de développement se trouvent dans un contexte de grande instabilité macro-économique dont les causes sont souvent interdépendantes, diverses et variées, mais souvent. Depuis l'économiste suédois Kunt Wicksell[6], on sait que l'endettement est un moyen de soutenir la croissance. Si le taux de croissance dépasse le taux d'intérêt à verser sur le capital emprunté, il procure un « effet de levier » ainsi l'emprunt augmente la rentabilité des capitaux propres. Keynes fait de ce postulat le critère décisif d'investir dans l'arbitrage entre le placement spéculatif et l'investissement productif qu'il considère comme les clés de voûte de la croissance.

La genèse de la crise d'endettement des années 1980 remonte bien vers les années 1950 et elle ne doit pas reposer essentiellement sur des problématiques d'ordre macroéconomique, microéconomique ou démographique. Avec un recul critique de plus trente ans, nous pensons

---

[6] K.WICKSELL, Interest and Price, 1898 en Allemand, traduction de 1936.

envers et contre tous que cette crise a aussi une portée géographique. Par là, Poulon considère que trois phases majeures peuvent être prises en compte :

➢ La première phase couvre la période allant de 1950 à 1970 :

Cette période reste marquée par un endettement international croissant accompagné d'une forte croissance dans les pays du sud. Cette tendance croissante d'endettement est souvent expliquée par le jeu des nouvelles donnes des décolonisations politiques et l'apparition de jeunes Etats indépendants. Elle porte aussi l'empreinte du poids des reconstructions de l'après-guerre. Il est d'ailleurs intéressant de noter que ce recours à l'endettement extérieur est caractérisé par le poids important des prêts souverains d'Etat à Etat sauf pour l'Amérique latine qui a eu une dette, certes lourde, mais beaucoup plus diversifiée. En 1971, la dette du Tiers Monde était estimée à 120 milliards de dollars et un ratio dette/exportations de l'ordre de 13%.

➢ La deuxième phase retient la période des années 1970-1980 :

L'endettement extérieur devient cumulatif et endémique, puis largement amplifié par une dette qui croît plus vite que le rythme de l'appareil productif. Concordant avec l'avènement de la fin de la convertibilité entre l'or et le dollar décidé par Nixon et l'éclatement du système monétaire international en 1971. Aux Etats-Unis, la balance des paiements américaine accusait des déficits structurels, cette désintégration conjoncturelle va permettre aux banques européennes de jouer un rôle de premier ordre puisqu'elles disposaient de masses énormes d'eurodollars à la recherche de placements rentables. Parallèlement, le choc pétrolier de 1973 a mis à la disposition des pays producteurs de pétrole, sous-peuplés et faiblement consommateurs une énorme manne de liquidité libellée en dollars. Ces liquidités supplémentaires ont été à leur tour recyclées dans le système financier européen. Mais les débuts de la crise structurelle dans les économies du Nord limitent les perspectives d'une demande forte de financement interne pour relancer de manière poussée la productivité et partant booster significativement la croissance économique. Il s'est créé donc une intermédiation Sud-Nord-Sud qui a permis le financement de projets d'infrastructures publiques des politiques industrielles et des initiatives de modernisation.

Tous ces éléments concouraient à l'explication de l'explosion de la dette au cours de la décennie 1970. D'un volume inférieur à 70 milliards de dollars à la fin des années 1960, la dette dépasse la somme de 500 milliards de dollars au début des années 1980. La privatisation de la dette par le canal des Euromarchés a été aussi l'un des principaux accélérateurs de la crise. Henri Bourguinat le définit comme « un énorme duty free : magasin sans douane ».

➢ La troisième phase concerne la période d'après l'année 1980 :

Après le second choc pétrolier de 1979 causé par la guerre Iran/Irak, le monde a été au rendez-vous avec une nouvelle crise qui va causer indirectement de l'hyperinflation. En effet, dès 1981, certains débiteurs à l'exemple du Brésil et de l'Argentine, ont décidé une restructuration de leur dette. Les grands créanciers des gros débiteurs d'Amérique Latine commencent un repli pour éviter les faillites des grandes banques américaines, cette décision débouchera sur la suspension par le Mexique du service de sa dette en août 1982.

b- Indices des réformes structurelles

Pour pouvoir apprécier et évaluer les réformes structurelles menées dans les pays endettés, plusieurs mesures et indicateurs sont souvent avancés. Il s'agit alors d'une boite à outils permettant de quantifier, à travers des indices agrégés, les aspects touchés par les plans d'ajustement structurel.

Encadré n°I.1 : Indices et sous indices des réformes structurelles

L'indice général moyen se compose de cinq sous indices qui se composent eux-mêmes en différents sous-indices :

1- **Libéralisation des importations** *:* niveau moyen des droits de douane et dispersion de ces droits.
2- **Libéralisation financière :** contrôle des taux d'intérêt sur les prêts bancaires (0 si contrôlé et 1 si déterminé par le marché) ; Contrôle des taux d'intérêt sur les dépôts bancaires ; Ratio : Réserves/dépôts.
3- **Ouverture du compte capital :** Indices de contrôle des IDE ; limites de rapatriement des dividendes et paiements d'intérêts ; contrôle aux crédits externes des prestataires nationaux et contrôle de flux de capitaux.
4- **Réforme fiscale :** Taux marginal maximum sur les revenus des entreprises ; taux d'imposition à la valeur ajoutée (relation entre le taux de la TVA et les revenus par secteur de cet impôt en proportion du PIB).
5- **Privatisation :** 1 - (relation entre valeur agrégée dans les entreprises publiques et le PIB non agricole).

Chaque indice est calculé pour que sa valeur soit comprise entre 0 et 1. La valeur 1 correspond à la situation la plus réformée, la plus libre de distorsions et d'intervention publique.

Source : [Morley et alii, 1999) Stallings et Peres 2000)]

c- Les propositions et contributions de Dani Rodrik

Dans ses tentatives d'élaborer une approche de compromis permettant d'évaluer l'impact des PAS, Rodrik propose d'amender le consensus néoclassique de Washington en lui ajoutant dix commandements inspirés à la fois des thèses keynésiennes et de certaines thèses des théories de la bonne gouvernance. Pour rappel, le principe du consensus de Washington était basé sur la trilogie à savoir contenir les prix, les déficits et les dettes.

Les ateliers de la pensée des économistes de ce consensus sous la forme de dix commandements :

1. Afficher une discipline fiscale ;
2. Procéder à une réorientation des dépenses publiques ;
3. Adopter une réforme de la fiscalité pour élargir l'assiette fiscale et initier une baisse des taux d'imposition ;
4. Recourir à la libéralisation des taux d'intérêt et à l'élimination de la répression financière ;
5. Adopter un taux de change compétitif fixe ou flottant ;
6. Impulser la libéralisation du commerce extérieur avec démantèlement progressif des barrières douanières ;
7. Procéder à une libéralisation pour les investissements directs étrangers ;
8. Recourir à la privatisation des entreprises publiques ;
9. Abandonner les réglementations d'entrée et de sortie, décourager les monopoles et encourager la mobilité ;
10. Garantir enfin les droits de propriété.

Se refusant à troubler les eaux du Consensus de Washington tout en prônant une approche progressiste, Dany Rodrik ajoute à la liste dix autres injonctions :

1. Asseoir la gouvernance d'entreprise ;
2. Adopter des mesures de lutte contre la corruption ;
3. Procéder à une libéralisation étendue au marché du travail ;
4. Adhérer aux principes de l'Organisation mondiale de Commerce ;
5. Insister sur l'adhésion aux codes et standards régulant la finance ;
6. Procéder à une ouverture « prudente » du compte capital ;
7. Veiller à examiner l'absence de régimes de change intermédiaires entre le fixe et le variable ;
8. Instaurer l'indépendance des banques centrales ;
9. Constituer des filets de protection sociale ;
10. Œuvrer significativement pour la réduction de la pauvreté absolue.

SECTION II : PRINCIPAUX TRAITS DU PROCESSUS ET DES REFORMES DE STABILISATION DANS QUELQUES PSEM

Que faut-il penser des processus de réformes structurelles adoptés dans la majorité des pays du Sud et de l'Est de la Méditerranée ? Pour l'exercice au cœur de cette mise à l'épreuve, nous avons fait le choix de deux pays de cette région, à savoir le Maroc et la Tunisie.

2.1- Les politiques d'ajustement structurel entre réformes, mécanismes et évaluation

2.1.1- Les programmes de réformes structurelles

Le Programme d'Ajustement Structurel est avancé comme solution pour le Maroc et pour la Tunisie. Les raisons de telles prescriptions se trouvent dans la crise de la dette du Mexique en août 1982 (86 milliards de dollars) risquant de se propager, par effet de contagion, aux autres PVD causant des cessations de paiements et des faillites d'Etats. A l'époque, le montant total de ces dettes s'élevait à 880 milliards de dollars, dont les pays de l'Amérique latine se partageaient plus de 330 milliards, soit environ 35% du total des créances.

Il est essentiel de préciser que l'examen attentif des faits historiques montre que l'évocation soudaine de la problématique de la dette n'est nullement une absurdité. Par voie de conséquence, elle s'inscrivait dans une nouvelle orientation des politiques économiques occidentales marquées par les récentes dominations du courant néolibéral en matière de croissance et de lutte contre l'inflation. A l'origine de ces nouvelles politiques s'y associent l'avènement du Thatchérisme en Grande-Bretagne et l'élection de Ronald Reagan aux Etats-Unis.

Bien évidemment, ces deux faits sont qualifiés d'évènements puisqu'ils vont symboliser la rupture avec la doctrine keynésienne de l'encadrement monétaire et de l'interventionnisme budgétaire qui prédominait jusqu'à cette date. Le champ a été ouvert aux restrictions budgétaires, au désencadrement des prix et des taux, aux plans sociaux massifs (chômage structurel) et à la multiplication des opérations de restructurations microéconomiques et macro-économiques. Cette période, baptisée par certains « le nouveau règne du monde riche au sein de nations pauvres », a été aussi le fer de lance d'une scission définitive entre les discours idéologiques et les faits réels.

L'adhésion de nombreux pays développés au libéralisme a été quasi-totale dès le milieu des années 1980. Les besoins financiers des institutions des pays créanciers connaissaient une hausse exceptionnelle et à leur tête les Etats-victime des déficits et de la stagnation de l'épargne intérieure. Il faut cependant noter que cela coïncide avec le fait que les politiques économiques adoptées par ces pays favorisaient davantage la productivité que l'emploi.

Les multiples perspectives ici esquissées ont imposé aux PVD d'adhérer manu militari au processus de l'ajustement structurel. Une adhésion défendue à hue et à dia comme démarche indispensable pour alléger structurellement le poids de la dette et pour limiter les effets et les conséquences néfastes des déséquilibres macro-économiques. Ce choix des PAS, sous-contrainte, a occulté grâce à son pouvoir de séduction vis-à-vis des débiteurs et des créanciers, le débat des années 1970 sur l'échange inégal et sur l'« universalisme limité » pratiqués par les décideurs dans les pays riches et décriés par des altermondialistes précoces comme Pierre Sraffa et par Samir Amin.

Les propositions et les solutions envisagées sur la manière de résorber la crise de la dette de nature politico-économique étaient souvent idéologiquement divergentes : consécration des dépenses militaires, effacement pur et simple de la dette, taxation des opérations spéculatives sur les capitaux. Des nombreux débats et contreverses, trois plans intenses se sont distingués et il semble essentiel de les évoquer.

Il s'agit en premier lieu du plan J.Baker. En effet, en octobre 1985, J.Baker, secrétaire au Trésor américain a proposé une application de programmes d'ajustement dans la croissance tout en encourageant de nouveaux prêts privés et publics.

En second, le modèle proposé par les Français. En août 1988, le Président français F. Mitterrand, va dans le sens d'une nouvelle émission de DTS (Droits de Tirage Spéciaux) pour appuyer les garanties des obligations émises par les pays débiteurs. Sur cette voie, le ministre japonais des Finances de l'époque proposait que les banques créancières échangent les créances contre des obligations garanties, largement connues sous forme de titrisation.

En dernier lieu, le plan proposé par N.Brady. Cet autre secrétaire d'Etat au Trésor américain, proposait, en mars 1988, un plan de réduction de la dette et du service de la dette appuyant de ce fait les voix favorables à l'élargissement du rôle du FMI et de la BM dans la résolution et la gestion de ce dossier épineux et complexe.

Ces derniers, FMI et BM en position de garants de l'équilibre économique et financier international ont adopté une solution médiane des plans : Baker, Mitterrand, Brady, donnant naissance à un modèle au cas par cas pour sigle PAS : Plan d'ajustement Structurel.

2.1.2- Les mécanismes et le mode d'emploi du PAS

Il faut retenir que le modèle du plan d'ajustement structurel a été conçu sous la forme d'une politique monétaire restrictive visant à accentuer le niveau des taux d'intérêt, dévaluer les monnaies et réduire l'inflation. Ses déploiements sur le terrain montrent bien qu'il s'agit d'une volonté ferme de réduction du ratio des déficits budgétaires dans le produit intérieur brut retenu comme principale cause des déséquilibres macro-économiques.

a- Conception de valeurs

Selon le professeur A.Marouani, le PAS de la BM et le FMI repose sur une double valeur axée d'une part sur une croyance et de l'autre sur une certitude.

« - Une croyance : l'universalité et la supériorité du marché vu sous l'angle de la main invisible et non pas comme une institution reposant sur l'existence des lois et des règles liées à l'histoire du développement et de l'intervention de l'Etat dans la régulation macro-économique ; et

- Une certitude : la réduction du déficit de la balance des paiements, qui requiert de sacrifier temporairement les autres objectifs d'investissement et d'emploi. Afin de jeter les bases d'une croissance saine et soutenue ».[7]

b- Principaux objectifs

Tout PAS vise un triple objectif qui a trait :

- Au rétablissement des équilibres internes (réduire le déficit budgétaire) et externe (Balance des paiements) et à stabiliser l'économie ;
- A la mise en œuvre de réformes de consolidation du tissu économique ;
- A la stimulation et la relance de la croissance.

[7]« Quelques considérations critiques sur les fondements macro-économiques des programmes d'ajustement structurel », CEMAFI, Université de Nice Sophia-Antipolis, Février 1992.

La motivation principale du plan d'ajustement structurel est d'introduire dans l'espace économique une dynamique d'effet de substitution du secteur public par le privé et de privilégier l'afflux des capitaux étrangers (IDE) pour le financement de l'économie. Cette stratégie a été largement critiquée et controversée à cause de ces préférences de l'économique au détriment du social.

c- Les principales mesures prises par les institutions financières

Quatre séries de mesures prises par les institutions financières peuvent être distinguées. Il s'agit principalement de celles imposées par la PAX ECONOMICA du PAS et mises en œuvre par la Banque Mondiale et le Fonds Monéaire International.

Pour ce qui est l'austérité, elle vise la réduction du budget de fonctionnement de l'Etat, la rigueur dans la gestion publique, la rigidité des recrutements dans la fonction publique (réorganisation des services et compression des effectifs) et l'orientation à la baisse des subventions allouées au soutien de la consommation, du social et de l'économie.

Il faut cependant insister sur le fait que l'objectif de toute libéralisation de l'économie est de déclencher des privatisations massives d'entreprises publiques pour réussir tour de de renflouer les caisses de l'Etat d'introduire ces nouvelles firmes dans le jeu du libre marché. Dire cela c'est certainement ne pas oublier la nécessité de rationaliser la gestion des secteurs demeurant publics et de rappeler que la libéralisation vise également la réforme du système financier pour accroître la désintermédiation et la refonte du système fiscal pour harmoniser les différents types d'impôts.

Si l'on examine maintenant la libéralisation du commerce extérieur, celle-ci se focalise sur le démantèlement programmé et progressif des barrières douanières protectionnistes frappant les importations (réduction des droits de douane, levée des interdictions, convertibilité).

Enfin et en ce qui intéresse de près l'objectif de l'incitation à l'investissement, l'adoption de chartes mixtes d'investissement nationales et étrangères incluant des mesures d'assouplissement des procédures administratives, d'installation et de règlements de litiges (transparence et justice : tribunaux de commerce).

2.1.3- Bilan sommaire du PAS dans les pays en développement

Dans la perspective d'établir un constat socio-économique sur les fonctionnalités du plan d'ajustement structurel, il y'a lieu de noter que, sur le plan économique, le niveau d'endettement astronomique des pays les plus endettés (14 pays) les a contraints pendant plusieurs années à cesser les importations de capitaux nets.

Le volume des transferts nets de ressources vers les PVD pour trois années 1980, 1982 et 1987, se résume comme suit :

Tableau n°I.2 : Transferts nets des ressources vers les PVD en milliards de dollars (1980 -87) :

PAYS / ANNEES	1980	1982	1987
Afrique	-3.0	14.7	**4.4**
Asie	12.0	9.8	**-31.05**
Europe	9.2	-1.1	**-10.1**
Moyen-Orient	9.2	-1.1	**-10.1**
Amérique Latine	-72.0	22.5	**18.3**
TOTAL PVD	-40.1	53.6	**-45.9**
EXPORTATION			
Pays pétroliers	-82.6	7.4	**-3.6**
Autres Pays	42.4	24.8	**-51.4**
CRITERE FINANCIER			
Pays importateurs de capitaux	33.0	34.5	**-63.3**
Pays sans problèmes	15.0	15.3	**-34.7**
Pays avec problèmes	17.9	19.2	**-28.6**
Pays lourdement endettés	12.0	12.5	**-24.6**
Pays sélectionnés			
MAROC	0.9	1.2	**-0.9**
TUNISIE	**0.2**	0.5	**-0.2**

Source: FMI, Perspective de l'économie mondiale 1988

Telle qu'elles sont attendues, les performances économiques enregistrées suite à l'adoption du PAS dans les PVD dans les années 80 ont conduit à une réduction du déficit du compte courant, ce qui a permis de ralentir l'évolution de l'endettement extérieur. En matière d'inflation et de croissance du PIB, les résultats sont plutôt hétérogènes et ils dépendent du poids initial de la dette et de la manière d'administration de la mise à niveau. En 1987, le taux d'inflation a été de 223% au Brésil, de 132% au Mexique, de 122% en Argentine et en Ex-Yougoslavie et de 86 % au Pérou.

2.1.4- Le contenu monétaire, budgétaire et social des politiques de stabilisation au Maroc

Le Maroc différait l'ajustement de son économie pourtant nécessaire dès 1980 et il a poursuivi de 1981 à 1983 une politique expansionniste continuant à s'endetter à l'extérieur. En 1983, l'endettement a atteint 11,8 milliards de dollars, soit 84% du PIB et 300% du niveau des exportations. Durant cette période, le taux de croissance du PIB en termes réels ne dépassait pas les 2% alors que le taux d'inflation se situait aux alentours de 10%. Au milieu de l'année 1983, l'épargne publique était négative et le déficit du Trésor a atteint 12% du PIB. Au niveau des comptes extérieurs, le compte courant de la balance des paiements a accusé un déficit record de l'ordre de 12% du PIB accompagné d'une accumulation d'arriérés internationaux pour des réserves de change qui se sont sérieusement épuisées, obligeant le gouvernement à comprimer les importations. Le profil de la dette extérieure s'est sensiblement détérioré, si bien que l'encours a dépassé les 10% du PIB, et le ratio du service de la dette s'est élevé à l'équivalent de 50% des recettes en devises, recettes composées principalement des exportations d'agrumes et des phosphates.

Au niveau interne, l'économie marocaine a connu un cycle de sécheresse qui a dynamité sa croissance fortement ancrée au secteur agricole, secteur à la merci permanente de la pluviométrie. En situation de conflit d'usure, le Maroc se devait de financer son effort de guerre préventive au Sud. De même l'Etat a continué, faute de pouvoir mobiliser une épargne et des ressources internes suffisantes, à faire massivement appel aux concours extérieurs pour couvrir son déficit, ce qui lui a permis de maintenir le cap de l'investissement public au détriment des fortes poussées de l'endettement extérieur.

Sur le plan international, cette période a été caractérisée par la succession de deux chocs pétroliers qui ont causé une flambée des prix et des surcoûts dans la facture énergétique. Comme le Maroc est un pays importateur par excellence de produits pétroliers, ces chocs ont lourdement affecté ses performances économiques, à ce fardeau, s'ajoutaient les hausses permanentes des taux d'intérêt liées aux effets d'une inflation non maitrisable et à la montée en puissance des risques d'impayés. D'un autre côté, le dollar, principale devise de facturation des importations et de paiement du service de la dette, a connu une forte appréciation à partir des années 1980. Cette période a été marquée aussi par le début des cycles de récession qui ont frappé les pays industrialisés et les pays en développement, et pour ne rien arranger l'économie internationale a été affectée par le retour des démons du protectionnisme qui ont conduit au ralentissement du commerce international.

L'adjonction de l'ensemble de ces facteurs a convaincu le Maroc et le FMI à mettre en place des prêts d'urgence et des réformes de mise à niveau de son économie. Le Maroc a bénéficié d'un prêt FMI de 200 millions de DTS en septembre 1983 et d'un supplément de 600 millions de dollars accordé par la Banque Mondiale de 1984 à 1986. Il a ensuite obtenu dans le cadre d'une renégociation le rééchelonnement de sa dette par les clubs de Paris et de Londres pour un total de 2 milliards de dollars.

Le PAS appliqué au Maroc devait comprendre deux volets complémentaires :

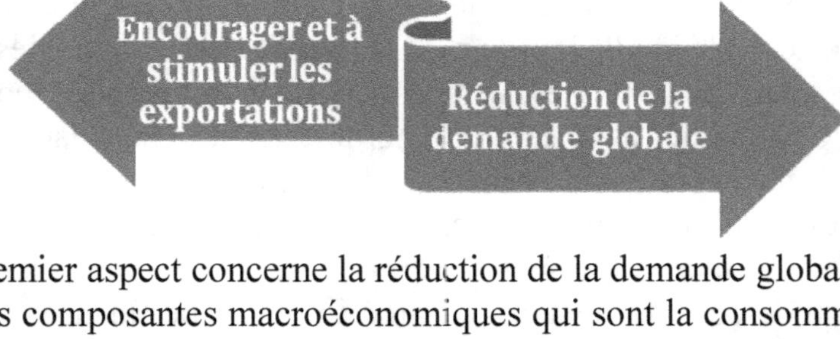

Le premier aspect concerne la réduction de la demande globale. Il a trait à ses composantes macroéconomiques qui sont la consommation, l'investissement privé, les dépenses publiques et les importations, l'objectif étant de réduire le déficit budgétaire et de rééquilibrer le compte courant en premier lieu. Le dernier se devait d'encourager et de stimuler les exportations pour accroître les réserves de changes et commencer la résorption de la dette extérieure.

S'agissant de la réduction de la demande, il fallait prévoir une diminution significative des subventions à la consommation des ménages, opérée dès 1981 sur le sucre, l'huile et la farine. L'application de cette mesure avait provoqué des résultats néfastes sur le front social et notamment sur le pouvoir d'achat des citoyens, ce qui a été à l'origine des émeutes de Casablanca et de Marrakech, les percussions de l'ajustement ainsi exercées sur la chair du pouvoir d'achat populaire ont fait suite à ces révoltes de nombreux morts, blessés et prisonniers. Pour ce qui est de la demande globale, sa réduction passait aussi par une démarche débutant par la compression des dépenses d'investissement public pour réduire le déficit budgétaire et le ramener à moins de 8% du PIB en 1983, contre 14% en 1982, mais aussi par la diminution de l'emploi public en baissant de moitié le niveau de postes créés dans la fonction publique (de 4000 à 2000 par an), puis dans un presaue au même temps, de ramener le taux d'intérêt débiteur à 14.8% au lieu de 20.1%.

2.2- Un bilan décennal du programme d'ajustement structurel dans les PSEM (1983-1993) : le cas du Maroc

Le bilan de l'ajustement structurel du Maroc que nous dressons dans ce livre couvre la décennie 1983-1993 et il tente d'apporter des éclairages sur les réelles oppositions entre la recherche effrénée des performances du marché et les effets néfastes du refus de la prise en compte des dimensions sociales dans lesdits PAS.

2.2.1- De l'encadrement du crédit à la dynamisation du marché monétaire

Dans une approche nouvelle, les réformes introduites par le PAS avaient pour but d'instaurer à long terme, le financement de l'économie par des mécanismes de marché et de rapprochement entre croissance économique et taux d'intérêt réels.

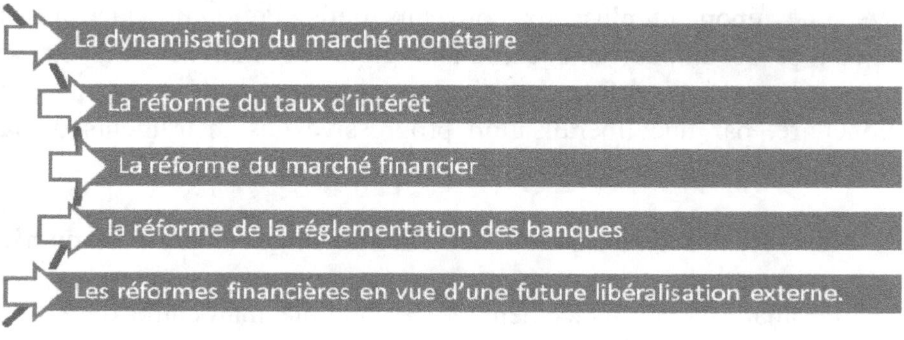

Pour asseoir une analyse pertinente dans ce sens, deux périodes sont à distinguer :

- La première 1983-1990 marquée par la mise en place d'une politique monétaire restrictive ;
- La deuxième 1991-2003 caractérisée par la libéralisation financière.

a- Politique monétaire et ajustement structurel (1983-1990)

La mise en place du programme d'ajustement structurel a conduit les autorités monétaires à continuer à appliquer, de façon systématique jusqu'en 1991, la politique d'encadrement du crédit comme principal moyen de contrôle de sa distribution. Quant au réglage de la liquidité bancaire, il est assuré de plus en plus par le marché monétaire et de moins en moins par les instruments classiques divers constitués de recours auprès de l'institut d'émission sous forme de plafonds de réescompte et d'avances spéciales. En effet, la technique de l'escompte, instrument privilégié durant les années 1972-1977, a perdu de son importance et le volume de recours des banques à la Banque centrale a sensiblement chuté d'année en année au profit d'une dynamique interbancaire. En termes chiffrés, le réescompte sous plafond, qui représentait 36,7% du total des moyens de refinancement dont disposaient les établissements bancaires en 1980, n'en constituait que 19% en 1983 et 9,2% en 1984 et atteignait même 7,5% en 1987.

b- Fin de l'ajustement structurel et début de la libéralisation financière (1991- 2003)

La mise en place du PAS a eu des effets positifs et a permis le rétablissement des équilibres fondamentaux. Toutefois le système de financement de l'économie nationale, largement administré jusqu'en 1990, ne répondait plus aux nouveaux défis. Pour faire face à ses enjeux et développer une certaine logique du marché, le système financier a subi des réformes radicales qui se sont traduites, au niveau monétaire, par une libéralisation progressive des instruments de la politique monétaire.

c- Les caractéristiques de financement de l'économie marocaine

Une analyse du financement de l'économie marocaine durant la période 1983-2003 laisse apparaître certains paradoxes :

- D'une part, l'économie marocaine est restée sous-endettée puisque le ratio crédit à l'économie/PIB a été inférieur à 60% (80% en France, 112% aux Etats-Unis). Le type d'endettement à court terme témoigne de la fébrilité de l'investissement privé.
- D'autre part, les entreprises qui figurent dans le portefeuille des banques sont sous-capitalisées, selon un rapport de la Banque Mondiale, elles ont 17% de fonds empruntés pour 83% de fonds propres. Ce paradoxe peut être perçu différemment, les banques sont sur-liquides, l'économie sous endettée, cela s'explique par le faible accès des entreprises du secteur formel au capital. Les raisons de cette anomalie selon Stiglitz J. et Weiss semblent tenir pour ce qui est des unités de production structurées, à l'insuffisance de circulation de l'information sur le marché du crédit. Le manque de circulation de l'information agit en amont, dans le sens où il conduit à une rétention injustifiée du capital, qui se traduit par une faiblesse des crédits aux entreprises et explique le faible taux de financement de l'économie. La mise en place d'une centrale des bilans figure parmi les solutions qui pourraient résorber les méfiances et atténuer les méfaits de l'asymétrie d'information. On notera qu'avant les réformes appliquées durant la décennie 1986-1995, la répression financière avait pour cause au Maroc la forte réglementation du système financier, elle s'est traduite pendant des années par des taux d'intérêt réels négatifs. On observe également que le taux de bancarisation au Maroc pendant la période 1983-2003 n'était que de 18%, ratio en deçà des normes pouvant permettre une contribution de l'épargne aux défis de l'investissement.

2.2.2- La réforme fiscale comme pilier principal du programme d'ajustement structurel

Dès lors qu'elles sont mises en place, les mécanismes de l'ajustement structurel ont pour vocation la stabilisation macroéconomique, et ce par l'utilisation d'outils de redressement. Parmi ces redressements, on cite l'ajustement fiscal individualisé comme une des pièces maîtresses de la réforme.

a- Consistance de la réforme fiscale

Si réformer c'est traduire en actes, l'ajustement fiscal couvre l'ensemble des secteurs concernés par la fiscalité d'un pays. Le déploiement dans les pays en voie de développement d'un plan

d'ajustement touchant aussi et sans complexe la fiscalité montre la volonté du fonds monétaire international de s'attaquer aux multiples imperfections et dysfonctionnements constatés lors des diagnostics.
Le Maroc, cité à titre d'exemple parmi les PSEM, avait hérité d'un système fiscal exporté par la puissance coloniale et dont les traits et les contours étaient plus caractéristiques du XIXe que du XXe siècle. C'était le reflet du décalage industriel et du retard économique des pays que composait l'Empire colonial français. Le déploiement de réformes fiscales dans le cadre du PAS était considéré comme une action appropriée pour moderniser le dispositif fiscal permettant de le rendre plus performant en termes de différenciation et en termes d'allocation et de collecte des fonds nécessaires pour financer les politiques publiques.

A la base, qualifié d'inadéquat, ce système fiscal reposait sur la prédominance des impôts indirects, soit 75 % des recettes ventilées entre trois composantes :

1. Des taxes spécifiques à la consommation sur des produits particuliers (tabacs, pétrole, thé, sucre...) ;
2. Une taxe sur le chiffre d'affaires des structures commerciales et de production ;
3. Des droits de douane plus concentrés sur les importations que sur les exportations, laissant des privilèges pour les échanges avec la Métropole de Casablanca.

Le système hérité de la période du protectorat français (1912-1956), reposait pour une maigre part sur les impôts directs cédulaires à caractères réels (impôt agricole, patente, impôts sur les bénéfices professionnels, impôts sur les traitements et salaires). La détérioration des équilibres internes et externes, l'adoption d'un plan d'austérité et les chocs négatifs sur l'épargne publique entre 1980 et 1983 ont amené le Maroc à s'engager en 1984 dans un processus de réforme fiscale qui a abouti à introduire de nouveaux instruments et modalités d'imposition essentiellement reproduits sur le schéma suivant selon l'ordre chronologique de leurs mises en œuvre.

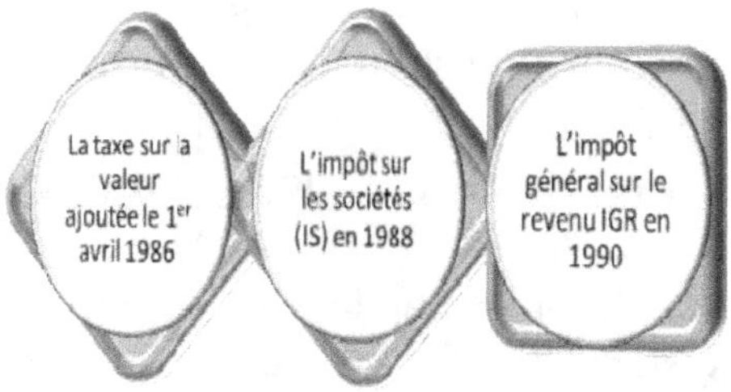

Le modèle de réforme fiscale recommandé est fondé sur une idée principale stipulant qu'une réforme du système fiscal doit passer par trois piliers essentiels, à savoir la simplification des procédures, la rationalisation et restructuration du système et enfin l'élargissement de l'assiette fiscale. Cette réforme à trois piliers devait *in fine*, générer des recettes plus importantes de manière à stimuler la croissance publique et privée de l'économie. Mais il convient de souligner que, dans ces conditions, la réforme fiscale mise à l'épreuve de l'ajustement structurel de 1983, dont les préoccupations étroitement financières et non-redistributives, ont contraint à sacrifier l'investissement public sur l'autel de l'ajustement macroéconomique et à occulter l'ajustement social.

Sans prêcher pour aucune des paroisses, El Ktiri pense qu'au centre de ces contraintes financières et des limites économiques, mais aussi sociologiques, la réforme fiscale réalisée tout au long de la décennie quatre-vingt a certes permis de rénover un système fiscal devenu inadéquat et inadapté, complexe et étriqué. Mais il apparaît sans être surprenant que les conditions d'exercice du contrôle de la lutte contre la fraude fiscale n'aient jamais été pleinement réunies et que les moyens humains et matériels n'ont pas toujours suffi pour renforcer les instruments de contrôles et d'interventions.

b- La TVA comme le principal impôt juste

La TVA marocaine matérialise la fusion des deux anciennes taxes sur le chiffre d'affaires, elle frappe les biens et services et s'étend à tous les assujettis et à la globalité des phases de production et de distribution, mais elle demeure en revanche exclusivement concentrée sur la valeur ajoutée. Dans ce cas, les taux d'imposition et l'administration de la taxe ont été aménagés. Considérée comme injuste même si elle est indolore, son entrée en vigueur sans campagne de sensibilisation se heurta au mécontentement des consommateurs et surtout à l'hostilité des commerçants grossistes. Ce nouvel impôt a été considéré comme une nouvelle source d'inflation.

Toutefois, il n'est nul besoin de souligner que son caractère généralisé est plus juste, et cela abstraction faite de sa nature d'impôt indirect. L'introduction de la TVA au Maroc devait en principe constituer un progrès de taille sur la voie de la modernisation, de la rationalisation du système fiscal et de la réussite d'un développement plus large soutenu par une décentralisation du financement des régions et des collectivités locales.

Evoquant cet impôt, Najib Akesbi souligne que « Quant au régime d'administration de la taxe, sous prétexte de protéger le contribuable des abus du fisc, le nouveau texte s'est appliqué à dépouiller l'administration fiscale des moyens de combattre un tant soit peu les pratiques de fraude fiscale. Ainsi désormais, c'est à l'agent des impôts d'apporter la preuve de l'insuffisance des chiffres déclarés ou d'irrégularités graves susceptibles d'entraîner des redressements ». Il convient de souligner que la TVA ne dispose de traçabilité que dans les échanges où la volonté de la faire apparaître est bilatérale. La fraude à la TVA n'est pas considérée comme un délit pénal et la facture est remplacée dans 80% des cas par un bon d'achat. Nombreuses sont les entreprises qui par magie arrivent à des déclarations de TVA avec un solde négatif dit TVA rouge au Maroc.

Outre les inconséquences et la cohérence du champ d'application de la TVA, s'ajoutent des exclusions inhérentes au maintien hors du champ « légal » du secteur tel que la main d'œuvre dans les TPE (Très Petites Entreprises), les produits agricoles, le commerce de détail et les produits de la pêche. Au total, force est de constater que, par rapport au critère qui devait en justifier l'avènement, la capacité à élargir l'assiette fiscale s'avère modeste, voire décourageante.

c- L'IS comme impôt direct sur l'activité de la sphère productive formelle

Institué en 1987, l'impôt sur les sociétés a remplacé l'impôt sur les bénéfices professionnels, appliqué auparavant. Par souci d'élargissement de l'assiette fiscale et d'amélioration des recettes, les nouveaux textes de la réforme ont été marqués par une nette baisse des taux d'imposition. Au barème compris entre 40% et 48% de l'ancien impôt, on a substitué un taux à 45%, 40% puis à 38%. L'institution d'une cotisation minimale dite impôt forfaitaire a permis de mettre à contribution les PME. Cela va dans le sens d'une approche volontariste qui reste à notre sens assez timide pour pouvoir formaliser l'informel. Or, à l'instar de leurs prédécesseurs, les textes restent pour le moins laxistes laissant les portes grandes ouvertes au gonflement des charges, à l'évasion fiscale et aux fausses factures.

d- L'impôt Général sur le Revenu comme impôt direct sur les revenus

Entré en vigueur en 1990, l'IGR constitue la dernière pièce maîtresse de la réforme fiscale ; Nicolas Kaldor note que « le seul impôt direct qui fonctionne correctement dans le Tiers monde est l'impôt sur le salaire ».

Dans les formalités de cet impôt, on souligne que le recouvrement de l'impôt sur le revenu se fait en principe par voie de rôle et suite à une déclaration écrite et spontanée du contribuable. Cette procédure n'est pas si simple en raison de l'analphabétisme, de la méfiance vis-à-vis de l'Etat, de l'absence de redistribution et surtout d'une discrimination négative des citoyens face à l'impôt. Cependant, cette règle souffre d'une exception qui confirme la règle : les salariés de l'économie formelle continueront d'être imposés à la source.

La mise en place de cet impôt n'a pas été exempte de limites. Les limites d'une telle politique sont autant sociopolitiques qu'économiques. A ce niveau, son caractère progressif est souvent mis sous la pression de critiques. En effet, la progressivité du barème d'imposition de l'IGR est fortement accentuée pour les tranches de revenus modestes et moyens, ce qui risque de faire disparaître la classe moyenne locomotive de l'économie ; et elle est tout aussi fortement atténuée au niveau des tranches à revenus élevés. Cette progressivité répressive de l'impôt général sur le revenu ne peut pas contribuer à une meilleure équité fiscale. Dans ce contexte, il est difficile de comprendre les fonctions fiscales de l'IGR, son arborescence ne réalise pas l'égalité dans l'impôt alors que sa conception est d'atteindre une égalité sociale par l'impôt.

En somme, il est difficile avec un tel dispositif, de considérer que l'IGR contribuera au Maroc à une meilleure circulation entre collecte et redistribution. C'est tout simplement une quasi-généralisation d'une cotisation désordonnée et frappant davantage le travail que le capital, la rente et encore moins l'informel. Une question demeure posée, celle d'une indispensable optimisation de l'assiette imposable pour établir une certaine équité fiscale ouvrant la voie vers une hypothétique justice sociale.

e- Portée et limites de la réforme fiscale

Il est indéniable que les aménagements apportés par la réforme et les efforts pour réussir l'ajustement fiscal ont permis de mettre en place un système fiscal par voie de simplification, de recomposition des modalités et des procédés d'imposition. Il va sans dire que l'ajustement fiscal est un pilier essentiel de l'ajustement structurel. La dégressivité de l'impôt est un choix économique et social, mais aussi une nécessité financière. Or, on peut aisément s'imaginer que l'abaissement des taux supérieurs est équivaut à un relèvement des taux inférieurs, et que la défiscalisation des capitaux et des grands revenus s'accompagne par une fiscalisation agressive des revenus formels moyens et modestes.

Najib Akesbi estime que : « Parce qu'il est au cœur de toutes ces contraintes et contradictions, l'Etat marocain n'a pu éviter que, sur la question fiscale comme sur d'autres, la régressivité de la politique d'ajustement se double de conséquences des luttes d'influences. La réforme fiscale qui en est issue cumule encore l'inefficacité et la complexité. Prétendument destinée à être facteur de développement, elle a finalement été victime de sous-développement (…) »[8].

Une des grandes idées défendant la nécessité d'une justice fiscale se trouve dans la thèse de J.Habernas l'appareil d'Etat, se trouve donc devant des tâches simultanées : d'une part, il doit se procurer la masse fiscale nécessaire grâce à la fonction des profits et revenus et dépenser la masse fiscale nécessaire disponible de façon rationnelle, de telle sorte que les perturbations qui prennent la forme de crises puissent être évitées ; d'autre part, la manière sélective dont sont perçus les impôts, les priorités reconnaissables qui dirigent leur emploi et les actions de l'administration elle-même doivent être de nature à satisfaire le besoin naissant de légitimation.

[8]Najib Akesbi, L'impôt, l'Etat et l'Ajustement, Actes édition, Institut Agronomique et Véterinaire Hassan II, Rabat, 1993.

2.3- L'ajustement social, le grand absent du plan d'ajustement structurel marocain

2.3.1- L'ajustement social en question

Tout en parlant de l'ajustement social, nous convenons que son bilan touche tout ce qui concerne des éléments fortement liés au revenu et au vécu des habitants. Généralement, ceci fait référence à une analyse, citée et connue dans la littérature par les 4S. Ces quatre éléments couvrent la santé, le savoir (l'enseignement avec ces différents niveaux), la sécurité sociale et les salaires (rémunérations salariales et droit au travail).

Toutefois, il y a lieu de spécifier d'avance que le bilan décennal du plan d'ajustement structurel 1983-1993 s'établit à travers la politique de stabilisation qui a visé à remettre sur les rails les grands équilibres macroéconomiques. Pour rappel, ces équilibres regroupent essentiellement l'équilibre des comptes publics, celui de la balance des transactions courantes et de capitaux et s'étend aussi à la maîtrise de l'inflation. Pour pouvoir rétablir ces équilibres, il est généralement préconisé de mettre en œuvre des mesures adéquates pour la libération des prix et des échanges et l'abaissement du taux de change réel, et ce, pour propulser les exportations. Il est aussi conseillé de procéder à des restrictions à la fois de types monétaire et budgétaire.

Dans ce cadre, nous signalons que la politique d'ajustement comprend deux volets. A la gestion traditionnelle de la demande (mesures pour réduire à court terme la demande globale), s'ajoutent des objectifs à moyen et long terme conduisant à des actions sur l'offre globale : mise en œuvre des réformes structurelles pour améliorer l'offre (restructuration du secteur public par le biais de coupes budgétaires, privatisations, relance des exportations, des investissements favorables aux IDE).

Ce sont les premières qui menaçaient les 4S (Santé, Savoir, Sociale, Salaire), agrégats des dépenses sociales puisqu'elles avaient comme objectif prioritaire de réduire rapidement le déficit budgétaire. Tout en se focalisant sur une analyse des contours nationaux, nous spécifions que l'impact de l'ajustement sur les dépenses sociales au Maroc justifie une attention particulière pour deux raisons :

- Primo, si l'on compare le Maroc aux pays du groupe auquel il appartient, celui des pays à « revenu moyen inférieur », il se classe en position défavorable à cause de plusieurs mauvais indicateurs sociaux comme le taux de mortalité infantile, le taux de scolarisation, le taux de bacheliers, le nombre de professeurs d'université et le nombre de médecins pour 100.000 habitants.

- Secundo, ayant différé pour des raisons politiques pendant plusieurs années un programme d'ajustement malgré les déséquilibres macro-économiques croissants, le Maroc a dû se soumettre aux pressions des institutions financières internationales et appliquer un tel programme à la suite d'une grave crise financière assimilable à une cessation de paiement.

2.3.2- Les dépenses sociales pendant la décennie de l'ajustement

Entre 1972-1986 et 1986-1993, les dépenses sociales ont connu des variations liées à la crise de la dette et à la mise en place des politiques d'austérité.

L'impact de la politique d'ajustement sur les dépenses sociales au Maroc, mérite aussi une analyse spécifique :

- Parce qu'elles représentent l'essentiel des transferts publics aux ménages en l'absence de systèmes d'allocations multiples et diverses qu'on retrouve dans les Etats Providence.
- Parce qu'elles sont certes irriguées par les dynamiques des prélèvements obligatoires.
- Parce qu'elles constituent une part importante des dépenses publiques, et il est inimaginable de réduire les déficits budgétaires sans faire de coupes et d'imputations.

Si l'on considère l'ensemble des dépenses publiques, on constate de véritables plaies dans leur progression depuis l'instauration de la politique d'ajustement en 1983. Au Maroc, les dépenses sociales n'ont pas été protégées puisque leur part dans les dépenses publiques passe de 27,6% à 25,8% entre 1983 et 1986 pour atteindre en 1993 le taux de 23,1%. Rapportée au PIB, cette part a bien fléchi, passant de 8,3% à 6,8% en dix ans.

2.3.3- l'impact de l'ajustement sur les services de l'enseignement

L'ajustement scolaire au Maroc serait-il lié à une politique Malthusienne en matière d'enseignement public ? La baisse des dépenses totales d'éducation/habitant apporte une réponse affirmative à cette question:

- Une forte réduction des dépenses d'équipement destinées au secteur de l'enseignement public avec ses différentes variantes et ce, pour préserver celles du fonctionnement ;

- Une importante compression des salaires, voire une baisse des salaires réels ;
- Une nette tendance axée essentiellement sur l'incitation à l'émergence d'une industrie de l'enseignement privé primaire et secondaire dont le poids est exclusivement supporté par les familles quantitativement, et par les enfants surtout de familles moyennes et pauvres qualitativement.

Et en ce qui concerne ce dernier point, il faut noter la chute significative de la qualité du secteur de l'enseignement. On cite à titre de rappel dans ce sens, la réforme de l'arabisation qui était à la fois incomplète et discriminatrice. Elle s'est exercée sur la base d'une segmentation sociale et géographique. Certains milieux politiques soupçonnent même que cette réforme a bien été mise en place pour disqualifier définitivement des générations d'enfants issus de milieux très modestes.

Dans notre tentative d'évaluer les politiques publiques en faveur de l'éducation pendant la période d'ajustement, on se doit de faire référence aux propos avancés par Jean-François Clément dans son article intitulé « Les effets sociaux du programme d'ajustement structurel marocain ». On retient dans ce papier, que « la nouvelle politique n'a pas touché au budget de l'éducation qui représente un tiers du budget de l'Etat. On observe une baisse des effectifs dans l'enseignement primaire, surtout à la campagne où la carte scolaire a été modifiée et où les écoles ont été regroupées. Désormais, en milieu rural, seulement un tiers des filles et deux tiers des garçons vont à l'école primaire. On a amélioré les taux de réussite dans l'enseignement secondaire. En effet, en sixième et en neuvième année de l'enseignement de base et en troisième année du nouvel enseignement secondaire, un nombre accru d'élèves sont orientés vers la formation professionnelle (108000 élèves en 1989-1990 contre 38000 en 1983-1984). En conséquence, le nombre de candidats au baccalauréat a considérablement diminué, mais leur taux de réussite a aussi augmenté »[9].

De surcroit, on peut ajouter à cela les deux constatations suivantes :

- L'ajustement ayant entraîné une stagnation des dépenses de fonctionnement. L'Etat a concilié cette contrainte avec une croissance des services d'enseignement tout en diminuant les

---

[9] Clément, « Les effets sociaux du programme d'ajustement structurel marocain ». In Politique étrangère N°4 - 1995 pp.1003-1013.

salaires ; il a baissé les coûts des enseignants en augmentant les effectifs dans les classes et en comprimant les heures d'enseignement. Les enseignants fonctionnaires se classaient dans les déciles intermédiaires ou supérieurs, mais ces mesures leur ont ôté leur statut de petits « notables » relativement aisés pour les placer sous un statut de travailleurs pauvres sans notoriété sociale ou économique.

- Il est probable que la baisse du taux de scolarisation s'est fait opérer aux dépens des familles pauvres et il y a effectivement une coupe sévère dans les transferts sociaux. Il semble que cette baisse de la demande d'enseignement primaire soit liée à la conjoncture économique : appauvrissement de certaines familles, moindre intérêt pour les études lorsque le chômage augmente rapidement, mobilité sociale, effet des cycles de sécheresse, attractivité du secteur informel sans limite d'âge ou nécessité d'apprendre un métier manuel pour aider la famille.

Par son poids dans le budget de l'Etat, la rationalisation des dépenses de ce secteur lourd, de par l'effectif employé et les moyens alloués, a été appuyée par un prêt de la Banque Mondiale. L'action préconisée visait à restructurer les dépenses et à faire une mise à niveau de manière à réduire sa charge budgétaire, tout en voulant rendre l'éducation plus équitable, accessible à toutes les couches sociales et plus extensives particulièrement vers le monde rural.

Pour la Banque Mondiale, l'éducation est perçue comme une variable d'investissement dans le capital humain, un moyen de satisfaire des besoins individuels et collectifs se traduisant progressivement comme une chaîne magique menant à la croissance économique. Ces vœux pieux vont dans le sens du modèle de Mankiw, Romer et Weïl (MRW), où la productivité de l'accumulation du capital humain n'augmente certes pas, mais où ce dernier croît toujours à l'infini sans être buté. Il y a donc un facteur de production non séparable du capital humain et donc non transférable pouvant expliquer la croissance économique. Cependant, les limites de la formation qui apparaissaient souvent dans les systèmes scolaires des pays en développement tiennent souvent au facteur nommé par Ronald Dore « le syndrome du diplôme ». Selon lui, l'école, dans ces pays, n'accorde absolument pas la priorité à la diffusion des connaissances et des compétences, mais se focalise davantage sur la distribution des références et des preuves scolaires et universitaires exigibles sur le marché du travail. Pour R.Dore, ce processus détourne l'éducation de son mobile et véritable objectif et fait monter en flèche le coût d'une sélection qui pourrait s'opérer par d'autres méthodes comme la corruption et les origines sociales.

Dans le processus d'ajustement structurel, deux actions ont dominé l'appui de la BM :

- Actions à court terme : la rationalisation du secteur passe par la gestion des dépenses publiques dans ses propres rouages, et tout particulièrement ceux du fonctionnement en maîtrisant leur expansion. Ces dépenses représentent une part importante des dépenses publiques, dans ce sens il faut d'une part geler le montant des bourses et instaurer des critères plus sélectifs. D'autre part, limiter le recrutement du personnel de l'éducation instituteurs, professeurs et administrateurs.
- Actions à moyen terme : la politique de l'enseignement sera régie par des critères de rentabilité.

Dans sa forme visuelle, l'étude sectorielle de la BM sur l'enseignement au Maroc a permis de dégager quatre recommandations essentielles :

1. Développement de l'instruction élémentaire de base à l'usage des enfants en âge de scolarisation, et de mise en place de modes d'enseignement non formel pour adulte afin de résorber le taux d'analphabétisme.
2. Amélioration de l'efficacité interne et externe du système scolaire, en s'attaquant aux causes du taux élevé d'abandons et d'échecs et en favorisant des programmes scolaires, la production de matériel d'enseignement et la formation d'instituteurs.
3. Améliorer l'efficacité externe de l'enseignement de manière à adapter et opter pour une synergie « Formation-éducation-emploi » ; cette vision pourrait encourager les projets de formation professionnelle financés par des arsenaux mixtes public-privé.
4. Les problèmes de financement ne doivent plus peser exclusivement sur l'Etat mais aussi sur les collectivités locales et régionales, qui conjointement, doivent concourir au financement et à la gestion de l'enseignement. Par ailleurs, l'Etat doit prélever de l'impôt pour assurer une éducation de masse et donner des arguments au secteur privé pour investir dans l'enseignement et la formation.

2.3.4- Les conséquences de l'ajustement structurel sur les dépenses de santé

Il est indiscutable que le programme d'ajustement structurel a eu des conséquences importantes sur les politiques publiques de santé aussi bien celles de l'organisation du secteur, du partage des rôles entre l'Etat et le privé, que celles des modalités de la prise en charge des risques sociaux liés à la santé.

En termes chiffrés et durant la période allant de 1986 à 1993, les dépenses de fonctionnement par habitant allouées au secteur de la santé ont baissé de 8% alors que celles liées à l'investissement ont été fortement amputées. De plus, l'analyse des dotations budgétaires, sur la décennie 1982-1992, permet de constater que le budget du Ministère de la Santé publique a été multiplié par un coefficient de 2,8% ; soit une évolution de 10% en termes courants. Cependant, en termes constants, l'effet de l'inflation montre que ce taux n'est plus que de 2,71% et contraste avec la poussée démographique qui se positionne à 3,8%.

Pendant cette période, le personnel médical a vu son effectif s'accroître. Le nombre de médecins a augmenté en passant de 2800 à 4700, faisant réduire significativement le ratio donné par le nombre d'habitants par médecin, réduction de 7400 à 5600. Cette amélioration semble être le résultat de l'augmentation des effectifs d'étudiants en médecine pendant les années soixante-dix. Ces effets sont positifs, mais sans corrélation aucune avec les politiques de stabilisation structurelles menées à partir de 1983.

Face à cette lecture trop simpliste, s'il est vrai que les chiffres du corps médical sont en progrès, ses structures en revanche très hétérogènes et peu équilibrées. Le nombre de spécialistes n'atteint que 12% de la médecine de ville ; il est très faible par rapport à ce qui se passe dans la plupart des autres pays de même configuration démographique, économique ou sociale pour ne citer que les voisins de Tunisie et d'Algérie.

S'agissant toujours de ce secteur, ses caractéristiques justifient logiquement une prise en charge collective. Il y'a ce qu'on appelle une asymétrie d'informations entre le producteur du « service public-santé » qui est l'Etat et le consommateur, qui n'est autre que le citoyen. Cela s'accorde avec le fait qu'une discrimination positive en termes d'offres de soins et de santé favorisait les zones urbaines des villes côtières s'étendant de Kenitra à Safi. A juste titre, le nombre de médecins de santé publique pour 10.000 habitants varie de 0,56 dans le Tensift à 1,03 dans le centre sud, la moyenne nationale étant de 0,72. La répartition régionale des médecins de santé publique reste encore fortement concentrée : 72.6% de ces médecins se trouvent dans les régions du nord-ouest Kenitra-Casablanca (42.4%) et du centre El Jadida-Marrakech-Safi (30.2%). La population légale s'élevait en 1993 à 26 millions de personnes, alors que le nombre de Marocains bénéficiant d'une couverture sociale se limite à 4 millions, soit 15% de la population. Ce modeste chiffre s'explique par le fait que cette assurance n'est pas obligatoire. Mais surtout que 85% de la population est en situation de « clandestinité sociale » et présage de l'enracinement de l'économie informelle ordonnée.

2.4- Les implications d'une décennie de politique budgétaire restrictive au Maroc

Disons-le, la définition des dépenses publiques comme dépenses financées par les prélèvements obligatoires et par le déficit public s'avère purement tautologique. Il faut donc décrire le phénomène, tenter de l'expliquer et si possible le justifier de manière admissible et cohérente.

2.4.1- Mesure des résultats des politiques budgétaires (1983-1993)

Pour pouvoir continuer à parler d'évaluation des politiques budgétaires, on doit logiquement se doter d'indicateurs de mesures et d'appréciation des résultats desdites politiques.

Au Maroc, le déficit budgétaire et celui de la balance courante ont atteint des niveaux élevés en 1982. Par ces deux déficits jumeaux, le pays devait affronter une grave crise budgétaire et financière : dans cette situation, un des impératifs du programme d'ajustement structurel a été de réduire la croissance des dépenses publiques. Aux lourds déficits budgétaires s'ajoutaient une pression du service de la dette, des taux d'intérêt élevés, la méfiance des créanciers et la difficulté croissante de maîtriser l'inflation. Cette dernière rendait fragile l'épargne et décourageait l'investissement. Et de surcroît, les niveaux pesants de l'endettement rendaient difficile le refinancement externe.

Pour cette raison, toute démarche cherchant à réduire le déficit budgétaire est dans l'obligation de réduire sensiblement le déficit du compte courant de la balance des paiements dans la mesure où le solde budgétaire joue un rôle déterminant dans la dégradation du compte extérieur. Au Maroc, la corrélation est forte en raison des niveaux élevés des importations et de l'emprunt extérieur. Cette idée n'a pas que du sens, car « toute détérioration du solde budgétaire, générée par exemple par un gonflement des dépenses étatiques, et/ou l'insuffisance de recettes, induirait une hausse de l'absorption et donc une détérioration du solde extérieur courant du fait du contenu des importations dans les dépenses publiques »[10].

La conclusion principale à tirer de ces modifications budgétaires est que le virage ainsi pris fût décisif. Et le moins que l'on puisse dire, c'est que la correction budgétaire, réelle et nominale, a été bien franche. L'évolution des déficits budgétaires, proche de 17% en 1981, aura été ramenée à hauteur de 2% en 1993. Les mesures prises ont touché exclusivement le domaine de la fiscalité à l'aide de deux outils : le premier de portée conjoncturelle alors que le second est de nature profondément structurelle.

S'agissant du premier champ de portée conjoncturelle, les dispositions ont visé l'augmentation des recettes fiscales par le prélèvement des taux d'imposition sur le chiffre d'affaires des sociétés recensées : denrées rares à l'époque de 7 à 19% du PIB de 1983 à 1993. Puis à l'instauration d'un prélèvement à la source sur le revenu portant le sigle « participation à la solidarité nationale ».

Quant au deuxième champ de nature structurelle, les réformes ont été plus profondes. Elles couvrent bien un horizon temporel allant de la mise en place de la taxe sur la valeur ajoutée TVA en 1986 jusqu'à l'instauration de l'impôt sur le résultat net des sociétés IS en 1987, sans omettre la mise en œuvre de l'IR en 1990.

En matière de dépenses, une série de mesures visant la rationalisation et la compression des procédures de programmation et d'exécution des dépenses publiques ont été prises. Parmi ces mesures, les plus importantes sont :

1. La réforme de la nomenclature budgétaire ;
2. La mise en place d'un système intégré de l'informatique budgétaire ;
3. La restructuration de la direction du budget du Ministère des Finances ;
4. L'assouplissement des procédures de mise en place des crédits ;
5. L'adoption d'indicateurs de suivi et d'évaluation des investissements publics.

---

[10] I. Amara, Politique d'ajustement face au déséquilibre extérieur, une analyse et un modèle macroéconomique de l'économie marocaine, thèse Paris X, 1989, p29.

A ces effets directs, il faut rajouter que la structure du financement des déficits budgétaires s'est aussi profondément modifiée. Cette ingénierie empruntée aux pays industrialisés consiste à substituer le financement interne aux emprunts étrangers, depuis la mise en place du PAS, ils ont contribué en moyenne à une couverture de plus de 45.5 % des déficits budgétaires durant la période 1983-1993.

Le succès des réformes structurelles aura été non seulement contributif dans le ralentissement et la baisse du déficit budgétaire, mais a également permis aussi de réduire et de ralentir l'inflation. La hausse des prix ampute la valeur des encaisses monétaires, ce phénomène est qualifié de taxe d'inflation qui profite principalement aux bénéficiaires de la création monétaire, Etat et emprunteurs. A contrario, elle pèse sur les catégories modestes dans la mesure où leur patrimoine est pour la plupart composé d'un faible revenu monétaire.

Face à cette réalité économique, réduire les effets du poids de l'inflation sur les principaux paramètres explicatifs de la production nationale nécessitait la mise en place d'une politique d'industrialisation par substitution d'importation et des coupures dans les dépenses publiques. Au Maroc, l'inflation a été ramenée de 12% en 1983 à 4,2% en 1992, c'est dire ainsi l'effort et l'exploit menés dans ce sens. Associée au déficit budgétaire, ils montrent autant des corrélations que des oppositions.

Graphique n°I.1: Evolution de l'inflation et du déficit budgétaire (1982-1992)

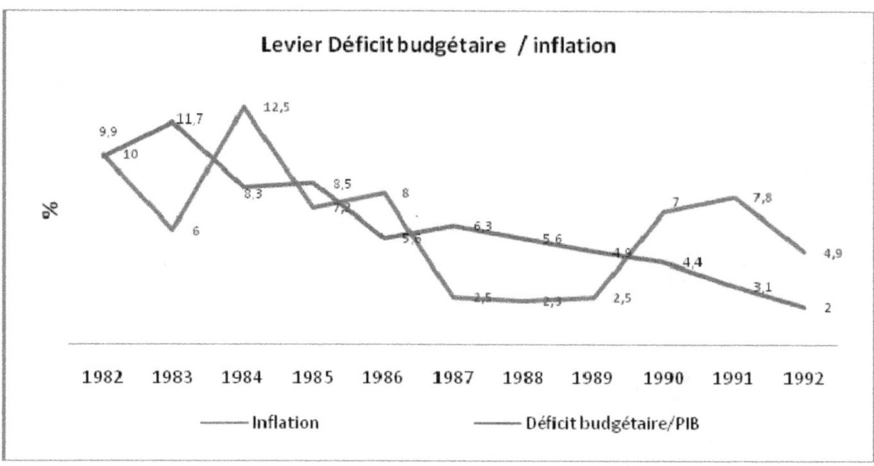

Source : Rapports Bank Al-Maghrib

L'idée que la création monétaire est un moyen de financement des dépenses publiques, est au cœur des débats de la théorie économique qui traitent l'accumulation des déficits budgétaires comme une des causes de l'inflation. Autrement dit, la trappe de l'inflation caractérise une situation dans laquelle une économie subit une inflation persistante et élevée à cause du non-respect de sa contrainte budgétaire inter-temporelle. A ce titre, l'existence d'une relation forte entre déficit budgétaire et inflation, et pour laquelle le seigneuriage « régalien » compte pour une part significative dans les recettes budgétaires n'est pas à exclure.

SECTION III : L'AJUSTEMENT FISCAL VERSUS L'AJUSTEMENT BUDGETAIRE DANS LES PSEM

Le concept de solde budgétaire recouvre des réalités différentes selon que l'on se place dans l'optique de la comptabilité publique, ou dans celle de la comptabilité nationale sachant que l'optique de financement ne retient que les encaissements et les décaissements ayant lieu au cours de l'année, quelque soit l'exercice budgétaire qui les a autorisés et permet par conséquent, de rendre compte du solde financier[11].

3.1- Les concepts et mesures du solde du budget : capacité ou besoin de financement

Alors que les doutes sur le caractère structurel des déficits budgétaires et de la dette ne sont pas levés, il faudra tourner le regard vers les portées conceptuelles du solde budgétaire et de la dette publique avant de présenter les mesures de résorption.

Au sens de la comptabilité nationale, les administrations publiques (APU) constituent un secteur institutionnel composé de trois sous-secteurs[12]:

- L'administration centrale (L'Etat)
- Les administrations locales (Collectivités locales)
- Les administrations de la sécurité sociale.

La comptabilité nationale saisit l'Etat comme tout autre secteur institutionnel à travers la chaîne d'opérations (du compte de production et d'exploitation, compte revenus et dépenses, compte de capital et du compte financier)[13]. Le solde budgétaire peut être défini comme la différence entre l'ensemble des ressources d'origine fiscale (impôts) et non fiscale (cotisations, dons et transferts) et la somme des dépenses courantes en biens et services et des dépenses en capital.

---

[11] D.ZERACH, le système financier : dix ans de mutations, les études de la documentation française, Paris, 1993, p.197.

[12] Vision de l'OCDE.

[13] Rapport sur le développement dans le monde 1988, Banque mondiale, Washington, D.C, p50.

Pour y répondre plus clairement, il peut être instructif de souligner que la présence d'un solde budgétaire positif est un indicateur suffisant pour dire que l'économie dispose d'une capacité de financement. Dans le cas contraire, l'économie a un besoin de financement et s'oriente vers l'emprunt qui se définit comme le choix entre endettement intérieur et/ou endettement extérieur.

3.2- Les épreuves de l'ajustement structurel et les équilibres macro-économiques dans cinq PSEM

Ce qui est certain, c'est que les PSEM ont tous été aux épreuves de l'ajustement structurel. Pour mieux cerner ce sujet, il est nécessaire de maîtriser certains détails, et cela même pour un échantillon, aussi représentatif soit-il.

3.2.1- Chronologie de mise en œuvre des plans d'ajustement structurel selon les pays :

Selon les multiples lectures du plan d'ajustement structurel, il nous semble nécessaire de revenir de manière brève sur la chronologie de sa mise en place, de son adoption et de sa mise en œuvre des PAS dans au moins quatre PSEM qui sont la Turquie, le Maroc, la Tunisie et l'Egypte. L'Algérie et Israël ont été les seuls pays de cette région à avoir refusé de suivre une politique d'ajustement structurel avec l'aide du FMI. Cela n'a pas été possible. Seul, Israël réussira ce tour de force ; mais le refus algérien s'est soldé par un cuisant échec et son retour à la table des négociations avec le FMI en 1994 retardant pour plusieurs décennies les réformes de libéralisation financières.

Tableau n°I.3 : La chronologie du PAS dans quatre PSEM

Années	80	81	82	83	84	85	86	87	88
Turquie			A						
Maroc						B			
Tunisie								E	
Egypte								D	
Années	89	90	91	92	93	94	95	96	97
Turquie									
Maroc		B							
Tunisie	E								
Egypte							D		

A : Ajustement + ouverture commerciale.
B : Ajustement et rééchelonnement de 1983 à 1992.
C : PAS et rééchelonnement.
D + E: 1er PAS+ 2e PAS avec rééchelonnement et remise de dette.

Source : Tiré d'Ould Aoudia, 2006.

3.2.2- Déficit budgétaire et déficit du compte courant

Pour avoir une idée précise sur l'évolution des différents soldes dans les quatre PSEM, l'Algérie, l'Egypte, la Tunisie et le Maroc, nous avons été amenés à faire des relevés et procéder à certains calculs.

Tableau n°I.4 : Les différents soldes budgétaires dans les PSEM (en %du PIB sur 1981-1989)

Algérie	1981	1982	1983	1984	1985	1986	1987	1988	1989
Solde conventionnel	11.3	0.87	-1.8	3.7	2.06	-6.11	-3.94	-8.7	-2.35
Paiement d'intérêts	-	-	-	-	-	-	-	-	-
Solde primaire	-	-	-	-	-	-	-	-	-

Egypte	1981	1982	1983	1984	1985	1986	1987	1988	1989
Solde conventionnel	6.39	20.7	13.78	-19	20.05	27.1	-15.2	-27.5	24.06
Paiement d'intérêts	2.72	3.01	5.24	6.58	7.42	9.14	11.00	14.16	18.01
Solde primaire									

Maroc	1981	1982	1983	1984	1985	1986	1987	1988	1989
Solde conventionnel	13.36	13.4	-9.72	8.56	11.92	-15	8.89	7.39	12.6
Paiement d'intérêts	0.59	0.58	0.69	0.68	0.80	0.79	0.92	1.13	1.22
Solde primaire	-9.66	8.89	-4.53	2.26	-3.23	4.47	1.12	5.69	2.73

Tunisie	1981	1982	1983	1984	1985	1986	1987	1988	1989
Solde conventionnel	-2.53	6.67	11.02	7.38	0.54	11.4	8.75	7.85	9.89
Paiement d'intérêts	0.34	0.34	0.34	0.38	0.43	0.48	0.47	0.49	0.53
Solde primaire	-0.67	4.03	-7.83	3.25	3.56	-5.7	2.06	0.74	1.75

Source : Banques Centrales, Ministères des finances et Data base WDI

L'analyse montre clairement l'exception algérienne en matière de déficit budgétaire, exception marquée par des excédents entre 1981 et 1985. Ce solde positif est une résultante de la nature rentière de son économie basée sur les revenus provenant d'une part du pétrole et du gaz et affecté, d'autre part, soit positivement soit négativement de l'effet des cours de change du dollar et des hydrocarbures sur le marché international. Cet excédent n'est pas structurel. Cela étant posé, il faut insister sur le fait que pour ce pays, le solde budgétaire est devenu négatif entre 1986 et 1989 suite à une dégradation des revenus des exportations causée par la baisse des cours d'hydrocarbures.

Pour les trois autres PSEM, le déficit du solde budgétaire a progressé de manière très aiguë pour l'Egypte pendant cette période alors qu'il a suivi un trend en dents de scie pour le Maroc et la Tunisie. Le ratio du solde budgétaire dans le produit intérieur brut tient compte de l'accumulation des déficits et du poids de la dette et de ces intérêts cumulatifs dans le budget de l'Etat ; ce ratio a été estimé pendant les périodes de l'ajustement entre 4% et 7% selon le risque-pays, les notations des agences spécialisées et les avis circonstanciés des institutions internationales, Fonds Monétaire International et Banque Mondiale. Plus généralement, « le déficit budgétaire est fondamentalement déterminé par les paramètres de la dette publique »[14]. S'agissant du cas marocain, le solde primaire s'est amélioré passant d'un déficit de 9.66% à un excédent de 2.73% du PIB. Cependant ce solde ne tient pas compte des intérêts de la dette, ce dernier a été multiplié par 4 en dix ans et le solde conventionnel s'est stabilisé autour de 11% du PIB sur la période 1985-1989. Selon Lahcen Oulhaj : « après la crise de la dette et l'entrée en application des réformes d'ajustement, les choix budgétaires du Maroc ont été plutôt restrictifs laissant place à un déficit budgétaire net primaire de plus en plus faible et qui devient, à partir de 1990, structurellement excédentaire. Toutefois, ces résultats cachent l'émergence de deux paramètres récents dans la gestion des finances publiques au Maroc. Il s'agit de la croissance de la dette publique (le ratio par rapport au PIB de la dette publique intérieure est passé de 11% à 46% entre 1970 et 2002) et de l'utilisation des ressources de privatisations »[15].

Prenons maintenant le cas de la Tunisie, le solde budgétaire et le paiement des intérêts ont suivi des cycles irréguliers, avec au passage une amélioration en 1985 à -0.54% pour le solde conventionnel et 0.43% pour le paiement d'intérêts. Cette date marque une sorte de médiane pour deux périodes, la première de 1981 à 1984 avec un solde conventionnel négatif de 6.9% et un paiement d'intérêts de

---

[14] L.Jaidi « La gestion du déficit budgétaire face aux contraintes de la dépense publique », cahier de la FAB, N°4, 1997, p35.

[15] M.R.El Amrani, K.Hannes, L.Oulhaj : « Etat des finances publiques au Maroc », Projet FEM 21-39, Femise Research, programme 2002-2004, directed by C.Berthomieu, CEMAFI, Université de Nice.

0.35% et la deuxième de 1986 à 1989 marquée par un solde conventionnel négatif à 9.47% et des paiements d'intérêts à 0.49%.

Selon F. Gabsi : « pour réduire l'endettement de la Tunisie, l'accent a été mis sur la réduction de la dette publique extérieure puisque celle-ci représentait environ 75% de l'encours de la dette extérieure totale [16] ». Pendant la décennie de l'ajustement, la dette publique est passée de 57.96% à 49.61% du PIB[17]. Selon F.Gabsi : « Pour sortir de la crise d'endettement extérieur qui s'est déclenchée en Tunisie en 1986, les autorités publiques ont adopté une stratégie qui vise la substitution progressive de l'endettement intérieur de l'Etat à l'endettement extérieur. Parallèlement à cette politique, l'Etat a poursuivi ses efforts en matière de réformes fiscales pour pouvoir maîtriser le déficit budgétaire sans être obligé de comprimer davantage les dépenses productives »[18].

L'économie de l'Egypte a connu des déséquilibres macro-économiques importants dans les années 1980. Derrière ces déséquilibres se cachaient des déficits budgétaires persistants[19]. La dette extérieure de l'Egypte a bondi de 20% au début de 1970 à plus de 100% du PIB dans les années 1980 et le pays ne pouvait pas maintenir le service de la dette qui consommait près de la moitié des réserves de devises. Notons que selon Nicole Chevillard, l'Egypte dispose de cinq rentes : le gaz, le canal de Suez, le delta du Nil, le Tourisme et les transferts des migrants. Ces cinq facteurs générateurs de ressources permettent au pays de disposer de ressorts qui amortissent de manière sensible les chocs intérieurs et extérieurs sur les indicateurs sociaux et macro-économiques. Pour Ezzat Moulak K : « La dette publique interne est considérée comme l'un des problèmes chroniques de l'économie égyptienne. La dette interne pourrait être vue à travers deux concepts : l'un, étroit, considère la dette publique comme un mélange de soldes de factures, d'obligations d'Etat en circulation, de fonds alloués par les banques au gouvernement, le concept large considère la dette sous sa forme de dette contractée par

---

[16] F.B.Gabsi : « Endettement public et soutenabilité de la politique budgétaire en Tunisie », Projet FEM 21-39, Femise Research, programme 2002-2004, directed by C.Berthomieu, CEMAFI, Université de Nice.

[17] Ministère des finances, Banque Centrale de Tunisie.

[18] F.B.Gabsi : « Endettement public et soutenabilité de la politique budgétaire en Tunisie », Projet FEM 21-39, Femise Research, programme 2002-2004, directed by C.Berthomieu, CEMAFI, Université de Nice.

[19] Subramanian (1997a).

les entreprises publiques et par les banques d'investissement national »[20]. Les résultats du solde conventionnel de l'Egypte entre 1981 et 1989 montrent qu'il a été multiplié par 4 atteignant les 25 % du PIB, pour les intérêts les plus élevés dans les PSEM, ils ont atteint 18% du PIB avec une moyenne de 7.85% sur les dix années de la crise des dettes jumelles de ce pays. Pour la Banque Africaine de Développement : « La décennie des années 1980 a été l'un des chocs externes les plus foudroyants pour l'Egypte (exprimés sous forme de baisse des prix du pétrole, de taux d'intérêt élevés, de flambée des prix des produits alimentaires et de forte poussée démographique). Entre 1981 et 1991, la dette extérieure égyptienne est passée de 22.1 à 31.1 milliards de dollars. Dans le même temps, le déficit budgétaire a augmenté en moyenne de 18% par an »[21].

En plus de ces quatre pays, nous pouvons aussi citer le cas de la Turquie ; au cours de la décennie 1970-1980, sa dette extérieure avait atteint 25 milliards de dollars, dont 10 milliards à très court terme. Cet endettement équivaut à la moitié du produit intérieur brut en 1978 (48 milliards de dollars), faisant de la Turquie l'un des trois ou quatre pays les plus endettés de la planète. La totalité des recettes d'exportation ne suffisait même plus à payer la facture du pétrole dont l'économie avait besoin. Le très important déficit extérieur ne permettait plus d'importer les matières premières indispensables à l'industrie, qui ne tournait plus qu'à 50% de ses capacités. L'inflation, phénomène structurel de la Turquie, culminait à plus de 100% en 1980. Pour G. Koptis : « Ayant perdu toute autonomie, l'économie turque des années 1980 aura comme fonction primordiale de répondre aux exigences de l'économie mondiale ». Le solde budgétaire de la Turquie est marqué par une explosion des déficits notamment celui de la balance commerciale a été multiplié par 50 entre 1981 et 1989 ; quant au solde primaire, celui-ci est passé de -1.54% à -3.33% du PIB. Selon M.Kevilcin : « L'exigence de financement du secteur public était de 4.3% du PNB en 1973, mais il a plus que doublé pour atteindre 10.7% en 1979. L'inflation a atteint environ 100% en 1980. Les changements de politiques dans les années 1980 ont été conçus pour changer de stratégie de croissance de la Turquie d'une approche

[20] Ezzat Moulouk K.: « The problem of local public debt in the Arab countries with reference to Egypt », Faculty of commerce, Department of Economic, 2009, Kafr Elsheikh, University, Egypt.

[21] African Development Bank Group : « Egypt , Economic Reform and Structural adjustment program », operation evolution department, 2000, pp 1-49.

de substitution d'importations à une plus grande industrialisation et intégration dans les marchés internationaux »[22]. Une telle situation de l'économie turque est confirmée par Şenyüz, le déficit budgétaire a augmenté dans les années 1970 avec un effet boule de neige, le tout accompagné de la lâche maîtrise de l'inflation.

Afin de se faire une idée encore plus claire sur la Turquie, Intar et Tansal plaident pour des politiques budgétaires saines qui devraient commencer par la suppression de toutes les dépenses hors budget et l'unification de la trésorerie avec le ministère des Finances afin de diminuer les effets de dispersion du pouvoir politique (c'est-à-dire un dilemme du prisonnier). Dans le même sens Binay estime que les mauvaises performances économiques en Turquie n'étaient pas seulement liées à une faiblesse de politiques économiques, mais aussi en raison de l'absence de gouvernements forts pendant plusieurs années. Cette réalité a empêché les mesures de mise en œuvre de réformes structurelles, qui à leur tour ont donné des politiques myopes.

En Turquie comme dans la plupart des pays, la convergence des dépenses publiques et des recettes fiscales est totale autant pour le pire et que pour le meilleur. Binay confirme cette donne, la Turquie n'a commencé à mettre en œuvre de solides réformes fiscales qu'à partir des années 1990 ; il ajoute que l'inégalité des revenus et les grandes poches d'économie souterraine ont rendu cette fiscalité inefficace et peu transparente. Pour Salih Turan, la principale source des recettes fiscales en Turquie est composée de prélèvements sur les traitements des fonctionnaires, des agents des collectivités locales et des militaires. Le secteur privé doit être amené progressivement à contribuer au paiement régulier de l'impôt. Le soutien de la fiscalité dans l'économie turque ne semble être possible que si l'économie souterraine est contrôlée et que si le secteur privé est encouragé à s'acquitter de ses obligations fiscales[23].

---

[22] M.Kevilcin « The realtionship between inflation and the budget deficit in Turkey», Depatment of Economics, Bilkent University, Ankara.

[23] Salih Turan K.: « Is there a long-run relationship between taxation and growth: the case of Turkey», Department of Banking and Finance, Eastern Mediterranean University, 2008, pp 1-8.

3.2.3- Les tentatives des PSEM pour le rétablissement des équilibres macro-économiques

L'analyse de l'évolution du déficit budgétaire est un bon indicateur pour apprécier l'effort fourni par tout pays en matière de rétablissement de l'équilibre budgétaire pouvant contribuer à atteindre les grands équilibres macroéconomiques. Notre graphique permet de visualiser l'évolution du déficit budgétaire, en pourcentage du PIB, dans cinq PSEM étudiés qui sont la Turquie, la Tunisie, le Maroc, Israël et l'Egypte.

Graphique n°I.2 : Evolution du déficit budgétaire dans 5 PSEM (en % du PIB ; 1970-1995)

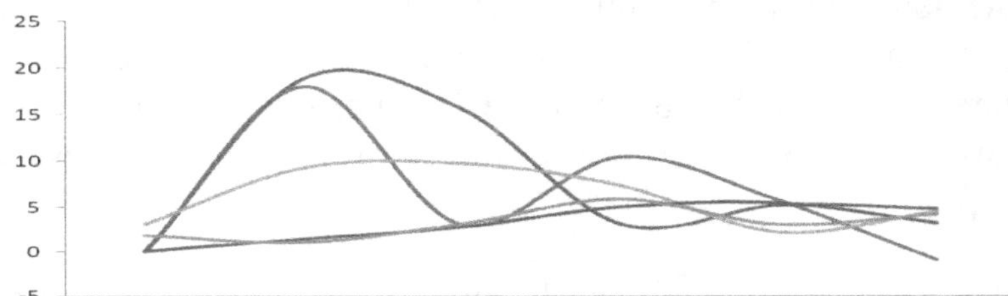

	1970	1975	1980	1985	1990	1995
Egypte		18	3,1	10,4	5,7	-0,9
Israel		18,8	15,6	3,1	5,1	4,7
Maroc	3,1	9,2	9,7	7,3	2,2	4,4
Tunisie		1,4	2,8	5	5,4	3,2
Turquie	1,8	1	3,1	5,8	3	4,1

Source WDI 2011

Dans la perspective de rétablir les grands équilibres macroéconomiques, on peut aussi s'intéresser à l'évolution de la performance de l'Administration Centrale en termes de collecte de recettes et de dépenses des deniers publics. L'analyse du gap pouvant résulter de ces deux grandeurs, en termes nominal ou par rapport au PIB, permet d'apprécier l'effort de l'Administration centrale dans les choix tendant à financer les activités régaliennes et les interventions liées aux finances sociales et d'infrastructures.

Nous reconnaissons en scrutant les chiffres que les politiques d'ajustement structurel et les réformes fiscales ont permis un relatif et conditionnel rétablissement des équilibres macro-économiques et une baisse du déficit public et cela a conduit à un recul de la dette extérieure. Selon J. Ould Aoudia (2006) : « La dette publique est passée de 80% dans les années 1980-1990, à 60% du PIB entre 1990 et 2000, le déficit budgétaire réduit de 5% à 3% du PIB dans cinq pays de la région MENA, (Algérie, Egypte, Jordanie, Maroc, Tunisie) ».

Ce rétablissement des équilibres macro-économiques a été facilité par la croissance des recettes extérieures (tourisme, transferts des migrants, revenus directs et indirects des hydrocarbures), mais également par une notable contraction de la demande interne qui a pesé par la suite sur les couches défavorisées de la population. Les ponctions sur les ressources pour assurer le remboursement de la dette extérieure affectent moins la croissance depuis le milieu des années 1990, grâce aux programmes d'ajustement structurel mis en place dans tous les pays de la région ainsi qu'aux processus d'allègement de la dette publique extérieure, voire à l'annulation dans le cas de l'Egypte au sortir de la première guerre du Golfe.

Quant à l'inflation, elle est passée de 20% en moyenne dans les années 1990 à moins de 5%. Cependant les pays de la région sont souvent victimes de poussées inflationnistes particulièrement fortes dans la mesure où le panier de consommation concentre nombre de produits de base dont les cours sont internationaux et souvent libellés en dollars. Cette poussée inflationniste est due :

- à la hausse des prix des denrées alimentaires, des matières premières et des hydrocarbures ;
- aux dépenses financées par l'augmentation des recettes pétrolières, notamment en Algérie.

3.3- Impact de l'épreuve de l'ajustement structurel et budgétaire sur la macro-économie : Cas de deux PSEM, le Maroc et la Tunisie

Quelles que soient nos incertitudes sur la pertinence de telle ou telle réforme, il ne nous semble pas seulement opportun, mais aussi juste d'évaluer l'impact du PAS dans un échantillon des pays du sud et de l'est de la méditerranée. Le Maroc et la Tunisie sont choisis de par les similarités et les représentativités régionales de leur structure sociale économique et d'endettement.

3.3.1- L'expérience marocaine

Passons justement à l'étude du cas marocain, dont l'originalité est précisément de toujours se soumettre aux directives des institutions financières internationales. Il reste que les données dont nous disposons sur la décennie PAS de ce pays nous poussent à dire que placer au banc de l'ajustement, le Maroc a montré des résultats poussant alternativement dans le sens de la convergence et dans le sens de la divergence.

a- Bref aperçu méso économique

Au terme d'une décennie d'ajustement budgétaire, l'objectif de stabilisation des indicateurs macro-économiques aura été atteint. Par-delà l'argumentaire classique de maîtrise de l'inflation et de levée de la répression financière, les risques économiques et leurs conséquences sociales auraient sans doute été beaucoup plus lourds en l'absence de telles réformes. Mais d'aucuns diront que ce qui importe n'est pas l'assainissement des finances publiques et l'équilibre du budget dans son compartiment comptable, mais bien l'équilibre de l'ensemble de l'économie. Ould Aoudia note que l'observation ne manque pas de bon sens, il précise que si la stabilité macroéconomique s'est fortement améliorée au Maroc et dans la plupart des pays du Sud et de l'Est de la Méditerranée, certains estiment qu'elle est globalement acquise pour ces nations excepté l'Egypte, notamment par la mise en application sévère des programmes d'ajustement structurel successifs.

Le repli de l'investissement public et l'effet de cette baisse sur la demande globale n'ont pas manqué de se traduire au niveau de l'emploi par une forte augmentation du chômage urbain remonté de 10.7% en 1983 à 20.6% en 1992 avec l'apparition d'une nouvelle catégorie de chômeurs issus de la formation professionnelle et des universités. Berg défend la posture selon laquelle il serait injurieux de parler de facilité à ces centaines d'agents qui ont été licenciés pour cause d'ajustement structurel. Encore que, si les salariés des entreprises parapubliques ont été effectivement nombreux à perdre leur emploi, ces « dégraissages » doivent être très relativisés pour les fonctions publiques centrales, et ce, aussi bien quant à son ampleur.

Pour Jean François Clément, la politique d'ajustement structurel a surtout eu un effet sur les nouvelles formes de bourgeoisie. Les choix en faveur de l'exportation ont développé des secteurs qui existaient déjà, comme le textile, ou qui étaient encore à l'état artisanal, comme la pêche. Mais, dans l'analyse, il convient de distinguer l'économie formelle et officielle avec ses principaux secteurs (production industrielle, secteur financier, banques...) des autres formes de l'économie, économies spontanées, clandestines et illégales, ces derniers secteurs correspondent à environ 40% de la production totale des biens et services. Au regard des rares chiffres disponibles, il est facile d'imaginer l'ampleur des dégâts sociaux nés de la politique du Moins d'Etat.

b- La croissance économique

Les taux de croissance du PIB ont été respectivement de 4.3%, 6.3%, 8.2% pour les années 1984, 1985 et 1986. L'explication réside dans le bond de 17% de la production agricole en 1985-1986 ; ce facteur exogène agit de moitié dans les variations de la croissance économique dans le cas du Maroc. Les différentes études empiriques ont prouvé que croissance économique et production agricole sont fortement corrélées. Selon Lahcen Oulhaj, au Maroc, la croissance est en définitive primaire. Elle dépend surtout de manière étroite de la valeur ajoutée de l'agriculture. Cette valeur ajoutée fluctue de plus au gré des aléas climatiques et ne dépend nullement de la population employée. Statistiquement, lorsqu'on a une bonne année agricole, cela donne une forte croissance du PIB sans que le volume de l'emploi ait besoin d'augmenter.

c- Epargne et investissement

Pour mobiliser l'épargne vers le financement des investissements, les autorités ont supprimé les réserves monétaires obligatoires, le plancher d'effets publics sur les dépôts à terme et les dépôts en dirhams convertibles. Les taux d'intérêt nominaux ont été relevés pour atteindre un niveau réel positif dès 1983 et des comptes spéciaux en devises à taux attractifs ont été créés. Ces mesures ont permis au Maroc d'accroitre très sensiblement son niveau d'épargne de 10% en 1982 à 14.7% du PIB en 1986 et de maintenir un degré d'investissement assez élevé.

d- La balance commerciale

Graphique n°I.3 : Variation des soldes extérieurs (1982-1992)

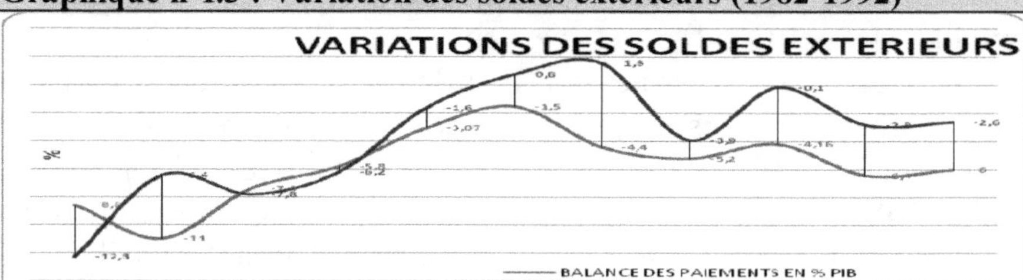

Source : Rapports Bank Al-Maghrib

Les résultats exposent de manière claire le rythme chronologique et les conséquences de l'ajustement en matière de commerce extérieur. L'ajustement a permis de réaliser des progrès notables dans le secteur du commerce extérieur. Le déficit de la Balance des Paiments a baissé de moitié en 1985, se limitant à 7.2% pour presque disparaitre en 1986 (1.5%). Ces succès enregistrés sont imputables à une forte croissance des exportations des biens et services. En 1985, les exportations ont atteint le chiffre record de 24 milliards de dollars, une hausse due en particulier au concours de trois branches : les exportations d'acide phosphorique, d'engrais et celles des biens de consommation (sous-traitance : textile, chaussures, électronique et artisanat) ayant doublé auxquelles s'ajoutent les recettes du tourisme en augmentation de 145%.

e- La dette extérieure

A l'exception d'une légère baisse du poids de la dette en 1983, l'endettement a repris malgré la mise en place du plan d'ajustement structurel pour diverses raisons. Le Maroc a dû se tourner, même en période d'austérité et de mise à niveau, soit vers le FMI et la BM, soit vers les pays avec lesquels il entretient des relations privilégiées (France, pays du Golfe) pour demander des délais ou de nouveaux prêts. Le service de la dette a réagi dans le même sens que l'encours de la dette, entraînant une asphyxie de l'économie marocaine et la provocation d'une grave pénurie financière.

f- Le déficit budgétaire

La réduction du déficit budgétaire devait constituer le second objectif dans le programme d'ajustement décrété en 1983. La politique budgétaire de mise à niveau a adopté une stratégie sélective, dans la mesure où l'investissement est resté un axe privilégié pour asseoir les bases d'une croissance économique durable via une maximisation de la corrélation entre équilibres interne et externe. Partant de ces considérations, les mesures prises ont touché exclusivement le domaine de la fiscalité, et ce, en usant de deux outils : l'un conjoncturel, le second structurel. Pour le premier, les dispositions ont visé l'augmentation des recettes fiscales par le relèvement des taux de l'impôt sur le chiffre d'affaires des sociétés recensées : 7 à 19% entre 1983 et 1989. En matière de dépenses, les efforts de restructuration se sont orientés vers deux aspects : l'un quantitatif visant l'amélioration de la comptabilisation entre les dépenses publiques et les recettes budgétaires, le second qualitatif se consacrant plutôt à une rationalisation des dépenses de l'Etat. Mais si l'on considère les variations de dépenses publiques et les évolutions des recettes fiscales, on s'aperçoit qu'en parallèle les réformes fiscales ont permis d'améliorer le niveau des recettes et que les mesures d'ajustement ont conduit à une baisse des dépenses publiques.

3.3.2- Le cas de la Tunisie

Le problème de la Tunisie ne diffère pas de celui de son voisinage immédiat. La gravité de la situation économique, la fermeté des autorités et surtout des recommandations motivées du FMI et de la Banque Mondiale ont rendu inévitable la mise en place d'un processus de réformes structurelles.

a- Ébauche d'un regard croisé

En Tunisie, l'essentiel du plan d'ajustement structurel adopté et préconisé s'est appuyé sur des actions sur les prix et sur les quantités : compression et stimulation. Les orientations de ces réformes ont visé à contenir la demande et à élaborer des scénarii d'adaptation permanente des infrastructures internes aux fluctuations économiques du marché international. La compression de la demande s'est exercée de la manière suivante : la baisse des investissements publics, le gel des salaires et des recrutements dans la fonction publique, la réduction progressive en vue de la suppression des subventions à la consommation.

Quant à la stimulation des exportations, elle s'est traduite par une nouvelle politique de change inspirée du modèle italien (dévaluation progressive et continue du dinar tunisien), une protection tempérée de l'économie et une libéralisation des importations. Le tout accompagné de la mise en place d'une charte des investissements en direction des IDE et des sociétés offshore. Ces choix n'ont pas fait l'unanimité en Tunisie, suscitant ici et là des critiques et des résistances de la part des groupes de pressions du secteur industriel.

En prenant les sujets dans l'ordre, l'évaluation du PAS sera concentrée sur les six leviers qui assurent le maintien de l'équilibre macro-économique : la croissance, l'épargne et l'investissement, l'inflation, la balance commerciale, la dette extérieure et le déficit budgétaire.

b- La croissance

La croissance de l'économie tunisienne a connu un rythme relativement soutenu durant la période 1987-1992 en dépit de larges fluctuations de la production agricole entre 1988-89, sécheresse, et 1990-1992 abondances, ensemble associé aux effets néfastes antérieurs et postérieurs à la première guerre du Golfe. Le taux de croissance annuel est passé de 2.3% en 1986 à 5.8% de1989 à1992. La part de l'agriculture est passée de 16.4% en 1987 à 17.2% en 1992. Cela a permis d'améliorer sensiblement les conditions de vie. Mais ces résultats sont très éloignés de ceux des pays du Sud Est Asiatique qui affichent dans la même période, des taux de croissance moyens supérieurs à 8%.

Graphique n°I.4 : Variation des croissances réelle et agricole en Tunisie (1982-1992)

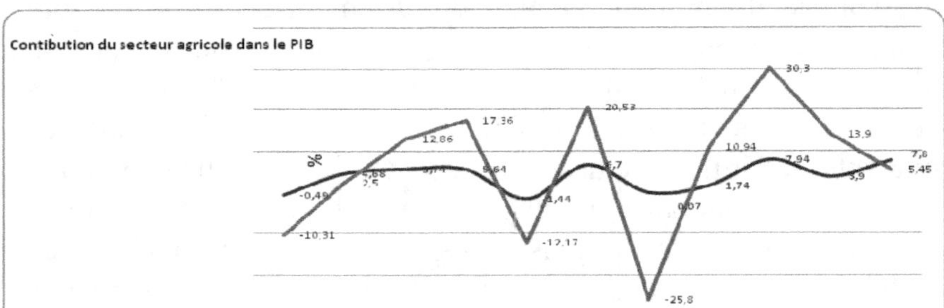

	1	2	3	4	5	6	7	8	9	10	11
VARIATION DU PIB REEL	-0.45	4.68	5.74	5.64	-1.44	6.7	0.07	1.74	7.94	3.9	7.8
VARIATION DU PID AGRICOLE	-10,31	2,5	12,86	17,36	-12,17	20,53	-25,8	10,94	30,3	13,9	5,45

Source : WDI 2011

En ce qui concerne le lien entre croissance réelle et croissance agricole, la corrélation est évidente. Néanmoins la dépendance de l'économie tunisienne vis-à-vis du secteur agricole n'est pas aussi forte que celle du Maroc. L'explication réside dans une décision politique tunisienne datant des années 1970 qui stipulait la nécessité de la diversification des appuis économiques. Entre le Maroc et la Tunisie, il y'a certes plusieurs similarités, mais aussi plusieurs différences dont la principale est celle que la Tunisie est plus urbaine que le Maroc et elle le reste.

Quant aux services produits, ceux-ci ont connu une nette progression de 34.2% (1987) à 45.2% en 1992, imputée surtout aux progrès technologiques dans les domaines de la communication, du transport, et du commerce. Pour le secteur minier, les ressources n'ont pas cessé de chuter sous les effets conjugués de la baisse des cours notamment ceux des hydrocarbures, des phosphates et du dollar, mais également d'une production excessive et mal maitrisée.

c- Epargne et investissement

Le taux d'investissement global d'un pays peut être considéré comme un indice important de sa santé économique à long terme et par conséquent de sa compétitivité internationale. En Tunisie et à la lumière des résultats des années 1982-1992, on ne peut que souligner une certaine stabilité en matière d'investissement et d'épargne.

L'ensemble de ces résultats montre une progression des investissements dès l'application du PAS entrecoupée de deux périodes de ralentissement. L'une causée par la sécheresse et l'autre par la guerre et le prolongement de la crise du Golfe.

Pour l'épargne, son ratio est passé de 19.2% en1986 à 21.80% en 1992. L'incitation de l'Etat à la mobilisation de l'épargne privée s'est soldée par une hausse remarquable de presque deux points. Le taux d'épargne privée a enregistré un saut de presque dix points passant de 5,9% en 1986 à 14,7% du PIB en 1992.

d- Inflation et déficit budgétaire

Les réformes macro-économiques se sont également attaquées au syndrome de l'inflation, indicateur ayant atteint les deux chiffres ; de 10% en 1986, il a été ramené à 7% en 1992. Ce résultat a été le fruit d'une politique monétaire prudente articulée autour de la libéralisation des importations, de la dépréciation flexible du dinar, de l'abrogation des mesures de contrôle des prix et de la réduction des subventions à la consommation. A la fin de l'année 1992, l'inflation a été réduite de moitié ne dépassant plus les 5%, niveau louable et jamais atteint depuis une trentaine d'années.

Concernant le déficit budgétaire, le programme de réformes structurelles s'est attaqué avec l'aide d'une batterie de mesures préconisées par le FMI et la BM à maintenir le déficit de 2.9% du PIB au lieu des 3.6 % de 1896. Cette baisse du déficit budgétaire a été la conséquence d'une politique de rigueur et d'austérité qui a ciblé l'amélioration des recettes fiscales et la compression des dépenses publiques.

Il n'en reste pas moins que dans sa dynamique de restructuration et de stabilisation, la Tunisie a procédé dans un premier temps à l'instauration de la TVA en juillet 1988 suivie au 1er janvier 1990 d'une forme de démocratisation de l'impôt sur le revenu et sur les sociétés (impôt plafonné et unifié : 35%). L'introduction de la taxe sur la valeur ajoutée a permis au Trésor public de se procurer des recettes non négligeables et supérieures à celles des années précédentes. Par ailleurs l'unification à partir de 1990 de l'impôt et sa diminution devaient contribuer à faciliter la collecte et la minimisation des fraudes.

e- La balance commerciale

De l'avis de plusieurs experts, l'une des limites de l'application du PAS en Tunisie, réside dans l'échec à contenir l'aggravation des déséquilibres externes et ce, malgré le discours officiel qui optait davantage pour un raffermissement de la balance des paiements. Certes les nouvelles stratégies de change ont considérablement amélioré la compétitivité-prix et relancé les exportations réduisant sensiblement les déficits extérieurs. Cependant et contrairement aux attentes, ce déficit est passé de 1359 à 1945 millions de dinars entre 1991 et 1992, soit une hausse effective de 43%. Il s'explique par les besoins croissants du pays, et par une tradition de grande ouverture aux produits étrangers. Le recul des exportations s'impute à plusieurs facteurs : la baisse de la demande extérieure des produits agroalimentaires, la chute des prix des matières premières.

En ce qui concerne les importations, elles sont en croissance surtout depuis que la libéralisation a touché les produits énergétiques et les biens de consommation, et ceci en dépit des dévaluations.

Tableau n°I.5 : Taux des exportations, taux des importations, solde de la balance des transactions courantes BTC et de la balance des paiements de l'économie tunisienne en % PIB (1982-1992)

Années	82	83	84	85	86	87	88	89	90	91	92
Taux des exportations en % du PIB	37.6	39	38.8	38	34.5	39.3	40.9	50.6	56.3	61.4	66
Taux des importations en % du PIB	52.5	50.4	53.2	45.9	45	44.3	51.2	61	65.6	61.2	70
Solde de la BTC en % du PIB	15.3	-11	14.9	-7.9	10.5	-5	10.3	0.4	-9.3	-0.2	-4
Solde de la BP en % du PIB	10.5	-8	11.3	-6	-7.1	-0.9	0.36	-3.3	-7	-4.9	6.29

Source : World Debt Tables, Banque Mondiale, édition 2011

f- La dette intérieure

La dette publique garantie par l'Etat a connu un ralentissement entre 1986 et 1992 après le rythme très accéléré du début de la décennie 1980. Cette amélioration de la structure d'endettement et de la réduction du fardeau de la dette extérieure largement attribuée à l'application du programme d'ajustement structurel.

L'Etat a honoré ses engagements envers les organisations financières en accélérant les décaissements et les remboursements. La structure de la dette s'est raffermie grâce à une meilleure et ingénieuse ventilation entre la part de la dette à long terme et celle à court terme. Le service de la dette a également fait partie des priorités affectant négativement la balance commerciale. La Tunisie est revenue de nouveau dès 1992 dans le club des marchés internationaux, obtenant un crédit consortial de 110 millions de dollars. Les efforts consentis en six ans de politique d'austérité et de mise à niveau ont permis à la Tunisie de réduire le poids de la dette et de conserver une excellente ligne de crédit.

3.3.3- Tentative d'évaluation et de comparaison des effets du P.A.S pour les deux PSEM

Après l'avalanche d'écrits sur la capacité des PVD à rembourser leurs dettes, le regard des économistes s'est orienté vers l'évaluation des politiques d'ajustement. Dans cette voie, certains auteurs, comme Van Wijnbergen, et Chadli Ayyari, estiment que la réussite des programmes d'ajustement structurel dépend non seulement du mode de répartition du fardeau de l'austérité, mais aussi de sa structuration sur le court et le long terme. Sans se limiter à une analyse purement économique, ces auteurs soulèvent les retombées socio-économiques de ces politiques et considèrent que le succès du plan d'ajustement structurel dépend du poids donné aux réalités sociales. Dans ce contexte d'analyse comparative et d'évaluation des conséquences du PAS imposé au Maroc en 1983, vivement recommandé à la Tunisie en 1986. Il semble nécessaire de procéder à une comparaison en deux parties : l'une de type « évaluation du FMI » baptisée les dix enseignements du PAS, l'autre plus focalisée sur les conséquences sociales.

Premièrement, le FMI regroupe son barème de notation en dix points :

1. L'ajustement est un processus continu de bonne gestion économique. Les autorités marocaines et tunisiennes

reconnaissaient qu'elles devaient poursuivre les réformes lancées tout en évitant l'abandon des chantiers lancés.

2. Pour réussir, l'ajustement doit être global. Les autorités des deux pays ont tenté dans un premier temps des réformes économiques morcelées sans un réel succès pour s'engager ensuite dans un ensemble de mesures macro-économiques complémentaires généralisées et mieux structurées.
3. Contrairement à l'expérience marocaine hésitante à ses débuts, plus particulièrement en matière de politique de taux de change et de gestion de la demande, les autorités tunisiennes ont laissé l'enchainement logique des réformes déterminer la vitesse de l'ajustement. Les méthodes imaginées ont permis d'assouplir les restrictions quantitatives pour un meilleur contrôle, une régulation du taux de change hebdomadaire et une gestion optimale de la demande monétaire.
4. L'efficience est une condition sine qua non de la croissance, plus importante encore que le niveau d'investissement public, les deux gouvernements ont adopté un profil bas à ce sujet. Les administrations centrales ont comprimé la part des dépenses d'équipement de leurs entreprises publiques dans le PIB, et les résultats sont quasiment identiques, le Maroc a maintenu un niveau légèrement supérieur à celui de la Tunisie.
5. La réussite des réformes dépend essentiellement du soin apporté en amont pour leur préparation. Au Maroc comme en Tunisie, les réformes des entreprises publiques, par exemple, ont évolué timidement faute d'avoir pu s'appuyer sur des travaux préliminaires rigoureux. En revanche, les réformes d'harmonisation fiscale préparées avec minutie, et largement inspirées de modèles confirmés, se sont faites sans à coup.
6. Le secteur privé est sensible aux améliorations des structures d'encouragement et de relance. Dans le cas tunisien, l'épargne, l'investissement, les exportations des secteurs privés et les transferts de fonds des travailleurs tunisiens résidant à l'étranger, ont tous progressé suite aux mesures de libéralisation et à la hausse des taux d'intérêt réels liée notamment aux ajustements du taux de change.
7. Le secteur des exportations a répondu favorablement dans les deux pays à l'intensification de la concurrence pour cause de mondialisation. La croissance a été sensiblement stimulée grâce à

la politique de modération des revenus, ce qui prouve que la stratégie d'ajustement doit être « ouverte à l'extérieur ».

8. Les politiques suivies doivent s'adapter sans délai aux événements extérieurs si l'on souhaite éviter des dérapages par rapport aux objectifs des réformes. Ainsi, pour amortir l'impact de la crise-guerre du Golfe sur leurs économies, les autorités marocaines et tunisiennes ont infléchi leurs politiques économiques en 1991 pour dégager des recettes supplémentaires, comprimer les dépenses courantes et accroître l'investissement public financé par l'extérieur.
9. Le succès de l'ajustement suppose un effort continu. La réussite mitigée du Maroc tient essentiellement à une croissance tirée traditionnellement de l'agriculture, structurellement dépendante de la pluviométrie. Une situation qui dépend aussi de la difficulté de créer des conditions de scission avec cette forte dépendance. En effet, il en résulte que, malgré la mise en œuvre des réformes de stabilité politique, le ciel a été le premier et le dernier rempart pour l'évaluation des mesures d'ajustement. Quant à la Tunisie, selon le FMI, son ajustement a été couronné de succès. Le bilan du P.A.S tunisien est ainsi cité comme modèle dans les annales de cette institution. Plus encore, la Tunisie a devancé le Maroc en mettant en place un système de protection sociale semi-généralisé à partir de 1992, alors que le Maroc ne l'a inscrit dans ses projets que depuis la nomination du gouvernement de l'alternance de Youssoufi de 1997 à 1999.
10. Enfin, la réussite de l'ajustement nécessite une administration forte. Le Maroc et la Tunisie ont eu la chance de pouvoir compter sur une partie de la haute sphère de la fonction publique suffisamment qualifiée pour assurer la mise en place et le suivi des réformes.

Deuxièmement, les conséquences sociales du P.A.S ont contribué pour les deux pays à fragiliser davantage la base productive du pays et à développer de nouvelles situations de précarité, aggravant celles déjà existantes auparavant. Il en a résulté le durcissement de la bipolarisation des deux sociétés dépourvues de classes intermédiaires, surtout au Maroc, où le phénomène est plus accentué.

Dans ce bilan, on ne peut pas non plus réduire le rôle économique de l'Etat tout en renforçant son hégémonie politique. Les dynamiques nationales de ces deux pays dépendent également et surtout des transformations transnationales. L'ouverture des pays de l'Est, leur coopération avec l'Europe (détournement des IDE et des délocalisations vers ces pays au détriment des pays du Sud), la politique de l'Union Européenne dès 1992. Ces évènements agrégés ont provoqué à eux tous un effet de détournement de trafic en faveur des pays du Sud de l'Union Européenne (Espagne, Grèce, Portugal) dans les domaines de l'agriculture, la pêche et le textile.

Chapitre II
Les conséquences macro-économiques de la libéralisation financière et l'évaluation du développement financier dans six PSEM

SECTION I : LES INCIDENCES DU PROCESSUS DE LA LIBERALISATION FINANCIERE SUR LE ROLE DES AGREGATS MONETAIRES ET MACROECONOMIQUES DANS SIX PSEM

Afin de mieux comprendre et d'analyser les incidences du processus de la libéralisation financière sur les pays du Sud et de l'Est de la Méditerranée, nous avons choisi six pays qui sont l'Algérie, l'Egypte, Israël, la Tunisie, la Turquie et le Maroc.

1.1- La libéralisation financière interne

1.1.1- Emergence, trajectoires et réformes du secteur bancaire dans les PSEM

Si plusieurs points doivent être clarifiés au sujet de cette politique, Kaminsky et Schmukler distinguent trois dimensions de la libéralisation financière:

- La libéralisation du secteur interne, qui concerne essentiellement le secteur bancaire, comprend la libéralisation des taux d'intérêt débiteurs et créditeurs et celle des crédits, la réduction ou la suppression des réserves obligatoires, et enfin la mise en place de mesures destinées à renforcer la concurrence ;
- L'ouverture des marchés financiers qui agrège à la fois la suppression des restrictions sur les titres pour les résidents et pour les étrangers de même que la possibilité de rapatrier le capital, les intérêts et les dividendes ;

- La libéralisation du compte de capital consistant en l'abandon du contrôle sur les emprunts étrangers, sur les flux de capitaux étrangers et sur les opérations de change.

a- Le cas marocain

Au Maroc la réforme menée concernait simultanément les trois dimensions de la libéralisation financière. Tout en se focalisant sur la transformation du système financier, la réforme parie sur le passage d'une « économie d'endettement » à « une économie de marché ». La mise en œuvre du dispositif correspondant s'est traduite essentiellement par un mouvement de libéralisation du secteur bancaire entre 1991 et 1995, et ensuite du marché des capitaux à partir de 1996, un mouvement qui est orienté sans ambages vers la Déréglementation, le Décloisonnement et la Désintermédiation, mouvement souvent associé à l'abréviation 3D. Concrètement, par le biais de ce triple mouvement de libéralisation financière, la réforme se résume dans la mise en place de la banque universelle, la libéralisation des taux d'intérêt et la déréglementation de l'activité bancaire. Comme conséquence, ce processus a conduit à la levée de l'encadrement du crédit en 1991, la suppression des réserves obligatoires entre 1992 et 1998, et la libéralisation des taux d'intérêt créditeurs à partir de 1985 et des taux débiteurs dès 1990.

Le système bancaire marocain, bien que dominé par l'Etat, a toujours été relativement diversifié. En plus de 15 banques commerciales, dont deux publiques, il existait plusieurs établissements et institutions spécialisés principalement dans l'investissement[24], le leasing, les crédits à la consommation et l'immobilier[25]. Ce secteur a été soumis depuis la décennie quatre-vingt-dix à de nombreux aménagements, comme spécifié dans le schéma suivant :

[24] Il s'agit de 5 institutions financières (OFS : organismes financiers spécialisés) : la Banque Nationale de Développement Économique (BNDE), la Caisse Centrale De Garantie (CCG), le Crédit Immobilier et Hôtelier (CNCA) et le Crédit Populaire.

[25] Le leasing, introduit en 1965 par la société « Maroc Leasing » fut repris par des filiales. En 1983, il existait 4 sociétés de leasing.

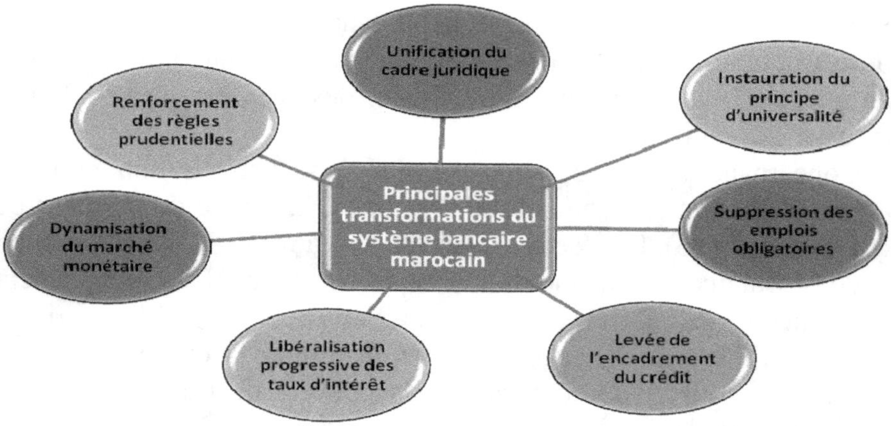

Pour aller plus loin, l'ensemble de ces réformes avait pour but de mettre le secteur bancaire et financier dans une dynamique concurrentielle. Un tel choix s'imposait essentiellement pour faire face à de nombreuses contraintes liées aux forces du marché que ce schéma permet de mettre en lumière.

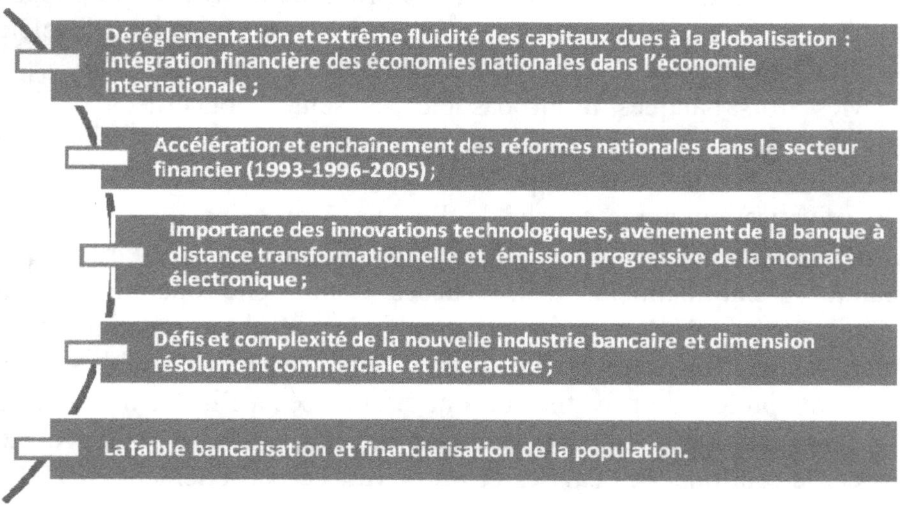

On note cependant que l'esprit de ces réformes a permis la restructuration bancaire initiée en 1993. Elle consistait à réduire la participation de l'Etat dans les deux banques publiques, en l'occurrence la Banque Nationale de Développement Economique (BNDE) et le Crédit Immobilier et Hôtelier (CIH), ainsi qu'à la transformation en banque de la Caisse Nationale du Crédit Agricole (CNCA). En termes chiffrés, cette réduction devait ramener ladite participation de 60% à 20%. Pour ces banques d'investissements, les pouvoirs publics ont opté et en concomitance pour l'assainissement et la restructuration de l'actionnariat notamment suite à l'échec des tentatives de mise à niveau. Ainsi, l'essor des deux banques publiques se résume comme suit:

- Concernant la BNDE, on a procédé à sa privatisation pour un redéploiement en banque d'affaires liée à la Caisse de Dépôt et de Gestion (CDG). Le réseau d'agences bancaires de la BNDE et celui de la Banque Marocaine de l'Afrique de l'Ouest (BMAO) avaient été acquis et repris par la Caisse Nationale du Crédit Agricole (CNCA), ce qui a permis à cette institution d'être présente en milieu urbain et de contribuer à la collecte de l'épargne et à la distribution des crédits dans le monde agricole.
- En ce qui concerne le CIH, les difficultés financières ont été surtout dues à un niveau excessif atteint par les créances en souffrance liées à de gigantesques projets immobiliers en faillite ou au mieux à de fortes créances en souffrance.
- Quant à la CNCA, elle a connu une profonde restructuration, jugée réussie. Son redressement a permis sa transformation en société anonyme appeléenCrédit Agricole du Maroc.

Ces trois banques n'ont pas été les seules concernées par les mesures prises dans la cadre de la réforme de la libéralisation du secteur. A ce titre, nous rappelons le cas réussi du processus complet de privatisation qui a touché la Banque Marocaine du Commerce Extérieur (BMCE) en 1995, suite à quoi, elle s'est érigée en tant que banque « multinationale ». Le succès d'une telle opération lui a conféré le statut d'acteur incontournable sur la place, notamment en matière de financement de projets de partenariat public-privé. D'autres projets de privatisation ont été réalisés à l'instar de celui de l'« imprivatisable » Banque Centrale Populaire (BCP). L'Etat a été forcé de renflouer ses caisses et l'a privatisée partiellement en 2004, tout en gardant le contrôle de 45% de son capital.

Au niveau des opérations d'ingénierie financière, on notera qu'en novembre 2003 le Maroc a connu une opération de fusion-absorption, une des premières au Maghreb. Il s'agit de la fusion de la Wafa Bank et de la Banque Commerciale du Maroc (BCM) qui a racheté 36.4%

du capital de la Wafa Bank[26] pour donner naissance à la banque dénommée AttijariWafa Bank.

Comme résultat de la réforme menée, le nombre de banques baisse de 21 en 2000 à 16 en 2006, 19 en 2013 puis 24 en 2017 avec l'arrivée de 5 banques « islamiques » dites participatives et qui sont toutes des filiales de grandes banques marocaines de la place.

Encadré n°II.1 : Présence étrangère dans le système bancaire marocain

Des filiales françaises (chiffres de 2016) :

- BNP Paribas contrôle 66.74% de la banque marocaine pour le commerce et de l'industrie (BMCI)
- La Société Générale contrôle 57.01% de la Société Générale marocaine de banques (SGMB)
- Le groupe Crédit Agricole contrôle 78.69% du Crédit du Maroc

Participation étrangère minoritaire (chiffres de 2016) :

- Crédit Mutuel détient 26.21% du capital de la BMCE
- Santusa Holding (groupo Santander) et corporation Finaciera Caja de Madrid qui participent à hauteur de 5.27% dans le capital d'AttijariWafa Bank (AWB).
- La société ivoirienne de banques détient 7.500 000 actions participation dans le capital d'AWB.
- Le groupe Caisse d'Epargne qui a racheté 35 % de Massira Management, filiale de la CDG qui détient 65.88% du capital du CIH. Ce dernier est détenu à 25% par le groupe Caisse d'épargne, partenariat dissous en 2011 suite à la crise financière européenne.

Banques Participatives au Maroc « Finance islamique » lancée en 2017 :

- Umnia Bank (filiale de CIH BANK et Qatar International Islamic Bank)
- Bank Assafa (filiale d'Attijariwafa Bank)
- Bank Al Yousr (filiale du groupe BCP et du Saoudien Guidance)
- BTI Bank (filiales participatives de BMCE Bank of Africa)
- Al Akhdar Bank (filiale du Crédit Agricole Marocain)

b- Le cas tunisien

En Tunisie, selon H.Alaya, « le système bancaire tunisien est marqué par la concentration et le cloisonnement. Il présente de

[26] La BCM était rattachée à l'Omnium North Africa (ONA) premier groupe privé du Royaume. L'acquisition de la Wafa Bank a été orchestrée par la SIGER. L'accord a été conclu pour un peu plus de 2 milliards de dirhams (soit 190 millions d'euros).

nombreuses faiblesses qui se résument sous la forme de quatre caractéristiques : concentration, ouverture erronée à l'extérieur, sclérose et marginalisation de l'innovation »[27]. On remarquera que ce système a connu de multiples réformes et à répétition durant les années 1989, 1994 et 1997.

Ces réformes ont été engagées pour faire face aux difficultés structurelles auxquelles le système bancaire était confronté. Des difficultés qui ont trait à l'environnement concurrentiel ainsi qu'au poids des banques publiques dans le système dans son ensemble. En Tunisie, l'environnement bancaire était victime d'une forte concurrence malveillante entre les entreprises nationales privées et publiques, qui se trouvant en difficultés financières concourent souvent à la sous-liquidité et à l'accumulation des créances en souffrance. Différents rapports et audits du FMI et de la Banque Mondiale[28] révèlent que le secteur bancaire tunisien est victime de manière structurelle d'un ensemble de facteurs dressés comme suit :

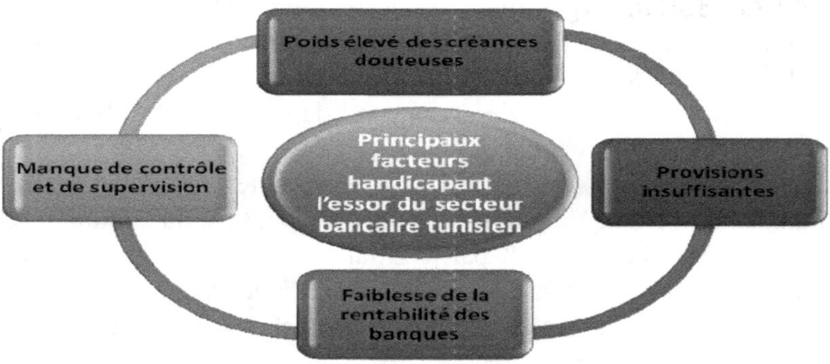

Contrairement au système bancaire marocain tourné vers les banques européennes (françaises et espagnoles), la Tunisie est plus particulièrement marquée par la présence de capitaux arabes provenant notamment des pays du Golfe. Un tel fait structurel s'explique en partie par la décision du Premier ministre à l'époque, M. M'zalli, d'accueillir en 1982 des réfugiés et combattants palestiniens sortis du Liban suite à l'invasion israélienne. Cela est aussi lié à l'adoption par la Tunisie d'une diplomatie politique et économique davantage tournée vers le monde arabe que ses voisins algérien et marocain.

---

[27] Alaya H. : « Monnaie et financement en Tunisie », CERP, Tunis, 1991.

[28] Voir rapport du FMI (2002,2005), de la Banque Mondiale, (2004, chapitre 4) et de l'Agence internationale de notation Fitch Rating (2003).

Les effets de la réforme du système bancaire tunisien peuvent notamment être appréciés en termes d'ouverture et de modernisation. S'agissant de son ouverture, elle s'est concrétisée dès le début des années 2000. A titre d'exemple, on cite les deux banques marocaines, Attijariwafa Bank (AWB) et la BMCE, qui ont réussi, en 2005, à prendre pied sur le marché bancaire tunisien. La première en rachetant, avec l'espagnol Santander, les parts de l'Etat tunisien dans la Banque du sud à hauteur de 53,54%, et la seconde en entrant dans le capital d'Axis, un groupe de conseil et études financières pour 50%. Quant au processus de modernisation, il s'est déroulé suivant les quatre étapes signalées dans le schéma suivant :

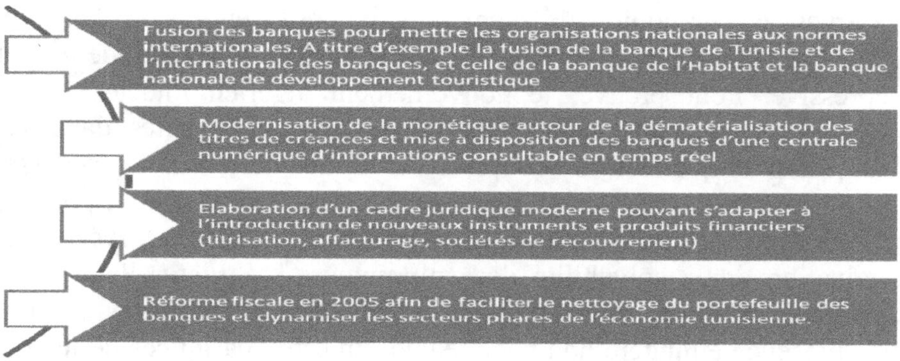

En définitive et malgré sa petite taille, en ne comptant que 17 banques commerciales (21 banques en 2013), le système bancaire tunisien est relativement intégré et développé tout en restant opaque et opérant avec des asymétries d'informations assumées. Les établissements financiers comprennent des établissements de leasing, des sociétés de factoring (2), des banques d'affaires(2), des banques de développement (2) et des banques offshores (8).

c- Le cas algérien

D'emblée l'Algérie est souvent présentée comme le chantre d'une intelligence économique du Ni-Ni, une économie dont le modèle donne l'impression d'esquiver simultanément autant la croissance que le développement. Un modèle reposant exclusivement sur la seule rente des hydrocarbures, une telle dépendance participe à un affaiblissement de l'offre privée et à une pression sur les subventions publiques et les transferts sociaux. Par sa virulence, cette dépendance engendre des situations de raréfaction de l'emploi et des fortes pressions sur les revenus budgétaires et sur la balance des paiements. Cette économie reste sujette à la volatilité des cours du baril de pétrole et à celle du taux de change du dollar. A cette dépendance économique bien handicapante, s'ajoute aussi une fragilité liée à une dynamique absurde de création monétaire. L'économie algérienne est à la fois victime d'une illusion monétaire permanente et des choix pour le peu intrigants, notamment au niveau des modélisations de la relation offre globale/demande globale.

La caractéristique du secteur bancaire algérien est qu'il est dominé par les six grandes banques publiques qui canalisent l'épargne et distribuent les crédits aux ménages et aux entreprises. Ce secteur est peu intégré à l'économie internationale donc peu vulnérable aux chocs externes, et sur-liquide de manière structurelle en raison des taux d'épargne publique et privée élevés et d'une politique de crédit répressive. Pour preuve, le gouvernement algérien injecte, depuis 1992 et de manière récurrente, des fonds considérables dans ses banques publiques afin de couvrir les énormes déficits sous-jacents à des pratiques d'octroi de crédits peu prudentes. Pour Byrde, le pouvoir algérien réel contraint les banques à prêter à des entités privées sans évaluation de la solvabilité des emprunteurs[29]. Structurellement, le système bancaire algérien comporte, en plus de six banques publiques, une présence étrangère non négligeable. En effet, parmi ces dernières, les six banques publiques algériennes représentent 90% des dépôts et des crédits octroyés, mais 14 banques privées à capitaux étrangers exercent dans le pays, 5 d'entre elles sont françaises (Société Générale, BNP Paribas, El Djazaïr, Natixis, CA-CIB et CIC-bureau de liaison) ; des banques privées arabes ont un ancrage solide avec 8 filiales ou succursales. Enfin, l'Américain Citibank et l'anglais HSBC assurent également une présence locale par le biais de leurs succursales respectives[30].

En matière de réformes de ce système bancaire, la question de la restructuration n'est toujours pas tranchée. Des pourparlers au plus haut niveau sont toujours en cours au sujet de l'urgence de privatiser les banques publiques et de lancer un chantier de réformes du système financier au sens le plus large. Sur le terrain le projet de privatisation de la Banque de Développement Rural (BDR) et du Crédit Populaire d'Algérie (CPA) a été gelé, l'arrêt du processus est officiellement lié à

[29] William C. byrde chase manhatten Bank LondresHouston, avril 2003.

[30] Trésor public de la République française, Ambassade de France en Algérie, Publications des services économiques, le secteur bancaire en Algérie, Mai 2012.

la crise financière internationale de 2008. Par ailleurs, les projets d'assainissement des quatre banques publiques sont entrés en vigueur dès 1992 ; ces opérations ont exigé des transferts budgétaires de la part de l'Etat et des conversions de dettes bancaires et de créances douteuses en bons de trésor financés par l'Etat.

A défaut de réformes bien engagées, la situation donne naissance à un certain nombre de conséquences cristallisant de plus en plus des handicaps de natures diverses et façonnant différents enjeux et défis. Ces quelques traits permettent, pêle-mêle, de dresser certains de ces enjeux et défis auxquels se trouve confronté le secteur bancaire algérien:

- Une agence pour 25000 habitants : urgence et nécessité de la densification de l'implantation bancaire pour transformer l'épargne en offre de financement ;
- Le ratio « dépôts bancaires / PIB » est autour de 52% (2011) celui du « crédit / PIB » était de 27%, et cela engendre une surliquidité nocive à l'économie réelle ;
- Le ratio « taux d'épargne / PIB » était de 50% en 2011, situant l'Algérie en troisième position derrière le Qatar, Etat rentier et sous-peuplé, et la Chine nouvelle locomotive financière de la planète. L'épargne algérienne est purement et simplement thésaurisée (12 millions de comptes chèques postaux) ;
- La modernisation du secteur bancaire exige des privatisations et l'expansion du secteur privé accompagnées de l'abandon définitif du modèle de substitution d'importation pour d'améliorer le rapport capital/output ;
- « Avec 3000 terminaux électroniques de paiement, 1300 distributeurs automatiques de billets et un million de porteurs de cartes de crédit, l'Algérie accuse un certain retard en matière monétique. En dehors du cash, le chèque demeure le mode de paiement le plus utilisé alors que le virement et le titre interbancaire de paiement (TIP) sont peu répandus »[31].

Jusqu'en 2014, l'Etat détenait 86% du total des actifs bancaires jouant le rôle d'unique pourvoyeur des projets publics nombreux et même privés plus rares. Tous sous contrôle étranger, les banques privées sont davantage spécialisées dans le financement du commerce

[31] Trésor public de la République française, Ambassade de France en Algérie, Publications des services économiques, le secteur bancaire en Algérie, Mai 2012.

international et des opérations d'importations. Ainsi et malgré la forte capitalisation des banques, leur liquidité et leur rentabilité cela n'affecte pas positivement l'économie réelle et n'améliore pas l'investissement privé. Ces résultats sont en partie une conséquence du soutien de l'Etat via la manne financière résultant de la rente des hydrocarbures en perte de vitesse depuis la chute des cours de pétrole. L'Algérie a décidé d'interdire les crédits à la consommation en 2009, cette décision à des effets négatifs sur les TPE du marché informel et sur le lissage de la consommation des ménages qui dépend fortement de leur propension à consommer naturel dépendant du revenu et temporel fonction du crédit.

Sans prudence ni raison, le gouvernement algérien a décidé en octobre 2015 de procéder à une mesure non conventionnelle, celle de la planche à billet « l'hélicoptère monétaire ». L'impression de plus de 30 milliards de dollars devrait permettre au Trésor Public d'emprunter à la Banque Centrale pour financer les dépenses publiques. La méthode est certes séduisante, mais elle a comme revers l'hyperinflation qui culmine déjà à 8% et la dépréciation du dinar algérien conséquences et revers du gonflement de la masse monétaire et de la fuite de capitaux. Et pour ne pas être exhaustif dans l'analyse, il faut souligner que chaque algérien a droit à 7200 euros par voyage à l'étranger, cette mesure généreuse est un franc coup de pouce pour la contrebande, pour l'importation de l'inflation et pour la destruction du peu d'emplois manufacturiers existants dans ce pays.

d- Le cas israélien

Pour ce qui est d'Israël, le système bancaire dispose d'une morphologie similaire à celle de l'ensemble des pays de l'OCDE, avec un secteur bancaire, public et privé solides et une autorité monétaire centrale indépendante. Le secteur est composé de 23 établissements bancaires, 14 banques commerciales, deux banques hypothécaires, cinq institutions financières, une banque d'affaires, deux sociétés de services conjoints et trois banques étrangères.

Un tel système concentré dispose d'un groupe de cinq banques principales qui sont Bank Hapodim, Bank Leuni, First international, Israël Discount Bank et la Banque Mizrachi-Telahot. Ces banques ont représenté 94,3% du total des actifs au titre de l'année 2009. Ces dernières années, ce système bancaire a fait l'objet d'un processus lent et modéré de fusions-absorptions sous forme d'OPA (offres publics d'achat) des grandes banques lancées sur les petits établissements.

Ainsi presque toutes les banques hypothécaires ont fusionné avec leurs sociétés mères. De même, et à l'instar du système bancaire américain, le système israélien repose fondamentalement sur la consommation à crédit. L'endettement[32] est supporté par les chèques libellés et postdatés et les paiements par carte de crédit à échéances multiples et différées.

Parmi les réformes bancaires figurent :

- la réduction des réserves obligatoires auxquelles les dépôts publics sont assujettis ;
- la loi contre le blanchiment d'argent promulguée en 2000 ;
- une réforme sur la mise en place d'un processus de privatisation de banques publiques.

Avant les réformes de la décennie 1980, le gouvernement a été le principal emprunteur et créancier de l'économie israélienne, fonctionnant ainsi comme intermédiaire. Il pouvait fixer le taux de rendement du capital par l'émission d'obligations d'Etat subventionnées dont les coupons étaient bien au-dessus des taux du marché. Jusqu'au début des années 1980, les banques étrangères ont montré peu d'intérêt pour l'économie israélienne pour des raisons aussi bien politiques qu'économiques, pour ne citer que le boycott arabe des entreprises impliquées dans des échanges avec Israël. Cependant, avec les années 1990, l'avènement du processus de Barcelone et des accords d'Oslo ainsi que l'amélioration des caractéristiques macro-économiques et la libéralisation financière, Israël a fait son retour sur la scène financière et économique internationale. Ainsi, des nouvelles brèches ont été ouvertes pour des opportunités d'affaires entre les banques étrangères et le système bancaire israélien.

En juin 2015, le ministre israélien des Finances Moshe Khalon a annoncé la fin de l'oligopole déguisé dans le secteur bancaire, que trois des deux plus grandes banques du pays, Leumi et Hapoalim détiennent 70% du marché et que cette situation devient de plus en plus inefficiente pour les consommateurs, son coût marginal pèse de plus en plus lourd. Selon le gouvernement israélien, la libéralisation du Shekel conduira à ce que la concurrence bancaire sera le meilleur

[32] Débit sur compte courant via des mécanismes de revolving (recharge de crédit) ou de droit à découvert égal à plusieurs fois le rapport consommation/revenu disponible.

allié du consommateur, elle sera bonne pour les entreprises et elle est bonne pour les citoyens.

e- Le cas égyptien

En Egypte, l'introduction d'une nouvelle législation en 1991 a modernisé le système financier, modernisation qui a permis aux banques de commerce de jouer un rôle central dans la revitalisation de l'économie. Les premiers essais de l'évolution du système bancaire ont été réalisés dans les années soixante-dix avec la mise en place de la politique d'ouverture dont les détails sont présentés ci-dessous : Pour comprendre le cas égyptien, l'encadré suivant expose les principales caractéristiques de l'ouverture économique dans ce pays, connue sous son nom en arabe « Infitah » qui veut dire ouverture.

Encadré n°II.2 : La politique d'ouverture économique (INFITAH) en Egypte
La politique d'ouverture « Infitah » a été adoptée en 1974 par la loi n°43 dans le but de promouvoir l'investissement privé et de permettre aux investisseurs étrangers de participer à ce processus. Une nouvelle structure a été instituée, dénommée autorité générale pour l'investissement et les zones franches sous les auspices du Ministère de l'Economie. Cette autorité était chargée d'identifier les projets les plus appropriés à l'environnement local, de contacter les investisseurs étrangers et d'évaluer et de superviser les opérations d'investissements. Cette loi n'a pas précisé le pourcentage de participation des investisseurs étrangers et locaux dans les différentes branches de l'économie, mais les pratiques ont montré une préférence pour les participations mixtes dans lesquelles une majorité des 2/3 est allouée aux autorités locales. Ces participations sont apparues en premier lieu dans le système bancaire dans lequel le secteur privé local et étranger pouvait participer dans les banques publiques ou instituer de nouvelles banques dans la limite de 49% du capital de la banque. Les opérations de ces banques pouvaient se faire à la fois en livre égyptienne ou en devises. Par ailleurs, des banques étrangères ont été autorisées à ouvrir des branches, mais leurs opérations étaient limitées aux opérations de devises. Cette nouvelle loi a eu pour conséquence l'amendement des lois régissant le secteur bancaire. Ainsi la Banque Centrale a été autorisée à déterminer librement les taux d'intérêt et les banques ont obtenu plus de liberté dans la conduite de leur politique financière. Les restrictions imposées aux banques publiques ont été supprimées permettant à ces banques de concurrencer les banques privées. Afin d'assurer une meilleure discipline dans l'organisation du système et éviter la mainmise des banques étrangères sur le système local, une

nouvelle loi a été promulguée en 1984, la loi n°50 et qui donne un droit de veto au Ministère des Finances sur la nomination des directeurs des banques étrangères. Par ailleurs un ratio de contrôle de crédit a été établi et qui oblige ces banques à limiter l'offre de crédit à un même client, à 25% de leur capital. Cette période a vu ainsi la transformation du système bancaire égyptien d'un système complètement centralisé constitué de neuf banques publiques, à un système constitué de 83 banques dont 74 privées. Parmi les banques privées on dénombrait 27 banques à capital public et privé, 23 branches de banques étrangères et 24 banques mixtes « joint-venture Banks ». La croissance du nombre des banques a eu pour conséquence la croissance de leurs branches qui sont passées de 1388 branches en 1980 à 1882 en 1991.

Au niveau des investissements dans les autres secteurs, un grand enthousiasme a été observé suite à la promulgation de la loi 43 et qui s'est exprimée par l'approbation de plus de 100 projets entre 1974 et 1975. Mais cet enthousiasme s'est vite dissipé devant les dispositions de cette loi et les litiges qu'elle a provoqués entre le gouvernement égyptien et les représentants des investisseurs étrangers des différents pays sur les modalités du rapatriement et de réinvestissement du capital et du profit ainsi que les salaires des travailleurs étrangers en Egypte. Ces litiges ont eu pour résultat l'amendement de la loi 43 par la loi 32 en 1977. Mais cet amendement n'a eu que des effets temporaires sur le climat d'investissement en Egypte puisque le capital étranger investi avait commencé à baisser à partir de 1981 et atteint son volume le plus bas en 1986. En effet, celui-ci a été évalué à 252.2 millions de dollars en 1986 contre 751.9 millions de dollars en 1974. En 1989 et 15 années après la promulgation de la loi 43, les investissements étrangers n'avaient atteint que la somme de 800 millions de dollars de capitaux financiers et environ 1 milliard de dollars de capital fixe, un montant considéré comme très faible comparé au volume des investissements étrangers dans les autres pays émergents. La loi n° 230 de 1989 qui avait pour objectif d'apporter quelques améliorations à la loi 32, n'avait rien apporté de plus aux investisseurs étrangers puisqu'elle a juste consisté à élargir les dispositions appliquées des investisseurs locaux aux investisseurs étrangers.

Source : E .Gobe -199, 2007

En plus de cette politique lancée en 1974, le pays a entrepris d'importantes réformes du secteur financier notamment en 1990 et ce, dans la perspective d'éliminer les distorsions micro-économiques et macro-économiques qui pèsent sur l'économie. Ces réformes ont été lancées dans le cadre d'une vaste réforme, conçue dans le cadre d'un programme établi en relation avec StandBy Agencement (SBA) pour la période avril 1991-septembre1992. Pendant cette période, le taux d'intérêt a été libéré, le plafonnement des taux abandonné et l'ensemble des instruments directs de la politique monétaire supprimés.

39 banques opèrent actuellement en Egypte, malgré leur résistance face aux dévaluations successives et à la fuite des capitaux qui ont suivi la révolution, elles semblent inopérantes face à la financiarisation de l'économie seulement 10% de bancarisés, à la distribution de crédits dont la quotité est restée plafonnée à seulement 3% du total en 2016.

f- Le cas de la Turquie

Durant les années 1980, l'économie turque a connu d'importants changements structuraux y compris des réformes visant la libéralisation et la régulation du système bancaire. Ces réformes ont été axées sur les traits suivants :

- Abolition des plafonds sur les taux d'intérêt ;
- Libéralisation des taux de change ;
- Mise en place d'un marché monétaire interbancaire afin de réguler la gestion de la liquidité dans le secteur bancaire.

En plus de ces éléments et pour accroître la compétitivité et l'intégration du système bancaire, les pouvoirs publics ont relevé le pari de la transition vers la convertibilité totale de la livre Turque, chose atteinte en 1989. A vrai dire, un tel résultat constitue un fait rarissime dans la région Sud et Est de la Méditerranée, exception faite du cas d'Israël. Les banques turques ont commencé à ouvrir des succursales et à acquérir des parts dans des banques étrangères surtout dans les pays voisins de l'Asie Centrale.

Tableau n°II.1 : Le nombre de banques dans le système bancaire turc

	2000	2001	2002	2003	2004	2005	2006	2007	2008
Deposit Banks	61	46	40	36	35	34	33	33	32
State Owened	4	3	3	3	3	3	3	3	3
Private Bank	28	22	20	18	18	17	14	11	11
Banks transferred To SDIF	11	6	2	2	1	1	1	1	1
Foreign Banks	18	15	15	13	13	13	15	18	17
Development and Investment	18	15	14	14	13	13	13	13	13
State –	3	3	3	3	3	3	3	3	3

Owned Banks									
Private Banks	12	9	8	8	8	8	6	6	6
Foreign Banks	3	3	3	3	2	2	4	4	4
Total	79	61	54	50	48	47	46	46	45

Source : The Banks association of Turkey, Bank Regulation and Supervision Agency (BRSA)

Malgré ces politiques volontaristes et innovantes de libéralisation financière, de nombreux problèmes ont commencé à surgir dans les structures du système bancaire turc au milieu des années 90. Alper et Anis estiment que l'octroi de licences pour de nouvelles banques et le refus d'entrée à d'autres nouvelles entités sur la base de critères politiques et clientélistes, ont eu un effet néfaste sur l'approfondissement, l'efficience et l'efficacité du système bancaire. Il est à remarquer pour Yildrim et Akyüz que le niveau insuffisant du capital, l'asymétrie des échéances, l'insuffisance des pratiques de gestion des risques, le haut niveau des positions ouvertes et la mauvaise gouvernance ont contribué dans les années 90 aux problèmes structurels du secteur bancaire turc.

Après les crises financières et économiques de 1994,1997 et de 2002 dont le caractère a été systémique et les effets contagieux, l'économie turque a connu une réelle émergence avec le lancement de nombreux programmes orientés vers la restructuration du secteur bancaire « Banking restructuring program ». Le rôle stabilisateur de l'Etat a permis de réduire le nombre de banques de 79 en 2000 à 45 en 2008. La raison de cette baisse est principalement due à la consolidation des banques turques avec les banques étrangères et aux conditions macro-économiques miraculeuses.

Aujourd'hui, le système bancaire turc est composé de 50 banques et une taille de 790 milliards de dollars en 2016, le deuxième le plus important de l'Europe émergente derrière la Russie. Un marché sous pénétré fortement liquide qui se distingue par la qualité de ses actifs et par sa forte capitalisation en rupture avec le marché des capitaux peu fluide et très embryonnaire. A la différence de la plupart des PSEM dont les monnaies ne sont qu'exotiques dont peu ou pas convertibles et excepté le Shekel israélien, la lire turque est totalement convertible cela la fragilise et la rend otage des probables dégradations bancaires, des crises géopolitiques et des contre-attaques de bulles spéculatives.

1.1.2- Le processus de financiarisation dans les PSEM : le cas du Maroc

Pour pouvoir décortiquer le processus de financiarisation dans les PSEM, nous allons nous pencher sur l'étude du cas du Maroc.

Le taux de financiarisation d'une économie, comme le spécifie Fry, est mesuré par la relation entre l'implantation des banques ou des caisses d'épargne et proximité avec les zones urbaines et rurales, il mesure le nombre de résidants par guichet bancaire. L'analyse de la situation des PSEM montre que la densité bancaire est en moyenne de 12500 habitants par agence (3600 habitants par agence dans les PECO, 2500 habitants par agence dans les pays de l'OCDE).

Le Conseil pour la recherche en relations économiques internationales (WEI), estime que : « l'index de l'inclusion financière (IFI), classe le Maroc à la 37e place mondiale et à la première place sur le continent africain. L'index de 2008, calculé sur la base de données relatives au volume des dépôts, au nombre d'agences pour 1000 habitants, a concerné 100 pays. En tête de classement, on retrouve l'Espagne, le Canada, le Portugal et l'Allemagne. Le Maroc est toujours classé dans la catégorie des pays à faible taux d'inclusion financière, mais surclasse tout de même des pays comme l'Egypte, le Koweït, le Brésil, le Chili et l'Afrique du Sud. Des pays comme la Tunisie et l'Algérie ne sont pas classés pour absence de données »[33].

Au Maroc, le réseau commercial des banques comptait 2.748 agences à fin décembre 2007, chiffre en croissance permanente. Selon une étude du cabinet SIAConseil, produite en 2007, « Le taux de bancarisation atteindra 64% en 2013, ce taux s'établissait à 27% fin 2007, près de 40% en intégrant les comptes du réseau de la Banque Postale. A ce niveau il se situe dans la fourchette moyenne des pays émergents. ».

Les plans stratégiques de tous les groupes bancaires (26% étrangers) consacrent une part importante au développement du réseau commercial, pour 2015 les chiffres clés sont les suivants :

- ATTIJARIWAFA BANK : le groupe a porté son réseau à 2636 agences, son objectif à très court terme est de domicilier un compte sur quatre, financer un logement sur trois et recruter 3 millions de nouveaux clients.

---

[33] Le Conseil pour la recherche économique internationale : « Index de l'inclusion financière », New Delhi, 2000.

- Groupe Banques Populaires : il veut atteindre un réseau de 1600 agences contre près de 1396 actuellement. Le rythme d'extension est de 100 agences par an.
- BMCE BANK : le groupe comptait 600 agences à fin 2014, un exercice record avec l'ouverture de 70 points de vente en moyenne par année.
- SOCIETE GENERALE MAROCAINE DES BANQUES « SGMB » : Le groupe s'est fixé un objectif de 400 agences à l'horizon 2014 avec un rythme de 50 ouvertures annuelles pour la période 2013-2015.
- BARID AL-MAGHRIB : Avec le réseau le plus dense du pays (1.700 agences), Poste Maroc nourrit beaucoup d'ambitions dans la collecte de l'épargne et l'activité bancaire.
- CREDIT IMMOBILIER ET HÔTELIER : cette banque détient le plus faible nombre d'agences avec seulement 244 en 2015 pour seulement 4.8% de couverture du parc national. Cependant, elle a su réussir sa mise à niveau et diversifier son portefeuille en l'orientant davantage vers les promoteurs et les petites et moyennes entreprises.

De manière générale, Il est admis que la bancarisation reflète la pénétration du système bancaire dans les rouages du circuit économique et renseigne sur le degré de l'offre de services et d'instruments financiers à la population. Cette approche ne permet pas en l'occurrence de mesurer l'équité géographique dans les stratégies de l'implantation bancaire.

Dans le cas du Maroc, nous avons tenté de mettre en relief le niveau de corrélation entre la densité de la population pour les régions du pays et celle de l'ouverture des agences bancaires. Pour cela, on a mis au point par calcul un indice de financiarisation en fonction des deux variables : répartition des agences et densité de la population par région.

Tableau n°II.2 : Taux de financiarisation par région en fonction de l'implantation bancaire et de la densité de la population

Localité	Densité	Nombre de Guichets	$TF^*_{intérieur}$	$R.B.R=(TF^*_{intérieur}/TF_{référence})$ ($TF_{référence} = 2500$)
Chaouia-Ourdigha	1 554 241	193	8053	0.31
Doukala-Abda	1 840 000	179	10279	0.24
Fés-Boulmane	1 483 000	249	5955	0.42
Gharb-Chrarda	1 859 540	192	9685	0.26
Grand Casablanca	3 820 000	1188	3215	0.78
Guelmim-Es-Smara	462 410	52	8892	0.28
Laâyoune-Boujdor	259 400	53	4894	0.51
Marrakech-Tensift-Al Haouz	2 724000	320	8512	0.29
Meknès-Tafilalet	2 380 000	287	8292	0.30
Oriental-Oujda	1 870 000	436	4288	0.58
Oued Ed-Dahab	36751	13	2827	0.88
Rabat-Salé-Zemmour	2 468 000	530	4656	0.54
Souss-Massa-Draâ	320 3653	396	8090	0.20
Tadla-Azilal	1 450519	143	10143	0.25
Tanger-Tétouan	2 326 000	377	6169	0.40
Taza-Al Hoceima	1 719 837	179	9608	0.26
Total	29457 351	4787	6153	0.41 (Indice de financiarisation moyen)

Source : Calculs de l'auteur effectués à partir des publications de Bank Al-Maghrib(BAM), du HCP et de http:// finances.sia-conseil.com (2010/2015)

Pour pouvoir lire correctement ce tableau, on spécifie que :

$TF_{référence}$ désigne le taux de financiarisation de référence (Union Européenne:1 guichet/ 2200 habitants// PECO : 1 guichet/2800 habitants)[34]

$TF^*_{intérieur}$ est le taux de financiarisation intérieur.

Exprimé par la relation [R.B.R= ($TF_{référence}/TF^*_{intérieur}$)], l'indice de financiarisation relatif permet le calcul de la variation du taux de financiarisation en pourcentage du taux de financiarisation de référence de pays développés estimés en moyenne à 1 guichet pour

[34] Etude de Finances Sia Conseil, 2007.

2.500 habitants. Le R.B.R varie en général entre la valeur nulle et la valeur 1, le taux de référence valant 1 se rapporte à une base de calcul fixant une moyenne d'un guichet pour 2500 habitants.

Cet indice concerne les neuf régions du Maroc et sa population d'environ 34 millions d'habitants[35].

Les résultats obtenus permettent de dégager trois groupes de régions au Maroc quant à l'évaluation du niveau de l'implantation bancaire :

➢ Un premier groupe avec un indice de financiarisation relatif R.B.R inférieure à 0.4 :
  - ✓ Taza-Al Hoceima (0.26) : cette région correspond au véritable Rif. Elle souffre d'un certain isolement pour des raisons géographiques et historiques. Cette zone barrière assez fortement peuplée de montagnards sédentaires dispose d'une économie qui repose sur l'artisanat, l'émigration, le commerce de la contrebande et la culture du cannabis. Les politiques de développement et les travaux d'infrastructures du nouveau règne tendent à résorber l'isolement et permettront sans doute d'améliorer l'indice de l'implantation bancaire et du taux de bancarisation.
  - ✓ Guelmim-Es-Smara (0.28) : région du Sud, porte du désert et suite d'espaces arides, associées à une faible densité de la population. Ne disposant pas de ressources, seul le développement de nouvelles activités économiques dans les petits pôles urbains pourrait attirer des investissements et éviter l'amplification de la fuite des habitants.
  - ✓ Chaouia-Ourdigha (0.31), Doukala-Abda (0.24), Gharb-Chrarda (0.26), Souss-Massa-Draâ (0.20), Tadla-Azilal (0.25), Meknès-Tafilalet (0.30) : régions rurales de tailles différentes, de volumes de la population très inégaux et très faiblement associées à la financiarisation, ce qui traduit la spécificité du pays. Contrairement aux pays développés, au Maroc comme dans la plupart des pays en développement, la croissance des villes de taille moyenne est lente, et la modeste progression de leur zone ne fait pas des régions rurales une sorte d'arrière-pays connecté. Les contacts entre ruraux et centres urbains se limitent souvent au rituel du souk hebdomadaire.

---

[35] Estimation de la population selon le HCP (HautCommissariat au Plan), 2014.

- ✓ « Plus d'un milliers de souks (marchés hebdomadaires) fonctionnent au Maroc aussi bien en milieu rural qu'aux portes des villes. Ils entrainent chaque semaine le déplacement de plusieurs millions de personnes et réunissent de 20 étalages pour les petits souks à 3000 commerçants pour les plus gros marché de Chaouia-Doukkala ». A ces liens occasionnels avec la ville, s'ajoute le fait que les revenus agricoles sont étroitement liés à la pluviométrie, ce qui explique en partie la faible implantation bancaire dans toutes les régions agricoles du Maroc.
- ✓ Marrakech-Tensift-Al Haouz (0.29) : est une vaste étendue géographique. La région est certes sous-équipée en agences bancaires, mais le cœur du système n'est que la ville de Marrakech, quatrième ville du Maroc de renommée internationale et premier pôle touristique du pays. Elle concentre plus de 3/4 des agences bancaires.

➢ Un second groupe avec un indice de financiarisation relatif R.B.R entre 0.40 et 0.70 :

- ✓ Fès-Boulmane (0.42) : Fès est une véritable capitale régionale, elle n'atteint pas le rang de métropole intérieure du Maroc, puisqu'elle ne dispose ni de puissance, ni d'ouverture sur l'économie du monde, ni d'infrastructures industrielles ou administratives. Au-delà de la région, Fès représente depuis toujours un réceptacle de flux migratoires internes pour ses alentours et cela a contribué à la ruralisation de ses espaces urbains. L'indice R.B.R d'implantation des banques est plutôt convenable et les guichets sont surtout concentrés dans les agglomérations de la ville de Fès.
- ✓ Tanger-Tétouan (0.40) : petite région urbaine ouverte sur deux mers, l'Océan Atlantique et la Méditerranée. Tétouan ville passerelle entre l'Europe et l'Afrique, A une économie qui dépend entre autres de la contrebande et du commerce frontalier tiré par les résidents marocains à l'étranger (RME). A contrario Tanger deuxième ville industrielle du Maroc, connait un réel essor économique suite à la construction du port Tanger Med et à l'implantation de plusieurs entreprises de renommées internationales dont Renault dans la région de Melloussa. Ce renforcement industriel et la forte progression de sa population permettront d'améliorer en qualité et quantité de la financiarisation, ainsi que le niveau et le nombre des

équipements bancaires dans son périmètre en plein élargissement.

- ✓ Laâyoune-Boujdor (0.51) : région saharienne située à plus de 1800 kilomètres de la capitale Rabat, bénéficie d'un effort considérable de la part de l'Etat pour réaliser son insertion économique, financière et technologique au reste du pays. Le faible indice s'explique par le fait que son économie de la région repose essentiellement sur l'artisanat et sur les revenus des fonctionnaires, et s'explique aussi par sa spécificité ancestrale de réceptacle des nomades.
- ✓ Oriental-Oujda (0.58) : avec un indice d'implantation bancaire plutôt encourageant, cette région a longtemps vécu en marge du pays, mais semble être paradoxalement plus attractive pour l'industrie bancaire. Selon Jean-François Troin : « mal ancrée au Maroc, la région est éloignée des centres vitaux du pays, en particulier de celui de l'axe Casablanca-Kenitra et des capitales administratives et économiques distants de 500km. Cet éloignement, aussi bien en termes de distance, de coût, que de temps d'accès, a une incidence sur les prix des marchandises qui proviennent de Casablanca »[36]. Si on considère le rapport crédits/dépôts bancaires, on remarque que l'impact de l'émigration sur le développement économique de la région de l'Oriental est assez nuancé. Par contre, il semble que la contrebande des produits algériens et espagnols forme une composante essentielle de l'économie de cette région. Cependant, la nouvelle autoroute reliant Oujda à Rabat et à Casablanca ainsi que l'hypothétique, mais possible ouverture des frontières algériennes pourraient contribuer à la relance du tourisme commercial et de l'industrie locale avec en prime une réelle dynamisation des implantations bancaires et des bureaux de change.
- ✓ Rabat-Salé-Zemmour (0.54) : plus de 90% du réseau bancaire est concentré dans l'espace urbain en général et plus particulièrement celui de Rabat. Cette observation relativise la valeur de l'indice et le rapproche de 0.8 à 0.9 exclusivement pour Rabat. Cette agglomération-capitale ne dispose en l'occurrence pas de tissu productif ou industriel, la valeur ajoutée de l'économie repose essentiellement sur les

[36] Jean-François Troin : « Région, pays, territoires », Maisonneuve & Larose, 2002

traitements des fonctionnaires nationaux des ministères et des administrations publiques et des fonctionnaires internationaux détachés auprès des ambassades et consulats de pays tiers.

- Un troisième et dernier groupe avec un indice de financiarisation relatif R.B.R supérieur à 0.7 :
  - ✓ Oued Ed-Dahab (0.88) : provinces sahariennes, espace immense, désertique et sous-peuplé. L'indice calculé n'est pas significatif.
  - ✓ Grand Casablanca (0.78) : c'est le R.B.R le plus élevé. Cette ville est le nœud central du Maroc, le point de départ d'initiatives publiques et privées, avec plus de 3.5 millions d'habitants, cette ville représente 10% de la population et 28% de la population urbaine, 80% à 100% des commerces de gros et la totalité des sièges bancaires. Pour Troin, c'est une véritable conurbation en devenir, cela signifie que bien au-delà d'un corridor d'agglomérations, on est en présence de villes proches polarisées par un noyau qui est bien entendu Casablanca.

Avec plus de 5000 agences bancaires en 2011, soit une moyenne d'une agence bancaire pour 6000 habitants, le Maroc reste malgré tout dans la catégorie des pays à faible taux d'inclusion. Plusieurs pesanteurs expliquent cet état. Les zones à faibles accès au secteur bancaire sont les plus touchées par la finance et l'économie informelles. Il s'agit de zones rurales, de petites villes et de régions à faible attractivité économique. A ce sujet, le cabinet Cie[37] cite, dans un diagnostic les facteurs clés de cette faiblesse, comme l'importance du secteur informel, le développement économique régional déséquilibré, la réticence à accepter les moyens de paiement scripturaux, les difficultés à accéder aux services financiers ainsi que des facteurs liés au taux d'alphabétisation. De notre étude, il ressort également que l'implantation bancaire ne dépend pas, comme dans les pays développés, de la densité de la population, mais surtout et exclusivement d'un ratio opportunité/région. Il s'agit du dynamisme économique des régions et leur part dans la valeur ajoutée rapportée au produit national brut. Sur le terrain et comme le montre le schéma ci-dessous, nous avons relevé l'existence de deux nouvelles approches de la financiarisation extensive et intensive au Maroc : d'une part la croissance des implantations de petites agences bancaires dans les

---

[37] Etude de Finances Sia Conseil, 2007.

périphéries urbaines et d'autre part des choix de politiques d'octroi de prêts immobiliers sans condition de revenus formels et qui ont vocation à financer des programmes de logements sociaux ou des crédits à la consommation. Ces prêts sont souvent conditionnés par une bancarisation « forcée » et une domiciliation de ressources. Ce processus contribue de manière efficace, mais pas toujours choisie à l'amélioration des taux de bancarisation et de financiarisation de la population.

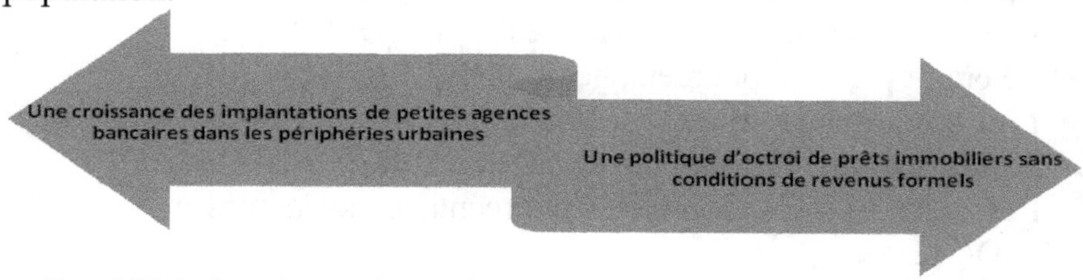

En 2016, le réseau bancaire s'est renforcé pour atteindre 6.139 agences et 6.529 guichets automatiques. Le taux de bancarisation de la population a été porté à 68% pour une projection de croissance de la population estimée par le Haut-Commissariat au Plan à 300000 habitants/an.

1.2- Evaluation des niveaux de développement financier dans les six PSEM

Il convient d'insister sur le fait que les pays du Sud et de l'Est de la Méditerranée cherchent à dynamiser leur croissance économique, ils estiment majoritairement que cela passe en priorité par la poursuite des réformes du secteur financier. Cela dit, la recherche d'une séquence et d'une vitesse des réformes financières qui amélioreraient le bien-être et assure une stabilité macroéconomique reste un objectif de premier rang, selon plusieurs économistes comme Kapur, Matheison et Michaely.

Il est cependant primordial de souligner le fait qu'un système financier intégré et efficient permettrait d'identifier et de financer de meilleurs projets d'investissements créateurs de valeur ajoutée et d'emploi. Il serait aussi capable de mobiliser l'épargne via la bancarisation et la réduction des coûts de l'information et des transactions. Il permettra également de surveiller les gestionnaires et de diversifier les risques par l'usage des progrès technologiques et à accélérer enfin l'accumulation du capital physique et humain dans le secteur de la finance. Dans ces conditions, il semblait nécessaire de mettre en place des outils de mesure et des indicateurs de la performance de développement financier à partir des données quantitatives et qualitatives.

1.2.1- Les indicateurs de développement financiers retenus

Pour mesurer le niveau de développement financier de PSEM, nous avons retenu six indicateurs, et cela pour des raisons liées aux spécificités économiques et financières de cette région, il s'agit de :

- La masse monétaire en pourcentage PIB (M2/PIB) ;
- La quasi-monnaie en pourcentage du PIB (QM/PIB) ;
- Le crédit privé en pourcentage du PIB (CP/PIB) ;
- L'écart entre taux d'intérêt débiteur et créditeur (id-ic) ;
- La masse monétaire en pourcentage du PIB (M2/BM) ;
- Les réserves obligatoires en pourcentage de la masse monétaire (RO/M2).

1.3- Evaluation de l'impact de la libération financière sur l'approfondissement financier dans les six PSEM

1.3.1- Mesure des variations de l'intermédiation financière M2/PIB

La détermination du degré de développement de l'intermédiation financière dans les PSEM, estimé par le rapport M2/PIB montre que, comparé à la plupart des pays en développement, le potentiel financier de ces pays gagne de plus en plus en densité et en intensité.

A la différence des économies des pays développés, les secteurs financiers dans les PSEM sont dominés par le poids de la finance interne. L'analyse des agrégats monétaires montre l'interdépendance entre les banques centrales et les banques commerciales. Pour apprécier cette dimension, on fait souvent recours au calcul du ratio M2/PIB mesurant la taille de l'approfondissement du secteur financier et de son développement. Cet indicateur de la surface financière est une estimation acceptée du développement de la finance, du fait notamment du poids dominant des banques dans le financement des entreprises et du modeste poids des marchés financiers. Il est par contre aisé pour Fry de comprendre que ce lien soit beaucoup plus ténu dans les sociétés occidentales développées. En fait, dans des économies financièrement développées, il est probable que la vitesse

de la circulation (V = M/PQ = M/PIB)[38] tende à augmenter plus rapidement que la masse monétaire. Dans tous les cas, il est essentiel de savoir que le ratio M2/PIB tend à s'accroître quand le système financier se développe, quand les instruments de collecte d'épargne s'élargissent et quand la liquidité connaît une évolution accélérée dans l'économie. Il tend, par contre à baisser s'il y a une dégradation de la monnaie (monnaie fiduciaire, dépôts à vue utilisables) ou de la quasi monnaie (effets de commerce, certificats de dépôts, comptes spéciaux d'épargne, avoir en devises étrangères). Il va sans dire qu'un ratio M2/PIB élevé traduit une surliquidité du système financier, sa baisse révèlera par contre une situation de sous liquidité.
Par référence aux différentes publications et calculs des banques centrales et de la Banque Mondiale, on peut formuler les remarques suivantes sur les cinq pays du Sud et de l'Est de la Méditerranée :

- le Maroc et Israël disposent des taux de liquidité les plus élevés, suivis de l'Egypte et à des degrés moindres de la Tunisie.
- Quant à l'Algérie, durant la décennie 90, son système bancaire qui assurait, en l'absence de marchés financiers, l'essentiel, pour ne pas dire la totalité du financement de l'économie, il se caractérisait par une illiquidité structurelle qui le faisait dépendre totalement du refinancement de la Banque d'Algérie (Ilnane, 2006). « Avec l'avènement d'une conjoncture favorable sur les marchés pétroliers, l'Algérie passe en quelques années seulement, d'une situation de pénurie à une situation d'excès d'offre de liquidité. Il va sans dire que les avoirs extérieurs jouent un rôle important dans l'expansion des liquidités monétaires »[39].
- Pour la Turquie, le ratio M2/PIB est en hausse régulière de 2000 à 2010 (29,5% en 2000 ; 51,7% en 2010), mais sans pour autant rejoindre le niveau du sous-groupe composé par Israël et le Maroc. Dans ce cas, l'utilisation de M2/PIB pose des problèmes d'identification et de classification, alors que de nombreuses études utilisent ce ratio comme indicateur de développement financier. Pourtant, l'évolution de ce ratio, ou du ratio M1/PIB, reflète davantage la capacité du système financier à fournir des liquidités que son aptitude à financer l'investissement productif. Un rapport élevé de M1/PIB traduit une forte monétisation de l'économie et

[38] Théorie quantitative de la monnaie d'Irving Fisher $P*Q = M*V$, relation entre les prix et les quantités produites et consommées d'une part, et les niveaux de création de la masse monétaire et de la circulation de la monnaie.
[39] Bellan S. : « La régulation monétaire en Algérie de 1990 à 2007 », 2010, p.13.

peut masquer un faible développement du secteur financier. A contrario, un niveau faible du rapport M2/PIB peut être associé à un développement important du secteur financier.

1.3.2- Analyse économique de la politique de crédit

Le crédit intérieur du secteur privé fait référence aux ressources financières allouées au secteur du même nom, en particulier par le biais de prêts, d'achats de titres autres que les actions de comptes débiteurs et de crédits commerciaux. Le ratio du crédit au secteur privé permet de mesurer le degré de maturité et d'intégration du système bancaire formel dans les rouages de l'économie.

Tableau n°II.3 : Crédit intérieur fournit au secteur privé en (% PIB)

Pays	99	00	01	02	03	04	05	06	07	08	09	10
Algérie	5.4	6.0	8.0	12.2	11.4	11.2	12.1	12.3	13.4	13.2	16.5	15.6
Egypte	52.0	52.0	54.9	54.7	53.9	54	51.2	49.3	45.5	42.8	36.1	33.1
Israël	75.7	76.8	84.9	89.8	85.7	85.1	89.8	86.5	97.4	99.8	93.5	95.7
Maroc	47.7	51.0	44.3	43.4	42.4	42.6	46.2	48.6	58.4	63.2	64.7	68.7
Tunisie	59.5	60.0	61.5	62.3	60.7	59	58.3	57.3	57.8	59.9	62.2	68.8
Turquie	16.6	17.8	15.4	14.5	14.5	17.3	22.2	25.9	29.5	32.6	36.5	44.2

Source : World Development Indicators 2011.

L'analyse des données permet de soulever le fait que le ratio (CP/PIB) a connu une nette augmentation dans la plupart des pays du Sud et de l'Est de la Méditerranée excepté le cas particulier de l'Algérie où le ratio (CP/PIB) et son évolution sont très faibles. Israël, le Maroc et la Tunisie ont enregistré une amélioration régulière et sans rupture tout au long des quinze années de réformes de libéralisation et d'ajustement économique et financier. L'investissement en Egypte a connu le même trend que les trois autres pays cités, mais dans une dynamique plus modeste et plus lente, pour subir un revers à partir de 2007. La baisse de demande de financement enregistrée dans ce pays entre 2007 et 2010 était de 15,4 points. En Turquie, l'offre de crédit demeure insuffisante, elle s'explique par le fait que le financement des banques a pour principales ressources les dépôts de la clientèle soit 61,5% pour seulement 20% de ressources provenant du marché interbancaire. En un tour de main, la banque centrale turque BDDK a décidé en 2013 de lier les plafonds de cartes de crédit aux revenus des détenteurs pour rehausser ensuite les niveaux minimums de paiements par cartes et de pondération des risques. Ces risques ont été élargis aux revolvings, aux découverts avec agios et aux crédits à la consommation.

En 2010, le ratio crédit intérieur du secteur privé a été de 68,7% au Maroc, 95,7% en Israël, 68,8% en Tunisie, 44,2% en Turquie, 33,1% en Egypte, 15,6% en Algérie. Pour comparaison, ce ratio atteint 145,6% en Afrique du Sud, 202,6% aux Etats-Unis, 167% dans l'Union Européenne et 70% dans les BRIC.

Toutefois, la mesure de la part des crédits intérieurs au secteur privé dans le PIB ne permet pas forcément de faire une évaluation complète et de dégager une idée concise quant à la profondeur et le développement du secteur financier. De même le rationnement du crédit ne peut être défini qu'au sein de la problématique de l'équilibre concurrentiel. Pour le cas des PSEM, le crédit n'a guère d'autre alternative que le système bancaire. Les marchés financiers demeurent embryonnaires et sans perspective de décollage, sauf pour Israël, pays développé, et peut être plus relativement pour le Maroc et pour l'Egypte, pays dont les bourses ont des profils quasi-émergents et qui attirent de plus en plus d'investisseurs étrangers, notamment ceux des pays pétroliers et gaziers. Dans ces conditions, les banques, par le mécanisme de captation de l'épargne domestique, se trouvent dans l'obligation de combler les défaillances du système fiscal, les limites de la relative convertibilité monétaire, les avatars de la finance informelle et les excès de la préférence de la monnaie fiduciaire.

En Algérie, et en prenant à rebours le clivage entre le secteur public et le secteur privé dans la composition des crédits, la part des crédits domestiques peut donner une explication du rôle de l'Etat dans la relation entre la sphère réelle et la sphère financière. Dans ce sens, on note que la participation étatique est très élevée et que seulement 20% des crédits sont alloués au secteur privé et 80% aux entreprises, aux administrations et aux dépenses publiques[40].

Dès lors, malgré les efforts considérables engagés et les premiers succès rencontrés, il n'est encore pas permis d'assurer que la situation des banques est à même de servir de levier au développement des rives Sud et Est de la Méditerranée. « Au Maroc la population est

---

[40]Hoskins I. :« Financial System Development, Bank and Non-Bank Finance, in Mediterranean Partner Countries», Second Euro-Mediterranean Regional Economic Dialogue, 2003, p.6.

majoritairement rurale, les crédits bancaires ne sont destinés que pour 5,7% au secteur agricole (2006, 4% en Turquie). L'industrie reçoit bien moins de crédits (27,8%) que les services (66%). Or, avec l'afflux d'investissements directs étrangers dans la région, les investisseurs étrangers ont largement recours et de manière contractuelle à des emprunts en monnaie locale »[41].

Cet état de fait est corroboré par la Banque Mondiale qui souligne que, dans les PSEM, l'investissement relève en moyenne des trois-quarts de l'autofinancement et seulement à hauteur de 12% du crédit bancaire, c'est le taux le plus bas au monde[42].

1.3.3- Niveau optimal des taux d'intérêt et marge bancaire

a- Que dit la théorie

Elle distingue traditionnellement trois effets qui sont mis en avant pour comprendre les variations des taux d'intérêt réels. Il s'agit de l'effet de substitution, de l'effet de revenu et de l'effet de richesse. L'appréhension de telles dimensions constitue un champ fertile d'analyse en théorie économique et financière. Même s'il est souvent sujet à de nombreuses controverses entre Néoclassiques et Keynésiens, le taux d'intérêt constitue un élément central des contributions de l'économie de synthèse. Cette dernière a fini par réconcilier les deux courants avec un nécessaire abandon des clivages de conception des liens entre sphère réelle et sphère monétaire afin de construire un modèle de compromis. Pour les uns comme pour les autres, le taux d'intérêt est un prix et la monnaie est une marchandise, mais ce prix est particulier. Pour les Néoclassiques, il s'agit du prix du temps alors que selon les Keynésiens, c'est celui de la renonciation à la liquidité. Plus loin, La contribution du modèle de Ramsey, montre que la règle d'or consiste en ce que le taux d'intérêt réel soit exactement égal au taux de croissance du PIB, à l'inverse si le taux d'intérêt est durablement supérieur au taux de croissance, il n'y a pas « assez de capital » et si le taux d'intérêt est durablement inférieur au taux de croissance, il y a « trop de capital » et le revenu serait mieux employé à consommer[43].

---

[41] Alméras G. et Joly C. : « Méditerranée 2030 Panorama et enjeux géostratégiques, humains et économiques », IPEMED, 2009.
[42] World Bank Mena Economic Development & Prospects, 2006.
[43] Bénassy A., Coeuré B., Jacquet P. et Pisani-Ferry J. : « Politique économique », 2004, p.640.

En abordant la libéralisation financière, on comprend assez vite qu'elle a permis de décloisonner les taux d'intérêt et à des degrés divers. Tout en soulignant que le système économique est soumis à des fluctuations d'ordre microéconomiques et de portée macroéconomiques, il devenait assez facile de soutenir qu'une forte hausse des taux d'intérêt peut avoir des conséquences néfastes tant au niveau des établissements de crédit que des sociétés et des quasi-sociétés non financières. A savoir que les entreprises vont freiner leurs achats d'équipements, ce qui va ralentir la croissance et relancer les effets récessifs du chômage de masse. Réagissant à l'accent mis sur le comportement des entreprises, les banques verront leur marge d'intermédiation diminuer suite à l'égalisation progressive des taux débiteurs et créditeurs.

b- Niveaux des marges bancaires dans les six PSEM (1990-2015)

Tableau n°II.4 : Les marges bancaires (Spread $i_d - i_c$)

Pays	1990	1995	2000	2005	2015	Taux moyen
Algérie	-	6.17%	3.69%	4.82%	5.25%	4.98%
Egypte	1.88%	2.06%	2.13%	1.9%	2%	1.99%
Israël	3.22%	2.63%	2.53%	2.36%	2.45%	2.63%
Maroc	6.71%	6.47%	4.08%	3.8%	3.78%	4.96%
Tunisie	2.5%	3.08%	3.26%	2.91%	3.3%	3.01%
Turquie	7.82%	8.55%	9.66%	7.01%	7.5%	8.10%

Source: Beck T. ; Demirguç-Kunt, A. et Levine R. : « A New Data base of Financial Development Structure », Policy Research working Paper, N° WPS 2146, 2007 et auteur 2016.

Ces informations résument les différentes mesures de la marge d'intermédiation bancaire sur la période allant de 1990 à 2015. Tout d'abord, si les tendances à la baisse sont généralisées pour les PSEM, on peut en l'occurrence observer d'importantes disparités sur le niveau de la marge bancaire. Par exemple, au Maroc et en Turquie, la marge bancaire est passée respectivement de 6,71% et 7,82% en 1990 à 3,78% et 7,5% en 2015. Cela pourrait expliquer que, dans le cas de la Turquie son système bancaire soutient des possibilités de marge d'intermédiation plus élevées. A l'opposé, au Maroc, la marge bancaire est sur un trend baissier conséquence de l'intensification de la concurrence, de la mutualisation des coûts et de l'évolution des métiers de la banque vers une ingénierie de la surface financière.

Pour les études approchant de telles dimensions, on cite celle réalisée par Anghbazo et Bashir pour qui les frais d'exploitation, l'octroi des crédits, les fonds propres, la taille de la banque, les réserves obligatoires et la part de marché exerçant des effets positifs sur la marge d'intérêt, les charges massives supportées par les banques sont souvent répercutées sur la clientèle. Ainsi, le poids de cet effet positif de la marge d'intérêt est récupéré sous forme d'économie d'échelle auprès de la masse de la population bancarisée.

c- La baisse surprenante des marges d'intermédiation des banques marocaines : Pourquoi et comment ?

D'emblée, nous signalons que, sur un classement regroupant 125 pays, où la marge bancaire minimale est de 0,4% pour la Hollande et maximale de 144,6% pour le Zimbabwe (économie hyper inflationniste), la Tunisie est classée 21^{éme}, l'Egypte 64^{éme}, et l'Algérie 70e alors que le Maroc occupe la 84e place[44]. Bien qu'elles ne constituent pas une preuve suffisante, la répression financière et les fortes et nombreuses créances douteuses pourraient expliquer les marges bancaires excessives entre 1990 et 2000. Ainsi, l'analyse en termes de marges devrait être mise en rapport avec la concentration bancaire, les taux d'inflation, l'extension et l'intensification de la concurrence entre les acteurs du secteur de l'intermédiation bancaire ainsi qu'avec son non négligeable « poids » institutionnel et politique. Pour le Maroc, l'évolution de la marge d'intermédiation des banques peut s'expliquer au travers de trois indicateurs : les rendements de crédits, les coûts de dépôts et la marge d'intermédiation.

Symétriquement, nous notons que la baisse de la marge d'intermédiation des banques marocaines est non seulement un indicateur de la réussite partielle de la libéralisation financière interne, mais aussi et fort un signal de détente des taux d'intérêt réels et une volonté de construire un modèle économique marocain de croissance. Cependant, nous constatons que depuis 2010, Les baisses successives des taux d'intérêt opérées par la banque centrale, la forte concurrence sur des activités bancaires fondées essentiellement sur le détail a entraîné le secteur vers une trajectoire de saturation et vers le resserrement des marges d'intermédiation. La plupart des dirigeants du secteur bancaire privé reconnaissent compter sur l'effet volume pour compenser cette perte de marge d'intermédiation estimée à plus de 16% entre 2010 et 2016.

---

[44] Lopez-Carlos A., Schwab K., Porter (2006).

SECTION II : LA LIBERALISATION FINANCIERE EXTERNE DES MARCHES DE CAPITAUX EN EGYPTE, MAROC ET TURQUIE

Afin de se faire une idée plus concrète de ce que reprèente l'expérience de la libéralisation financière des marchés de capitaux des PSEM , la meilleure façon consiste à s'intéresser à un échantillon représentatif d'au moins trois pays, Egypte, Maroc et Turquie. Ce choix n'est pas fortruit et il n'est pas discriminant.

2.1- Les marchés de capitaux dans la région des PSEM

La région des PSEM a toujours été une des plus modestes régions du monde en termes d'attractivité des capitaux étrangers. C'est pourquoi, ces pays ont entamé, dès le début des années quatre-vingt-dix, un processus visant à réformer et dynamiser leurs marchés financiers. La libéralisation du secteur financier et du compte de capital s'est accélérée entre 1990 et 2000. Elle s'est caractérisée par la naissance de la dénomination de marché émergent accordée en 1993 par la Société Financière Internationale (SFI) à plus d'une trentaine de pays possédant une bourse de valeurs mobilières. Il importe de noter que cette sélection est fondée sur des critères de richesse économique et de volume de transactions traitées. Ce faisant, on peut citer les conditions qui ont été retenues pour accéder au label MFE « Marché Financier Emergent » :

- Le Produit National Brut (PNB) par habitant doit être inférieur à 8000 dollars, limite considérée par la Banque Mondiale comme séparant les pays en développement des pays industrialisés ;
- La capitalisation boursière [45] ;
- Le taux de capitalisation reporté au PIB doit être supérieur à 5% [46] ;
- Le nombre d'entreprises cotées en bourse ;
- Le volume des transactions journalières (turnover) ;
- La valeur boursière.

Ces critères ne sont pas exhaustifs et ne semblent être mobilisés qu'à titre indicatif vu l'extrême vitesse de mobilité des flux financiers

[45] La capitalisation boursière se calcule en additionnant la capitalisation de toutes les sociétés cotées, elle-même obtenues en multipliant le cours par le nombre d'actions.

[46] 55% en 1992 pour les pays développés contre 27% pour les pays émergents, 156% en 2008 pour les pays développés contre 42% pour les pays émergents (BRIC) inclus.

internationaux. Par ailleurs, et selon une étude effectuée par le FMI[47], ces marchés peuvent être classés en quatre catégories distinctes entre autres par le niveau de liquidité et celui de la capitalisation boursière :

- La première catégorie est caractérisée par un petit nombre de sociétés cotées, une faiblesse du niveau de capitalisation, une concentration de l'actionnariat, une liquidité relativement faible et in fine une instabilité des cours. On y classe des pays comme la Côte-D'ivoire, la Hongrie, le Kenya, le Zimbabwe et la Pologne ;
- La deuxième comprend le Brésil, la Chine, la Colombie, l'Inde, le Maroc, le Pakistan et les Philippines qui se différencient par des titres plus liquides et un plus grand nombre de sociétés cotées ;
- Une troisième catégorie regroupant des pays disposants d'un niveau de capitalisation et d'un volume d'actions échangées plus dense. Il s'agit de marchés comme celui de l'Argentine, l'Indonésie, la Malaisie et la Thaïlande ;
- La quatrième et dernière catégorie se distingue par l'existence en son sein de marchés plus compétitifs et plus matures[48] avec des titres très liquides. A savoir la Corée du Sud, Hong Kong, le Mexique, Singapour et Taïwan.

A la diffèrence de la plupart des pays en développement,le dynamisme économique, les privatisations et la libéralisation réussie des marchés financiers, ont permis aux BRIC de passer de la deuxième catégorie à la quatrième. En 2009, le Brésil, entrepôt mondial de matières premières, la Russie réserve d'hydrocarbures mondiale, l'Inde grenier des matières grises du monde et la Chine centre de manufactures et usine du monde, représentaient respectivement 2.4%, 2.4%, 2.2% et 6% du PIB mondial ; et autour de 1.2%, 0.6%, 0.6%, et 1.5% de la capitalisation boursière mondiale[49]. Il existe de bonnes raisons au vu de cette classification que seul le marché financier marocain, les PSEM ne sont pas représentés. Cela dit, nous pouvons, en tenant compte des publications récentes du FMI et des institutions de statistiques boursières internationales, prendre en

---

47 R.A.Feldman- M.S.Kunar : « Les avantages et les risques liés aux marchés boursiers », Bulletin du FMI, 4 juillet 1994, p203.

48 Les crises monétaires de 1994 pour le Mexique et de 1997 pour les pays du Sud Est Asiatique en plus du Brésil (Téquila & Samba) montrent que cette maturité n'est jamais définitive et que tout marché est vulnérable.

49 Deutsch Bank : « Brésil, Russie, Inde, Chine : les chiffres vous disent d'investir mais que vous disent les spécialistes », juillet2009.

considération les marchés financiers de l'Egypte, de la Turquie et de la Tunisie, Israël pays du groupe considéré depuis toujours et à juste titre comme un marché financier développé[50].

Chaque pays de l'échantillon des trois PSEM dispose d'au moins une bourse de valeurs mobilières, cela même si les périodes de leurs créations sont différentes. La bourse d'Istanbul a été fondée en 1866 et restructurée pour devenir une bourse de valeurs organisée, professionnelle et autonome en 1986 ; celle du Maroc a été fondée en 1929 et modernisée pour se mettre au niveau des réglementations en vigueur dans les pays développés en 1993, alors que celles de l'Egypte d'Alexandrie et du Caire sont très actives depuis 1940. Le label Emerging Market a été accompagné de la mise en place d'un cadre réglementaire inspiré de la SEC américaine (Securities and Exchange Commission) et de l'installation d'infrastructures modernes (télécommunications, transport logistique numérique, etc.). Ces innovations ont offert aux investisseurs américains, européens, japonais et du Moyen-Orient, la possibilité d'intervenir sur ces nouveaux marchés.

Face à cette situation, l'encouragement des interventions a été selon les pays très variables voire parfois nuancé. Les investisseurs allemands, rigoureux par nature, imposent des conditions strictes comme préalable à tout investissement. Les Japonais n'interviennent que sur les marchés où la loi ne fixe pas de plafond aux investissements étrangers. Ceux des pays du Golfe procèdent par investissements intermédiés et variés en même temps. Dans ces conditions, les réformes de structure réglementaires, les progrès techniques et la modernisation des places boursières (informatisation, compensation, information financière, instantanéité des transactions, dématérialisation, la finance virtuelle, Internet…..etc.) n'ont fait que renforcer la dynamique et les atouts des bourses émergentes. Mais il est aussi évident qu'au-delà de toute réforme ou régulation, le succès partiel des réformes de stabilisation et le retour à la solvabilité de nombreux pays sont des gages pour les investisseurs étrangers.

Et l'on peut effectivement penser que les menaces liées aux progrès techniques et à la multiplication des titres financiers dans la

---

[50] Pour Israël en 2005, le PIB par habitant était de 20005 dollars et la capitalisation boursière avait atteint 108% du PIB A Monetary Fund, AMDB, et rapport et communiqués de presse des différents marchés boursiers.

perspective d'une intégration plus accentuée des PSEM, ne sont pas à exclure. Les marchés financiers dans le monde sont de plus en plus confrontés à un nouveau genre de concurrence né des progrès technologiques qui ont permis d'introduire de nouveaux systèmes d'échanges alternatifs qui offrent aux investisseurs institutionnels plusieurs avantages boursiers en particulier un accès instantané aux différentes places du marché et ce, le plus souvent à moindre coûts. Désormais tous les participants, quel que soit leur emplacement géographique, ont un accès électronique direct aux mécanismes d'exécution de l'échange de cette révolution technologique, qui a, entre autres attiré les investisseurs qui auparavant ne pouvaient pas opérer directement sur les marchés boursiers.

Hirsh pense que le facteur risque politique (stabilité des régimes en place, environnement réglementaire et institutionnel et niveau de la corruption) constitue un critère de décision de la destination de l'investissement depuis que de nouveaux pôles d'investissements sont apparus. Pour illustrer cette contribution, on peut citer les conséquences du « printemps arabe » sur les places boursières de Tunis et du Caire. Selon les calculs de Standard & Poor's, suite aux révolutions arabes et de la catastrophe nucléaire de Fukushima au Japon en mars 2011, la capitalisation boursière mondiale a subi des pertes estimée à 3000 milliards de dollars. Il faut savoir que toutes les places financières de la zone Euro ont été emportées et que les bourses des pays émergents ont fait un plongeon de 20%. Le cabinet d'étude Koweitien Kanko estime les pertes des bourses arabes, suite aux soulèvements populaires du printemps arabe, à 49 milliards de dollars.

Toutefois, les politiques de privatisations des entreprises publiques, les convertibilités monétaires[51], la libéralisation des services et des capitaux, l'ouverture du compte capital et l'encouragement des introductions en bourse, ont permis de drainer des flux de capitaux étrangers volumineux pour les tailles de ces économies qui ont favorisé l'expansion de ces marchés et la constitution de portefeuilles de titres et de fonds d'investissement

[51] Convertibilité monétaire légale et conseillée par le FMI au vu de son article VIII mais évitée par la plupart des PSEM pour des raisons diverses liées surtout aux risques de la fuite des capitaux et aux manœuvres spéculatives sur les devises.

migrateurs. Le capital étranger est constitué soit de capitaux étrangers au sens strict, soit de capitaux rapatriés vers leur pays d'origine[52].

Il est frappant de constater que les vagues de privatisations dans les pays en développement sont intervenues à un moment où les bourses des pays industrialisés connaissaient un certain reflux. Et comme on vient de le noter, les perspectives de plus-values substantielles et de profits sur le capital productif du fait de la sous-évaluation des titres à l'introduction en bourse n'a fait qu'accroître l'attractivité de ces places financières rénovées.

Il est vrai que si on se réfère à la capitalisation boursière qui reflète la taille du marché à une période donnée, on ne peut que constater que les marchés des pays du Sud et de l'Est de la Méditerranée ont encore une marge significative de croissance à conquérir. La zone est caractérisée par une taille des marchés financiers relativement petite. La bourse de Palestine et celle de l'Algérie affichent une capitalisation boursière de moins de 1% de la capitalisation globale des PSEM, soit une capitalisation boursière inférieure à 100 millions de dollars[53]. Envisagée dans sa globalité, la région du Sud et de l'Est méditerranéen a enregistré un accroissement significatif des flux d'investissements directs étrangers accompagnés d'un certain co-mouvement des marchés boursiers toutefois ces marchés financiers modestes disposent d'un meilleur classement que celui des pays de l'Amérique Latine et des PECO (Pays de l'Europe Centrale et Orientale).

Pourtant en empruntant la métaphore de Pirandello : « Les faits sont comme les sacs quand ils sont vides, ils ne tiennent pas debout », on dira qu'un fait n'a de sens qu'intégré dans une construction théorique. Les marchés financiers des PSEM connaissent, certes, une croissance rapide du stock financier au cours de la dernière décennie, mais il y a encore énormément de marge pour qu'ils puissent se hisser au rang des marchés financiers des pays industrialisés.

Ainsi, et pour asseoir le précédent constat, la profondeur du système financier des PSEM se situe entre 50 et 200 contre 300 et 600 en pourcentages du PIB dans les pays développés.

Il est probable que le développement économique de certains pays de la région augure à la croissance et à l'efficience des marchés de

---

[52] Mobius M. : « The Investor guide to emerging Markets », Pitman Publishing,1994.

[53] Arab Monetary Fund,AMDR, Rapport annuel de la bourse de Tel Aviv, 2004.

capitaux et des marchés bancaires. Il pourrait même permettre de rendre plus facile l'injection des fonds d'investissement provenant des ménages, des entreprises et de l'Etat. Au final, la croissance rapide de la production et celle de la productivité des économies émergentes conduisent à plus de revenus excédentaires qui peuvent naturellement être investis dans les marchés financiers ou transformés en épargne bancaire fluide. Reste à savoir si ces pays disposent du bon cadre réglementaire et institutionnel pour canaliser les fonds vers l'utilisation la plus productive et non la plus spéculative.

Il est un fait qu'en présence d'économies et de systèmes financiers duels, les pays peuvent avoir des profondeurs financières très différentes pour des mêmes niveaux de revenus. C'est le cas particulier de l'Algérie et du Maroc, mais aussi, avec plus de nuances, ceux de l'Egypte et de la Turquie. Il est d'ailleurs intéressant de noter que la Norvège a un PIB par habitant plus élevé que celui des Pays-Bas, mais son marché financier est moitié moins profond. Cependant cela peut paraître évident si on considère que la Norvège génère des revenus pétroliers importants et qu'en dehors des minéraux, son secteur des entreprises, de même que sa population sont relativement étroits. Pourtant, on ne peut que s'accorder sur le fait que les niveaux industriel, technologique et de développement de la Norvège ne peuvent en aucun cas être comparables à ceux des Etats riches et rentiers du Golfe ou à ceux modestes de la région MENA, excepté bien sur l'Etat d'Israël. Et cela prouve et sans aucune équivoque, que la corrélation entre la profondeur des marchés financiers, la croissance économique et le développement n'est pas toujours démontrée. Partant de là, la question qui se pose est de savoir si on peut affirmer haut et fort que modernité ni pas développement et que rente non renouvelables ni pas richesse à perpétuité.

Aussi, nous pouvons confirmer que le développement financier des pays émergents, et particulièrement celui des PSEM, doit assurer l'accès au capital pour les entrepreneurs et pour les investisseurs de toute taille. Dans ce sens il s'agit d'orienter, de manière optimale, les choix des politiques économiques. Joseph Schumpeter pensait que ce rôle est décisif, puisque les intermédiaires financiers décident de manière autonome les entreprises éligibles à l'épargne du pays. Joan Robinson à l'inverse est plus convaincue que le développement de la finance est plus le résultat de la croissance économique. Lucas affirme enfin que le rôle de la finance dans le développement économique a été largement surévalué.

Parmi ces sept pays, cinq (Egypte, Israël, Jordanie, Maroc et Turquie) sont considérés comme des « marchés financiers émergents », la Tunisie et le Liban sont classés « marchés financiers frontières ».

En ce qui concerne la taille du marché mesurée par la capitalisation boursière globale, elle est aussi l'indicateur le plus simple et elle reflète aussi la maturité du marché et son âge. La cartographie fait apparaître clairement en nombre de sociétés cotées, qu'Israël et la Turquie sont les plus grands marchés financiers de la région, suivis de l'Egypte.

Pour ce qui est de l'activité, Israël affiche la meilleure performance avec 75%, suivie de l'Egypte avec 41%, du Maroc avec 40%, de la Turquie avec 30%, la Tunisie et la Jordanie fermant la marche avec respectivement 10% et 9%.

Afin de se faire une idée sur un sujet qui divise, celui de la transparence et d'après Transparency International[54] : « L'indice de perception de la corruption augmente tel qu'il est perçu à partir des enquêtes nationales. Cet indice va de 0 à 10, avec une valeur supérieure indiquant un niveau inférieur de corruption ». Notons qu'Israël se situe en position de leader avec une note maximale de 6. Ce pays semble être le pays le plus transparent des 7 PSEM, suivi de la Turquie et de l'Egypte à 4, et du Maroc et du Liban stagnants à une note égale à 3.

Les niveaux de capitalisation sur les marchés financiers des pays du Sud-Est de la Méditerranée sont très faibles, comparés à ceux enregistrés dans ceux d'autres pays émergents. A l'exception d'Israël souvent assimilé à un pays développé, et intégré depuis 2001 à l'OCDE, seul le Maroc semble disposer d'une régularité dans l'évolution de son ratio de la capitalisation boursière en % du PIB. Ainsi on peut affirmer que, pour l'échantillon Egypte, Maroc, Turquie, ce qui est le cas également pour tous les pays de la région, même si la capitalisation boursière améliore les volumes des transactions, les ratios de turnover se situent seulement entre 15% et 20% et les PER sont très volatils. Il est intéressant de noter que ces bourses demeurent modestes et fragiles et pourraient difficilement concurrencer les places financières des pays industrialisés.

[54] Transparency International, Rapport annuel : « Indice de la perception de la corruption », 2006.

2.2- Les marchés boursiers du Caire et d'Alexandrie : l'Egypte

L'activité boursière en Egypte remonte à 1888 lorsque la Banque d'Alexandrie a été inaugurée. La bourse a ouvert pour la première fois en 1930. Ce marché est considéré comme le plus ancien marché des PSEM. En raison des politiques nationalistes de Nasser, l'activité s'est réduite entre 1959 et 1961 à cause des vagues de nationalisation, notamment celle du canal de Suez en 1956. Vers le début des années quatre-vingt-dix avec la loi 95/1992, il a été prévu de redynamiser le marché des capitaux, de lancer une réforme de privatisations incluant des introductions boursières massives. Ainsi, le nombre total des sociétés cotées a atteint 770 à la fin 1998, il a continuellement progressé pour atteindre sa maturité à 1070 en 2002, plaçant ainsi l'Egypte au premier rang des pays de la région Sud Est Méditerranée, loin devant Israël. Dans la même année, la radiation a touché 550 sociétés pour cause de manque de liquidité ou d'insuffisance de transactions.

Dans le cas égyptien, cette volonté d'aller de l'avant vers le libéralisme économique a trouvé son intérêt en 2003. Le gouvernement a adopté une politique de libéralisation financière qui visait à gagner en profondeur financière, à garantir davantage d'efficience aux marchés et à assurer une plus grande protection pour les investisseurs. Du point de vue macro-économique, la preuve du lien entre les indices boursiers égyptiens et les fondamentaux sous-jacents, n'est pas tangible. Sans nier que certains indicateurs puissent être interprétés comme indiquant une surévaluation de l'activité boursière, d'autres indicateurs en revanche ne fournissent pas de preuves concluantes.

Pour aller plus loin dans l'analyse du marché financier égyptien depuis sa libéralisation, notons qu'à l'opposé du schéma prévisionnel, les deux places égyptiennes (Le Caire et Alexandrie) subissent de fortes corrections depuis 2007. Ainsi la chute de l'indice a été estimée par Sybill à 22% alors que le CASE (Cario And Alexandrie Stock Market) figurait parmi les meilleurs marchés boursiers du monde au cours des dernières années. En février 2006, cet indice a été libellé en dollar américain et a atteint 12 fois le niveau le plus bas de 2003. En termes d'analyse, les places boursières disposent de deux indices :

- CMAI : indice de toutes les activités pondérées en fonction de leur capitalisation boursière, et Indice All share qui couvre la base la plus large des actions.

- CASE 50 : indice seuil du rendement des cinquante sociétés les plus actives. Cet indice fonctionne en deux versions. Il regroupe deux sous indices, le CASE 50 Price, qui mesure le retour sur investissement de la variation de la valeur des stocks, et le CASE 50 Total retour Index qui évalue la rentabilité des investissements formée à la fois des revenus, des dividendes et des gains en capital.

Il est intéressant de noter que le nombre des sociétés cotées en Egypte a été réduit de plus de trois fois, passant de 1070 en 2000 à 306 en 2009, une baisse qui a résulté du fléchissement du volume des échanges entre 2000 et 2004 d'environ 65%[55]. Malgré ce constat, le marché égyptien a été classé en 2008 meilleur marché émergent, selon Morgan Stanely « Global Emerging Market » et l'un de ceux dont les portefeuilles du marché sont les plus rentables. L'International Finance corporation (IFC) a analysé les risques de retour de 30 pays et a classé l'Egypte 6e avec un rendement de 21.45%. En ce qui concerne le facteur risque, l'Egypte a été 8e au niveau mondial avec un facteur de risque de 4.06%. A la fin de cette année 2008, Standard and Poor's et IFC ont indiqué que la place égyptienne a tenu une position assez avancée avec un rendu du coupon estimé à 5.1%[56].

L'imprécision et l'opposition de la logique de la sphère financière à la sphère réelle imposent aux marchés financiers de prendre en compte l'extrême mobilité des capitaux, et la mise en place d'outils d'amortissement de la volatilité croissante des marchés. A s'en tenir au point de vue macro-économique, la dynamique du marché boursier égyptien pourrait être renforcée par l'augmentation de l'épargne privée acheminée par le véhicule boursier vers des fonds d'investissement[57].

Pour ce qui est de la capitalisation boursière égyptienne, elle a évolué de manière très irrégulière entre 2000 et 2009. Son volume a été multiplié en moyenne par 3.5 fois passant de 28.74 à 91.09 milliards de dollars, un niveau nettement inférieur à la bourse des valeurs Sud-africaine qui a une capitalisation boursière quatre fois supérieure à celles de toute la région MENA. Plusieurs mesures, ou indicateurs sont utilisées pour décrire les caractéristiques et les

---

[55] World Federation of exchange (WFE), 2005.

[56] Yearbook, IMF, 2008.

[57] Billmeir A. et Massa I. : « Go long or short in Pyramids? News from the Egyptian Stock Market », IMF, 2009.

propriétés du marché boursier qui reflètent son niveau de développement.

Après plus de trois années de fragilité économique et politique suite à la révolution, la bourse du Caire a repris des couleurs en 2014 affichant une nette reprise pour une capitalisation avoisinant les 100 milliards de dollars, le marché reste cependant dominé à plus de 25% par Telecom Egypt, TMG Holding, MobiNil, QNB Ahly. Un marché étroit et peu profond à l'instar de l'ensemble des PSEM excepté Israël.

L'analyse du développement boursier et de son décollage conduit à conclure qu'ils s'articulent autour : i) une croissance physique : hausse de la capitalisation boursière et augmentation du nombre de sociétés cotées ; ii) une liquidité plus importante ; iii) un taux de rotation plus élevé ; iv) une amélioration de l'efficience du marché ; v) une meilleure intégration plus importante avec les autres marchés et particulièrement ceux développés.

Le ratio de rotation ou ratio de mesure de liquidité du marché est le rapport des volumes des transactions avec le capital en circulation ou le nombre de titres ouverts au public. C'est un excellent indicateur de la capacité avec laquelle un investisseur peut entrer et/ou sortir du marché. Au regard des données, il apparaît que les bourses égyptiennes sont relativement liquides ; leur liquidité les place seulement à 47.2% du PIB entre 2000 et 2009 contre 100 à 130% pour des bourses comme Euronext, Francfort ou Londres. La faiblesse de ce ratio indique que seuls les investissements de long terme pourraient se faire sur ces marchés et qu'il est relativement difficile, pour un investissement actif, de prendre ou de liquider rapidement ces positions.

Les économistes et les financiers spécialistes des pays émergents le savent et le disent : un certain nombre de facteurs et de raisons sont à prendre en compte lorsque l'on réalise un benchmark sur les avantages de la bourse égyptienne avec d'autres places financières de même calibre à savoir :

- Pas de dividendes, pas d'impôts sur les gains en capital et pas d'exigences non plus de timbres (la législation koweitienne impose de lourdes taxes prohibitives sur le gain en capital) ;
- Une large présence des banques internationales de dépôts et d'investissements comme City Group, HSBC, American Express et aussi de plus grandes institutions financières internationales de transactions et d'évaluations.

Pour cette année 2018 et à la recherche de fonds pour résorber les déficits publics, les conséquences de la dévaluation de la livre égyptienne, la baisse des recettes du Canal de Suez et celle du pétrole, les autorités égyptiennes se préparent à doper la bourse du Caire avec une série de privatisation qui vont toucher plus de 23 entreprises publiques qui vont générer des recettes avoisinant les 5 milliards de dollars. Toutes ces entreprises ne sont pas manufacturières et c'est l'une des faiblesses de ce programme, elles sont toutes dans les secteurs bancaires, du pétrole et de l'immobilier.

2.3- La société de bourse des valeurs de Casablanca : le Maroc

La création d'un véritable marché des capitaux au Maroc devait être analysée comme constituant faisant partie des politiques jumelles de libéralisation et d'ajustement adoptées auparavant. La réforme fiscale, le processus de privatisations, l'ouverture de l'économie et la réforme du système bancaire ont procédé de la même logique. Cette dernière étape est venue consacrer la fin du processus et proclamer le passage définitif d'une économie d'endettement à une économie intégrée et de marché. Il est admis tout aussi que le désencadrement du crédit et la hausse des taux d'intérêt réels rendent le crédit plus cher. En tout état de cause, les besoins de financement ne pourront plus être assurés exclusivement par le système bancaire et par les mécanismes d'autofinancement, ce qui ouvre la voie aux financements alternatifs (marché financiers local et/ou international) qui deviennent incontournables. Aussi le développement du marché financier devra-t-il répondre à l'avenir à un besoin vital des entreprises marocaines[58].

Historiquement, l'institution de la bourse au Maroc a été créée en 1929, sous le nom d'Office de Compensation des Valeurs Mobilières. Elle fut toujours pénalisée par le faible nombre d'intervenants, même si ceux-ci disposent d'une forte épargne. Il s'agissait pratiquement d'un club d'institutionnels domestiques, structurellement acheteurs compte tenu de la croissance de leur passif, opérant en l'absence d'investisseurs individuels, de véhicules collectifs d'investissement[59] (SICAVet FCP) et d'institutionnels étrangers. La réelle investiture de la bourse dans le secteur privé date du 21 septembre 1993 ; elle s'est traduite par la réforme boursière qui avait pour objet de permettre une

---

[58] Naziha Belkeziz-Laraqui : « Vers une dynamisation du marché boursier marocain », Dar Nachr Al Maarifa, 1998, p57-p58.

[59] La loi instituant les OPCVM a été promulguée en 1993.

large participation du marché financier aux mécanismes de financement de l'économie.

2.3.1- Réformes et faits du marché de capitaux marocains

Les principales dispositions de la loi sont :

- La création d'un statut juridique pour la bourse sous forme d'une société anonyme dénommée Société de Bourse des Valeurs de Casablanca ;
- L'institution d'un conseil déontologique des valeurs mobilières (CDVM) et des opérations boursières, de type commission des opérations de bourse (COB) ;
- La création en 1995 de sociétés de bourse chargées de l'intermédiation boursière ;
- La naissance en 1995, des OPCVM (Organismes de Placement Collectif en Valeurs Mobilières).

Dès mai 1995, treize sociétés de bourse majoritairement affiliées à des établissements bancaires et financiers ainsi que trente-six OPCVM exerçaient à la bourse de Casablanca. Pour l'ensemble de ces sociétés le flux d'actifs gérés a atteint 3.7 milliards de dirhams en 1996, l'équivalent de 336 millions d'euros. La capitalisation boursière avait atteint une croissance de 500% ornée d'un volume de transactions multiplié par 20 entre 1993 et 1998.

Quant aux règles prudentielles, elles sont pour l'essentiel :

- Le ratio de solvabilité (Ratio Cooke = fonds propres/risques pondérés $\geq$8%).
- Les coefficients de divisions des risques (CDR = risques pondérés/fonds propres $\leq$10%).
- De nouvelles règles de provisionnement des créances en souffrance.

Quoiqu'elle ait connu des transformations techniques et technologiques de taille, l'impact de la bourse de Casablanca sur la sphère réelle demeure très limité[60]. Deux indications suffisent pour appuyer cette hypothèse : le nombre de sociétés cotées en bourse est très réduit seulement 44 en 1995, 47 en 1996 et pas plus de 49 en 1997 ; qui plus est, toutes ces sociétés sont de grandes entreprises, les PME qui représentent la majorité des unités productives et créatrices de richesses sont quasiment absentes. Par ailleurs la capitalisation

---

[60] Tataboni P. et Roure F. : « La dynamique financière », les Editions des organisations, 1988.

boursière rapportée au PIB qui était seulement de 2% au début de la décennie 80, n'a pas dépassé les 5% en 1997, comparé aux autres places financières, ce rapport est en deçà d'un marché émergent malgré l'effort soutenu des réformes financières entreprises[61].

De ce point de vue, on peut avancer que l'économie marocaine fonctionne encore selon le modèle d'une économie d'endettement. Il est admis localement que, sur le plan des mentalités, l'entrepreneur marocain préfère l'approche patrimoniale à l'approche capitaliste ; c'est ce qui explique sa résistance à l'ouverture du capital ou au financement par les titres comme les valeurs mobilières de type actions, obligations, voire billets de trésorerie. Dans ce contexte, le crédit bancaire reste la source de financement la plus convoitée.

Autre hypothèse qui ne peut en aucun cas être évacuée d'un simple revers de main, elle est que les structures sociales sous influence des traditions jouent un rôle déterminant dans le développement économique. L'organisation de la société en réseaux permet de constater que la finance reste la chasse gardée de certaines familles[62].

D'autres facteurs politiques et administratifs[63] constituent aussi des éléments de résistance au progrès. L'administration marocaine est sans aucun doute le facteur de blocage par excellence. La corruption et le népotisme envoûtent la société et sont derrières de nombreuses dégradations de l'image de marque du pays. Nombreux sont les facteurs extra-économiques dans leur fonction et leur interférence qui bloquent le processus de la dynamisation du marché boursier[64].

Le profil économique et financier du marché boursier marocain révèle à la fin 2015 que plus de 72 % de la capitalisation boursière est détenu par seulement cinq sociétés représentant principalement les secteurs de la Banque, des Télécommunications et du Bâtiment et matériaux de construction.

Selon les analystes de la Caisse des Dépôts et de Gestion, près de 96% de la capitalisation boursière estimée à 583 milliards de dirhams (6 milliards de dollars) est annexée par les 10 premiers secteurs, représentés par 44 sociétés sur les 75 cotées. Les deux secteurs

---

[61] De Boissieu CH. « Problèmatique des marchés de capitaux émergents », In Revue d'économie financière, n°29, été 1994.

[62] Galbraith J.K. : « Pour une société meilleure », seuil, 1996.

Amahan A.(1998) : « Structures sociales et développement économique », In séminaire international, Développement alternatif, Casablanca, juin 1998.

[63] Bensbia N. : « Le Maroc des chimères », Média Stratégie, 1997.

[64] Idem.

télécommunications et banques détiennent plus de 350 milliards de dirhams de la capitalisation totale et constituent 72.6% de la valeur ajoutée des 22 plus grandes sociétés cotées à la place financière casablancaise.

Le nombre de sociétés cotées est très faible comparé aux bourses des pays développés (3756 sociétés cotées à Madrid, 3011 aux Etats-Unis) et celles des pays émergents (767 sociétés cotées à Singapour, 373 au Caire).

Néanmoins et selon les rapports publiés par le Conseil Déontologique des Valeurs Mobilières (CDVM) devenu (AMMC) Autorité Marocaine des Marchés des Capitaux en 2016, la période 2004-2014 marque un tournant pour la Société des Bourses des Valeurs de Casablanca:

- Une capitalisation boursière de 583 milliards de dirhams (USD : 68 milliards) ;
- Le nombre de sociétés cotées à 75 ;
- Un nombre de sociétés de bourse autour de 17 dont 9 filiales de banques ;
- La part des investisseurs étrangers dans le volume des transactions à 13% ;
- Une capitalisation boursière détenue par les étrangers autour de 27.5% ;
- Le ratio de la capitalisation boursière dans le PIB a atteint 58% (5% en 1997).

Le CDVM avait dressé à la fin des années 2000 une analyse SWOT du marché financier marocain, selon laquelle :

Tableau n°II.5 : Analyse SWOT du marché boursier marocain

Forces :	**Faiblesses :**
• Développement visible du marché • Infrastructure de marché moderne • Développement de l'industrie de la gestion collective • Un professionnalisme croissant des opérateurs • Pas de scandales majeurs	• Nombre limité d'investisseurs • Culture boursière insuffisante • Perception d'opacité

Opportunités :	Menaces :
• Elargissement des outils du financement des infrastructures publiques • Marchés à terme • Ouverture graduelle des changes • Casablanca HUB financier régional	• Crédibilité et intégrité des intervenants • Niveau de valorisation élevé • Effet moutonnier des investisseurs du type personnes physiques • Abus possible du fait de l'absence d'un encadrement de la commercialisation des instruments financiers • Abus possible du fait de l'absence d'un encadrement de la gestion de portefeuille.
Source : CDVM	

Cette analyse permet de sortir du confinement et d'aboutir aux conclusions suivantes :

- Une culture de marché encore embryonnaire ;
- Moins de 30.000 souscripteurs personnes physiques aux OPCVM ;
- Peu d'investissement à long terme ;
- Un financement limité de l'économie, l'appel public à l'épargne n'a pas dépassé 10.15% des crédits bancaires et seulement 23% du FBCF (Formation Brute du Capital Fixe).

En 2016, le nombre de sociétés est resté très faible et en déphasage avec les ambitions de l'économie marocaine. A seulement 75 sociétés cotées, la capitalisation boursière est restée presque la même qu'en 2009. Le manque et les chutes de liquidité, l'étroitesse du marché et la domination des secteurs de la banque et de l'assurance sont de réels freins à la croissance du marché des capitaux au Maroc.

2.3.2- Les contraintes d'une dynamisation du marché boursier marocain : PER/Turn Over

Le taux de rotation (Turn Over) de la bourse des valeurs de Casablanca est en moyenne de 18% sur les dix années. Cela montre que la diversification des portefeuilles est très limitée et prouve que l'insuffisance de l'offre de produits et d'instruments financiers en est la principale cause. La faiblesse de la liquidité du marché marocain des actions est davantage attribuable à la carence de l'offre qu'à celle de la demande[65].

Aussi, le calcul du ratio cours/bénéfice mesuré par le PER (Price Earning Ratio) montre que la bourse de Casablanca figure parmi les places financières mondiales les plus chères. Son PER moyen sur dix ans culmine à 18.15%, moyenne largement supérieure à celle des marchés émergents (14.5% pour l'indice MSCI Emerging Markets). Le marché boursier marocain reste survalorisé, la demande sur le marché des placements est en forte croissance alors l'offre reste peu diversifié et pas vraiment pléthorique. Le PER est passé de 16.18% à 20.58% entre 2012 et 2016. Pour Haddi GHARIB, président de la Société Marocaine des Analystes Financiers (SMAF) : « Il estime tout en reconnaissant que le niveau du PER du marché boursier marocain est un peu trop élevé comparativement à d'autres places, que le nombre trop réduit des valeurs cotées conjugué à la concentration de l'essentiel de la capitalisation boursière entre 4 et 5 valeurs, rendent le jugement de la place casablancaise par les seules valeurs moyennes de ses fondamentaux moins pertinent et insignifiant ».

Selon Karim Hajji, Directeur Général de la SBVC, il importe de noter que « durant les dix dernières années, la Bourse de Casablanca a pu lever 8.5 milliards de dollars en se positionnant comme la place la plus liquide en Afrique après celle de Johannesburg en Afrique du Sud. Les investisseurs internationaux représentent sur cette période près de 29% de la capitalisation boursière de la place, contre 16% pour les deux bourses d'Egypte, 21% pour la Malaisie et 22% pour la Tunisie. Ces atouts ont permis à la bourse des valeurs de Casablanca d'être la première en Afrique francophone, la première au Maghreb et la quatrième place boursière de l'espace Euromed Sud ». Et d'ajouter que « la bourse de Casablanca a mis en place en 2008 un nouveau système de cotation électronique en vue d'assurer plus de fonctionnalité et de rapidité dans les transactions, et qui sert de plateforme d'échange transparente où chaque intervenant dans le marché joue pleinement son rôle. Ces facteurs et d'autres ont permis à la SBVC d'être membre de la World Federation of Exchanges, qui regroupe 52 marchés boursiers dans le monde, représente 80% de la

[65] A fin mars 2006, le capital mis à la disposition du public lors des nouvelles introductions est généralement sursouscrit plusieurs fois par les investisseurs : 25 fois pour la valeur Lydec (Lyonnaise des Eaux de Casablanca pour son capital de 14%), 21 fois pour Maroc Telecom (filiale de Vivendi), près de 9 fois pour la BCP, 24 fois pour RISMA, 39 fois pour COLORADO

capitalisation boursière, MSCI, FTSE et Dow Jones, principaux benchmark des investisseurs étrangers »[66].

2.4- La bourse d'Istanbul : la Turquie

La Turquie a entrepris un processus de libéralisation du marché boursier au début des années 1990. Cette décision de libéralisation vient compléter celles du compte capital et de la convertibilité partielle puis totale de la livre turque. Comme pour la plupart des places boursières, deux objectifs sont à l'origine de la création d'une bourse en Turquie selon Lopez d'abord mettre au point un nouveau mécanisme de financement des investissements productifs en vue d'améliorer l'allocation des fonds ; ensuite essayer d'améliorer l'efficience de l'information entre sphère réelle et sphère financière de manière à réduire les coûts associés à la circulation des ressources au sein du circuit économique. Bien que la bourse d'Istanbul (ISE), ait été rétablie en 1986, elle a été considérée comme celle d'un pays émergent ayant connu l'une des croissances les plus rapides, tout en restant à un niveau modeste par rapport aux pays développés Zychowicz, Isik et Hassan notent que les marchés monétaires et de capitaux turcs restent relativement étroits et sous-développés par rapport à ceux d'Europe et d'Amérique Latine.

Tous les éléments dont nous disposons laissent cependant penser qu'une mention particulière doit être faite sur l'histoire de la Turquie. Elle démontre que les déficits de gouvernance et la mauvaise gestion des finances publiques dans les années 1970-2000 semble être un réactif majeur dans la succession des cycles hyper inflationnistes et de l'érosion structurelle de l'épargne privée. Dans les années 1990, les marchés financiers étroits, l'emprunt public élevé et la crédibilité limitée des pouvoirs politiques turcs ont occasionné de fortes évictions dans les activités privées.

Beim et Calomiris classent la Turquie comme un marché émergent en raison de son revenu faible par habitant, de son inflation chronique et de ses marchés de capitaux de taille réduite, immatures et concentrés de manière polaire sur les secteurs financiers industriels.Isik et Hassan notent que la bourse d'Istanbul est passée, en nombre de sociétés cotées, de 350 en 1993 à 1284 en 2002 pour se réduire à 262 en 2002. Ce nombre est passé à 264 en 2010. Quant à la

[66] Hajji K. : « Bilan décennal de la bourse de Casablanca, 2001-2011 », Fondation Thomson Reuters, rencontre avec une délégation de journalistes africains, 2011.

capitalisation boursière, elle a considérablement augmenté pour évoluer de 938 millions de dollars à 34 milliards de dollars en 2002, et à 337 milliards de dollars en 2010[67].

La bourse de Turquie semble sous capitalisée, 40% du PIB en 2009 seulement 41.9% en 2015 constat un peu absurde pour une économie qui a multiplié en 15 ans son PIB par cinq en l'espace de 15 ans qui est devenu la plus puissante de la région du Moyen Orientale devançant ainsi l'Iran. Pourtant, il est vrai aussi que la liquidité dite disponible ou présente est également faible, cela est suggéré par le ratio de turn-over (montant annuel des transactions rapporté à la capitalisation boursière) et par la modeste capitalisation boursière comparée à celle des poids lourds Russie, Inde, Brésil, et de l'exceptionnel Israël, voisin régional. Le sous-développement des marchés de capitaux en Turquie est une mention sévère qui s'explique par la faible corrélation entre la taille du marché boursier et le dynamisme économique de ce pays.

Cette déficience peut être attribuée à plusieurs facteurs[68] :

- le gouvernement offre une protection contre la concurrence étrangère ;
- les entreprises sont pour la plupart familiales et relativement petites et estiment qu'elles n'ont aucun intérêt à émettre des actions pour lever des fonds en particulier si elles sont propriétaires d'une banque ;
- les prêts bancaires ne sont relativement pas chers compte tenu du taux élevé de l'inflation ;
- peu d'entreprises sont cotées en bourse (264/640.000unités) et l'investissement boursier n'est pas aussi répandu en Turquie que dans les marchés les plus développés. Les marchés monétaires et financiers turcs sont très sensibles aux chocs externes et internes, et cela s'observe à l'occasion des crises financières autant internes qu'externes ; les actions turques ont perdu plus de 50% de leurs valeurs au cours de la crise russe en 1998.

A l'issue de l'analyse du marché boursier turc, deux raisons supplémentaires se dégagent, pour lesquelles la participation des investisseurs turcs est faible :

---

[67] Standard & Poor's, Global Stock Markets Factbook and supplemental S&P data, 2010.

[68] Askane, Iftekar, Ihsane, Mc Karty : « The role of Earning and Books values in Pricing stocks: Evidence from Turkey », 2005.

- Les investissements souverains ont souvent obtenu de meilleurs résultats dans un environnement hyper inflationniste ; les instruments de la dette publique sont plus lucratifs en Turquie depuis une décennie.
- Les secteurs financiers et industriels turcs sont très interdépendants, contrairement aux Etats-Unis et en Europe, la plupart des entreprises turques (indépendamment de la taille) sont des structures familiales. Les plus grandes entreprises préfèrent les prêts bancaires traditionnels parce que la plupart des banques privées sont, d'une manière ou d'une autre, affiliées à ces entreprises sous l'égide de holding familiales.

La domination du secteur bancaire dans la structure de l'indice boursier et de la capitalisation boursière est clairement établie par le biais de ce graphique :

Graphique n°II.1 : Structure de l'indice boursier en Turquie (en % total)

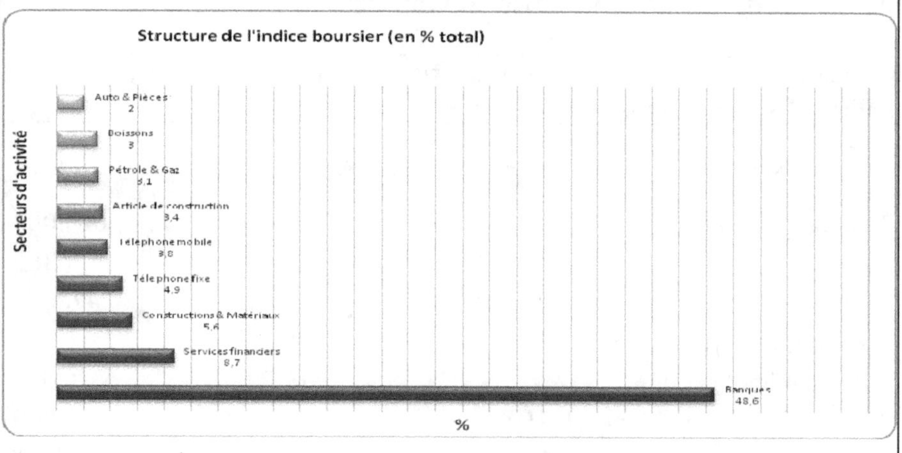

Source : Données Datastream, NATIXIS, 2009

Pi et Timne affirment que les investisseurs institutionnels (Compagnies d'assurance, Fonds de pension, Fonds commun de placement, Sociétés d'investissement) dans les pays développés contribuent à une cotation des valeurs mobilières plus juste en raison de leur maîtrise du marché financier, de l'expérience accumulée et des outils d'analyses sophistiqués.

Mais à vrai dire, la confiance des investisseurs est faible en raison de l'absence de règlement efficace et des difficultés dans leur mise en œuvre et c'est justement le cas de la Turquie.

2.4.1- Analyse de la sensibilité de la bourse face à l'émergence économique en Turquie

Dans une démarche opposée à la plupart des PSEM, le soft Power turc telle qu'il a été conçu et contrairement à ce qu'on pourrait croire, se pose comme une nouvelle force exportée vers l'intérieur du pays sous le sigle de « tigres anatoliens ». Force qui a fait que, sous l'ère des libéralisations financières et économiques, les petites et moyennes entreprises traditionnellement opposées aux grandes entreprises et à l'ouverture ont encouragé rapprochement, fusions et privatisations. Autre particularité, en Hongrie comme en Turquie, plus que la concentration, c'est la participation quasi nulle de l'Etat dans le capital et dans le tour de table des entreprises qui frappe. Du fait des privatisations massives successives en Turquie, l'Etat ne détient plus que moins de 1% des entreprises privatisées[69].

Tableau n°II.6 : Données sur l'activité productive en Turquie (1980-2008)

Désignation	1980	2008
Nombre d'entreprises	90. 000	640.000
Nombre d'entreprises cotées	-	362
Nombre d'entreprises exportatrices	1. 000	47. 000
Exportations en M (USD)	3	132
PIB / habitant (USD)	1.500	9. 000
Exportations/ travailleurs (USD)	65	1. 800
Capitalisation boursière (%PIB)	-	26.1
Classement mondial (PIB)	25	17

Source TEPAV, 2011

Le développement financier « entraînant l'offre » est prédominant pendant les phases initiales de développement économique, puisqu'il permet tout particulièrement de financer efficacement des investissements qui incorporent des innovations technologiques.

[69] Natixis, Flash marchés, recherche économique (2001), N°611.

Lorsque le processus de développement économique arrive à maturité, le développement financier « induit par la demande » devient dominant, cependant, cette « causalité séquentielle » n'est vérifiée que lorsqu'on utilise un indicateur de monétisation au sens étroit (M_1) et non lorsque le ratio d'actifs liquides au sens large M_2/PIB est utilisé comme indicateur de développement financier[70].

Cependant la structure financière est un mélange de contrats financiers, de marchés, d'institutions, et elle varie selon les pays et change selon leur niveau de développement et les traditions. Les dotations initiales en ressources naturelles, les structures politiques et institutionnelles sont des paramètres à incorporer dans les modèles du développement financier.

Tableau n°II.7 : Moyenne des indicateurs financiers, des mouvements des capitaux étrangers (IDE) de l'inflation et du PIB réel par habitant en Turquie (1995 -2010)

Désignation	DEPTH M2/PIB	% PIB BANK	% PIB PRIVY	TOTACTIFI	% INF	% PIB TIDE	PIB réel / habitant
Moyenne 1995 -98	0.2515	0.3235	0.212	0.5550	95.655	0.4	6523.25
Moyenne 1999-02	0.3225	0.4415	0.1607	0.8550	48.420	0.725	8736.5
Moyenne 2003-06	0.3455	0.4388	0.1997	1.07	15.52	1.8	10880
Moyenne 2007-10	0.470	0.5264	0.3818	1.327	7.45	2.25	14623.5

Source : D'après les données de la banque Mondiale (WDI ,2011), de l'OCDE, IMF, Factbook, 2011)

Il ressort de ce tableau que :

- d'après les résultats de « DEPTH », les ménages détiennent en moyenne 34.7% de leurs revenus sous forme d'actifs liquides. C'est en progrès par rapport à la moyenne 1970-1996 où la moyenne était de 25.2%. Néanmoins la détention est autour de 78% dans les pays riches et 63% dans le groupe des pays auxquels la Turquie appartient. Au regard des résultats, on ne peut que constater que la tendance haussière est liée aux réformes de libéralisation financière, mais aussi au recul de la taille de l'inflation et au niveau soutenu de la croissance économique ;

[70] Voir, tests de causalité de Granger et Gupta (1984) et Jung (1986).

- La colonne « Bank » indique qu'entre 1995-2010, les crédits bancaires provenant des banques commerciales ont quasiment doublé, voire triplé par rapport à la période 1980- 1996. Ce taux est deux à trois fois supérieur dans les pays riches et même nettement supérieur dans certains pays émergents comme l'Afrique du Sud qui affiche une moyenne de 1.7% de crédit « Bank » en % PIB. Il n'est nul besoin de souligner la marche vers la performance du secteur bancaire qui impose des règles prudentielles sévères comme celle d'un ratio de liquidité (crédits/ dépôts) répartis en deux parties, liquidité/devises (≤ 0.8) et liquidité/lire turque (≤ 0.2) ;
- La colonne « PRIVY », montre que le ratio des crédits privés dans le PIB est en légère progression sur cette période s'affichant en moyenne à 23.8% du PIB. Cela signifie que l'amélioration constatée provient particulièrement des cycles inflationnistes et du recul des crédits publics. Le ratio est de 62% dans les pays riches et de 37% dans les pays du même groupe que la Turquie.
- La part du stock d'actifs financiers en Turquie « TOTACTIFI » est de trois à quatre fois inférieure à celui des pays développés. Il est en premier lieu lié à la faiblesse de la capitalisation boursière et au faible nombre de sociétés cotées inférieur à 300 sur un total de 640.000 unités de production. Le ratio des actifs financiers dans le PIB montre une progression nette constante pendant la période 1995-2010. La moyenne était de 32% entre 1970 et 1996. Le niveau de 95% du PIB en actifs financiers prouve que le dynamisme du marché financier et la modernisation de l'intermédiation financière suivent un trend haussier encourageant, qui reste à certains égards en deçà des capacités de l'économie turque. Cela signifie clairement que le processus de libéralisation financière n'a pas permis au secteur privé de dominer le marché financier et n'a pas non plus réussi à encourager les entrepreneurs à exploiter le marché des valeurs mobilières en vue de financer leurs investissements. D'autre part, se cache le risque omniprésent de l'inflation, endémie structurelle de la Turquie, pays au carrefour des tensions politiques et ne disposant d'aucune ressource énergétique. L'inflation, la dollarisation et l'importance de l'émission de titres publics sont des armes souvent utilisées par l'Etat pour faire face aux éventuels besoins de financement des dépenses et des déficits publics.
- Le comportement de l'inflation est une caractéristique majeure de l'économie turque et il est communément fait valoir que la

durabilité d'une inflation persistante depuis les années 1970 a été « nourrie » par : i) des déficits budgétaires élevés ; ii) une monétisation orientée du financement de la dette publique ; iii) des dépenses militaires excessives pour des raisons géopolitiques ; iv) des effets de l'évolution des taux de change sur la hausse des prix intrants importés ; v) de la facture énergétique du pétrole et du gaz ; vi) de la hausse des taux d'intérêt résultat de l'effet d'éviction du public.
En réalité, ces déterminants ne permettent pas de comprendre ni les tenants ni les aboutissants de l'inflation en Turquie. Compte tenu de l'accent mis actuellement sur la désinflation et qui, semble-t-il, gagne le duel, ce qui reste à comprendre, et le cas échéant à maîtriser, c'est le lien entre le marché boursier et les turbulences inflationnistes dans ce pays. Comme le soutiennent Asokan et Iftekhar, le bénéfice et la valeur comptable corrigée de l'inflation combinée, expliquent pratiquement 75% de la variation des cours des actions en Turquie. Le bénéfice semble être en baisse importante en période inflationniste, la valeur comptable ajustée par l'inflation à un lien étroit avec le cours boursier.

- La composante IDE est passée de 3.4 milliards en 2001, à 16.1 en 2008 ; les flux d'investissements directs étrangers sont utilisés en Turquie pour catalyser les investissements publics et privés. Acteur de la mondialisation, la Turquie est profondément inscrite dans le processus globalisant de la mutualisation dans les domaines politique, financier, social, culturel et dans de nombreux autres domaines. Précisons que le pays n'a pas bénéficié d'investissements étrangers au niveau désiré pendant la désormais période libérale, manquant ainsi l'occasion d'attirer plus de capitaux étrangers et n'ayant pas pu augmenter ses exportations industrielles. Cependant, la Turquie demeure le pays qui attire le plus d'IDE dans la région MENA et cela dure depuis l'avènement de l'AKP marquant l'essor de l'économie turque qui fait d'elle un miracle économique dans une région en pleine turbulence.
En tout état de cause et selon R.Kiliç et E.Ates : « il a été déterminé qu'il n'y a pas de co-intégration forte et significative, et les liens de causalité entre variables de gestion, actifs financiers, innovations financières et les investissements étrangers en Turquie n'ont pas

influencé de manière significative le PIB et les exportations industrielles [71]».

- Enfin, le revenu réel par habitant ; sa hausse est importante, même surprenante. Le PIB a plus que doublé en quinze ans. En 2000, l'industrie manufacturière constituait 25% des investissements, 50% en 2008. La métamorphose est remarquable et d'autant plus frappante que le taux de change de la livre s'est apprécié de 20% et l'inflation a chuté de 52.8 % s'établissant à moins de 12 %. La vigueur de l'investissement manufacturier et des exportations se poursuit en dépit de l'appréciation monétaire. S'ajoute à ce miracle turc, le rendement élevé du secteur privé et le recul net de l'investissement public de 0.05% en 2000 à 0.035 % du PIB face à un secteur privé plus dynamique avec 17.5% du PIB en 2008. Fondée sur un modèle de croissance qui repose sur l'épargne étrangère et de grands déficits du compte courant, l'économie turque peut générer une croissance respectable, mais elle se heurte à des problèmes inhérents ; notamment, celui de la faiblesse de son épargne intérieure en moyenne de 15% du PIB, de la hausse substantielle de l'investissement extérieur à des niveaux élevés qui serait clairement insoutenable et dangereux.

Il apparaît sans être surprenant d'une analyse du marché boursier turque en 2015 qu'il est fragile, illiquide et très étroit comparé au PIB de ce pays et au positionnement d'émergent de son économie. Comme nous l'avons déjà noté, la base des investisseurs est très faible, le secteur bancaire domine avec plus de 90% de la capitalisation et les investisseurs institutionnels sont quasi absents. L'offre limitée de titres de société pèse sur le Turn Over un des plus faibles de la région, les actionnaires sont souvent amenés à garder leurs actifs ou à les orienter vers des produits d'épargne classique souvent mis en sursis pour cause de poussées de l'inflation. Une autre difficulté du marché boursier turque et de sa situation paradoxale face à une économie très dynamique et que les évaluations des entreprises ne sont pas prises au sérieux, les études de marché de la dette sont très rares. Trop souvent, les asymétries d'informations qui désignent l'accès inégal à l'information et les déficits de gouvernance financière sont pointées du doigt.

---

[71]R.Kiliç, Erdal Ates : « The Increasing importance for foreign direct investment and Turkey », 2009.

Chapitre III
Essai d'analyse sur la causalité entre croissance économique, développement financier et réduction des inégalités de revenus : cas du Maroc

SECTION I : RETOUR SUR LES DÉTERMINANTS DES INÉGALITÉS

1.1- La croissance économique

Un des principaux facteurs susceptible d'influencer l'inégalité des revenus peut être en toute logique la croissance économique. A vrai dire, il existe des preuves de plus en plus tangibles qui confirment que la réalisation d'une croissance élevée et équitable renforce le lien entre la croissance et la réduction des inégalités. En générant des emplois, la croissance économique peut contribuer à réduire la précarité en distribuant du pouvoir d'achat et en facilitant l'accès à la citoyenneté sociale.

1.2- Le développement financier

Dans les nombreuses contributions au niveau mondial, le développement financier est pleinement confirmé comme pro-pauvre. Elles font toutes valoir qu'au stade précoce du développement financier l'accès aux services financiers se limite aux titulaires de comptes bancaires et que la déréglementation bancaire a mené à une hausse de l'indice de Gini de 0.42 en 1976 à 0.53 en 1993. Nombreux aussi sont ceux qui concluent à travers une mesure de l'effet du ratio M2/PIB, à une influence positive du développement financier sur la réduction des inégalités.

1.3- L'inflation

L'inflation semble avoir un effet de redistribution fort qui pourrait agir positivement (effet sur la richesse) ou négativement (système d'impôt progressif). Dans sa forme d'expression ordinaire, l'inflation pénalise l'offre de travail et réduit de manière drastique les rendements du capital. Une application au cas du Brésil, montrent que l'incidence inégalitaire de l'inflation peut même persister à long terme, dans la mesure où des contraintes de liquidité et/ou des coûts de transactions élevés, empêchent les agents à faibles revenus de transférer leur épargne vers des actifs à rendement indexé sur l'inflation[72].

1.4- Les dépenses publiques

Lorsqu'on se penche sur la littérature relative à la relation entre les dépenses de l'Etat et les inégalités de revenus, on note que beaucoup d'auteurs s'y sont intéressés et ont mis en évidence des interdépendances entre les fonctions sociales de l'Etat et la réduction ou la persistance d'écarts de revenus dans un pays. La dépense publique peut également augmenter ou baisser avec le ratio des transferts sociaux directs et indirects et les mécanismes de soutien à la consommation incompressible des ménages. Si la redistribution est souvent le panache des dépenses fiscales avec ou sans ciblage, les dépenses publiques pourraient résulter d'une grande inégalité. Cependant, la consommation publique est susceptible de conduire à plus d'inégalité et à des effets opposés si elle n'est pas pro-pauvre.

Notre conviction est que la taille du secteur public est un des filets essentiels de la réduction des inégalités, cette taille est le principal garant de la cohésion et de la protection sociale. Toutefois les inégalités de revenus élevées ne réduisent pas seulement les marges de manœuvre da puissance publique. Pire, elles plombent les travailleurs vulnérables et construisent le plus souvent des sentiments de mal-être et des foyers d'effervescences, ou seraient, le cas échéant, susceptibles de déclencher des conflits et des troubles sociaux voire conduire à un rejet de l'Etat et à une pénurie de la confiance à l'instar des récents mouvements sociaux et territoriaux qualifiés de « printemps » ou de révoltes d'« indignés ».

1.5- La croissance démographique

Les écarts de croissance démographique sont un facteur supplémentaire dans les degrés d'inégalités de revenus. Bien que la croissance démographique diminue avec l'élévation du revenu par

---

[72] Varoudakis A. (1995) : « Inflation, inégalités de répartition et croissance », Revue économique, Vol 46, N°3, pp.889-899.

habitant, il existe des différences de taux de croissance démographique considérables entre des pays à niveau de revenu similaire. A l'heure actuelle, on peut également noter l'omniprésence d'une relation négative entre croissance économique et fécondité même si nous restions fermement convaincus que la croissance démographique n'est que l'arbre qui cache la forêt d'une exponentielle force de travail faisant face au double défi du démantèlement définitif du modèle fordiste et du chômage technologique. Sans connaître la fin de la précédente fable, on peut confirmer qu'à ce jour, la plupart des pays qui ont réussi leur transition démographique tout en renonçant à vouloir atteindre l'aisance économique, ont néanmoins réussi à résorber les inégalités de manière relative et à faire décaler la misère, mais sans jamais vaincre la pauvreté.

1.6- L'éducation

L'un des facteurs les plus importants qui sous-tendent l'inégalité de revenus est l'accès à l'éducation. Primo, l'inégalité des chances devant l'éducation conduit sans ambages à une plus grande inégalité dans la répartition future des revenus et creuse aussi un fossé entre les niveaux de productivité du personnel qualifié et ceux de la productivité totale de la population active. Cela sans citer des barrières et des entraves rendant le fonctionnement de l'ascenseur social aléatoire et fort compliqué. Secundo, la répartition inégale des revenus empêche le positionnement des pauvres sur les apprentissages et les acquisitions de compétences à forte valeur ajoutée. Dans le cas du Maroc, El Oraby et Radwan montre que la plupart des pauvres n'ont pas atteint un niveau d'éducation universitaire et qu'il y a une grande disparité entre hommes et femmes tout en évitant de parler d'une féminisation de la pauvreté.

1.7- L'ouverture commerciale

Un certain nombre d'études et de publications ont tenté d'établir des liens entre la croissance économique et l'ouverture commerciale, pour ne citer que ceux de Dollar, Sachs et Warner. Ces travaux ont montré que le degré d'ouverture commerciale est associé à une croissance économique rapide et soutenue. Ainsi, Dollar et Graay, ont mis en évidence une corrélation positive et non négligeable dans certains cas entre la mondialisation et la réduction des inégalités. Winters indique que le libre-échange permet à long terme de faire reculer la pauvreté grâce à une amélioration de l'efficience du secteur privé. Mais une fois n'est pas coutume, la Banque Mondiale, en 2000, s'autocritique et estime à contrecœur que : « la motivation initiale de la libéralisation commerciale en tant qu'instrument de réduction de la pauvreté était influencée par une lecture étroite des prédictions de la théorie du commerce international [...] l'observation montre que les résultats de ces politiques au cours des quinze dernières années sont nuancés ». Pour Stiglitz, les coûts élevés de la libéralisation commerciale et les obstacles qui peuvent empêcher d'en retirer les bénéfices peuvent avoir comme conséquences le fait que certains pays ou catégories de populations s'en trouveront perdants, et ces idées et hypothèses sont aujourd'hui mieux appréciées et davantage partagées.

SECTION II : ANALYSE DESCRIPTIVE DES CAUSALITES

2.1- Ébauche et conduite de l'étude

2.1.1- Présentation du modèle

L'étude retient le Maroc pendant la période 1980-2010, économie faisant également partie des Pays du Sud et de l'Est de la Méditerranée (PSEM). Nos données ont été extraites des bases de données WDI (2010), FMI(2010), BAM[73], HCP[74] .

Le modèle estimé et qui a permis d'analyser les causalités et les interdépendances supposées entre la croissance économique, le développement financier et la réduction des inégalités, est le suivant :

$$Y_{it} = \alpha\, Y_{it-1} + \beta\, A_{it} + \gamma\, (\, \Delta\Phi_{it}\,) + \lambda\, (GI_{it}\,) + \varepsilon_{it}$$

Dans ce modèle, la variable dépendante ou endogène est :

Y_{it} est le revenu par habitant (PIB) de l'année t,

Quant aux variables indépendantes ou exogènes, elles sont les suivantes :

- A_{it} est l'agrégation de variables choisies comme déterminantes du PIB et de la croissance économique au Maroc (taux d'ouverture de l'économie, l'évolution du taux de la population rurale, le ratio du nombre d'abonnés téléphoniques au fixe pour 100 habitants, l'inflation, les effectifs de l'enseignement secondaire, les dépenses publiques par rapport au PIB, taux de change réel du dirham).
- $\Delta\Phi_{it}$ représente le niveau de développement financier du pays (M2/PIB mesure la surface financière, CRED/PRIV renseigne sur la dynamique de la distribution des crédits par les banques au secteur privé).

La variable d'intérêt est donnée par GI_{it} représente l'amplitude de la variation de l'indice GINI qui mesure les reculs ou les avancées des inégalités. Dans notre modèle, ε_{it} est un terme d'erreur (de spécification).

---

[73] BAM : Banque Centrale du Maroc (Rapports annuels).

[74] HCP : Haut-Commissariat au Plan (données et publications socioéconomiques sur le Maroc en ligne).

2.1.2- Que peut-on conclure de l'analyse du taux d'ouverture ?

Graphique n°III.1 : Taux d'ouverture en % (1980-2010)

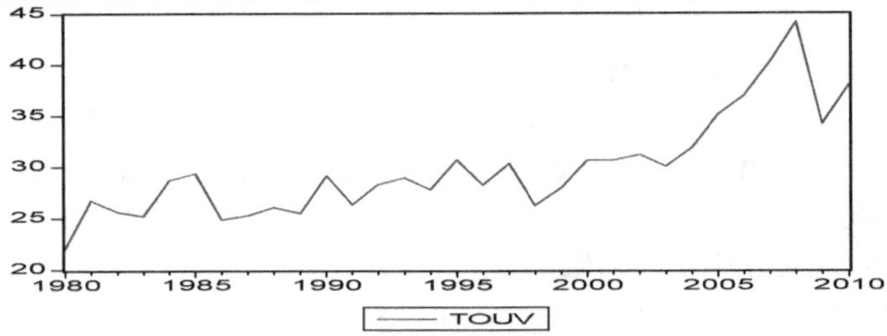

Le taux d'ouverture [75]est en nette croissance sur la période 1980-2010. Toutefois, le graphique montre que la dynamique du commerce extérieur marocain a connu deux cycles : un premier cycle de 1980 à 1999 à évolution positive, mais assez lente et avec des baisses occasionnelles à partir de 1983 suite à la mise en place du PAS, et entre 1996-1997 suite à une croissance économique tendancielle liée à une bonne pluviométrie, à une entrée massive d'IDE suite à des opérations de privatisation. Bouoiyour et Toufik estiment que l'arrivée massive des IDE affecte positivement la croissance. Nous pouvons en déduire que l'amélioration du PIB affaiblit sensiblement le taux d'ouverture en affectant positivement l'économie. Au cours de ce cycle et selon la Banque Indosuez, l'économie marocaine a enregistré un taux de croissance de 8.3% en 1996 et 6% en 1997.

Le second cycle de 2000 à 2010 montre une croissance des importations plus prononcée, marquée par un pic en 2008 occasionné par une facture énergétique astronomique causée par un baril du pétrole à 114 USD et un renchérissement des prix des denrées alimentaires. Cette ouverture cache des réalités plus pessimistes ; pour Achy et Sekkat le ralentissement apparent du taux moyen de croissance des exportations (2.9% entre 2001-2004 contre 14.5% en 1980-1985 et 11.5% au cours du quinquennat 1986-1990). Le même phénomène a été observé au niveau des importations, mais à un rythme moindre (les taux enregistrés sont respectivement 14.9%, 11.4% et 8.2%). Cette tendance s'explique par les conditions climatiques, le prix des phosphates, l'appréciation du taux de change

[75] C'est un indicateur de mesure des échanges extérieurs. Il indique la dépendance du pays vis-à-vis de l'extérieur. Le calcul du degré d'ouverture est donné par la relation $\{(X + M)/2\}/PIB$.

du dirham et la concurrence des pays de l'Europe de l'Est (PECO) et d'Asie sur les marchés traditionnels d'exportation des produits agricoles marocains notamment l'Union européenne.

A cela s'ajoute in fine, la faible diversification des destinations des échanges avec la prédominance de l'UE, qui assure les deux tiers du total des échanges en 2007, soit presque la même part qu'en 1994. Sur le marché de l'Union européenne, le Maroc a perdu des parts de marché d'exportation passant de 0.25% à 0.19% en 2010.

Il découle de cette situation plus au moins structurelle de l'ouverture à sens unique de l'économie marocaine que :

- la volatilité des cours de change et notamment celui du dollar, devise de facturation des importations énergétiques et des produits alimentaires, conduit à des chocs asymétriques sur les dépenses fiscales et sur les subventions de la Caisse de compensation et aggrave le déficit de la balance commerciale par rapport au PIB ;
- la nécessité de mettre en place des stratégies sectorielles tournées vers l'exportation ;
- le cauchemar des déficits jumeaux et les conséquences souvent simultanées et agrégées de déficits budgétaires et de déficits de la balance des paiements.

2.1.3- Quelles conclusions peut-on tirer des comportements de la population rurale ?

Graphique n°III.2 : Evolution en % de la population rurale (1980-2010)

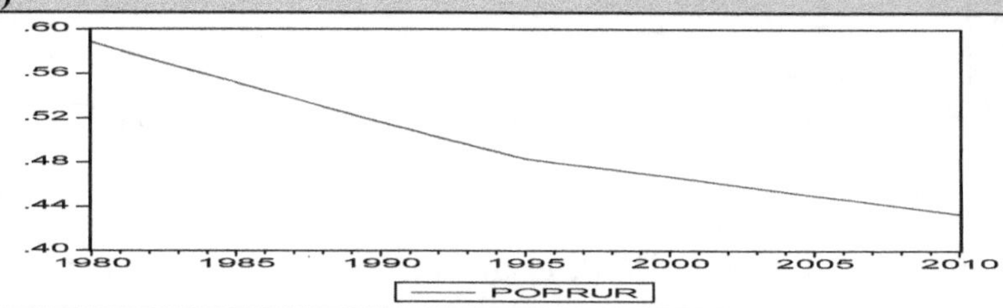

Le Maroc a connu douze années de sécheresse, dont six entre 1980 et 1995 ; or, sachant que la croissance économique du pays est surtout primaire « au Maroc, gouverner c'est pleuvoir », cette maxime était souvent répétée par le Maréchal Lyautey, ancien Résident général de la France au Maroc entre 1912 et 1925.

Nous remarquons que la proportion de la population dans le milieu rural est en chute libre, elle est passée de 68% à 44% entre 1980 et

2010 soit une décrue de 24 points. Dans le cycle de l'ajustement structurel 1983-1993, l'assainissement des finances publiques et de la dette extérieure ont profondément réduit la demande intérieure et extérieure et conduit à un déficit de croissance économique qui s'est aggravé avec la fréquence des sécheresses. Ainsi les caprices de la pluviométrie et la pauvreté monétaire poussent massivement les ruraux vers les périphéries urbaines fuyant le mal-développement à la recherche d'alternatives à leur économie agricole de subsistance. Mohamed VI, Roi du Maroc, (1999) : « Notre monde rural se débat dans des problèmes qui contraignent ses habitants à abandonner la terre (...) »[76].

Dans un tel contexte, il est difficile pour les ruraux d'échapper à la misère ; cette absence de solutions de rechange a conduit à la désertification des campagnes vers une logique sans vice versa de l'exode qui contribuera à terme à une ruralisation de l'urbain.

2.1.4- Qu'en est-il de l'influence des variations du nombre d'abonnés téléphoniques au fixe ?

Graphique n°III.3 : Taux du nombre d'abonnés téléphoniques en % (1980-2010)

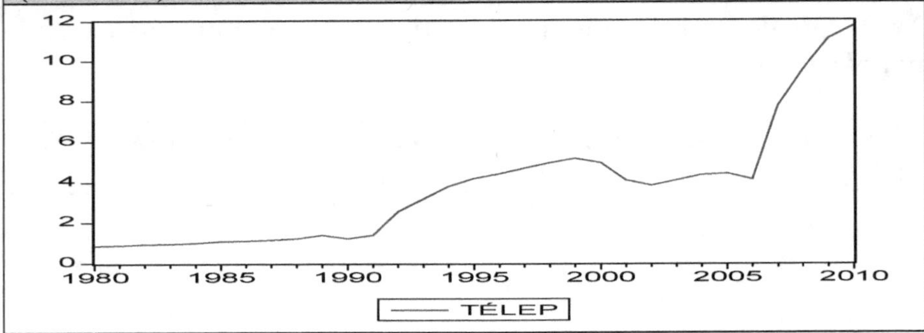

Au début des années 1990, le gouvernement marocain s'est rendu compte de l'importance des Technologies de l'Information et de la Communication pour le développement économique et social et a entrepris une transformation structurelle en revoyant les politiques des télécommunications et en consacrant une part importante de son budget à l'avancement des TIC dans tout le pays. Cette restructuration visait à renforcer les infrastructures des télécommunications et à

[76] Extrait du discours du Roi du Maroc Mohamed VI du 20/08/1999.

populariser l'utilisation des techniques de communication dans les divers secteurs de la société et de l'économie marocaine[77].

Selon les données de la Banque Mondiale, le nombre d'abonnés au téléphone fixe est passé de 1.4 à 12 millions, sans comptabiliser les abonnés et les titulaires d'une ligne GSM, ils atteignent les 32 millions en 2010. Les variables ayant un effet significatif sur la demande de communication sont, notamment, le revenu du ménage et le niveau scolaire du chef du ménage, la taille du ménage et la région de résidence. Le déterminant le plus important est le revenu. Il est indéniable que ce secteur avait impacté directement l'économie marocaine en drainant entre 1997 et 1999, 66% des investissements directs étrangers dans le pays contre 14% pour le secteur industriel et seulement 3% pour le commerce et l'immobilier[78]. Indirectement, l'augmentation du nombre d'abonnés téléphoniques permet de faciliter les échanges commerciaux internes et des gains de productivités, le tout lié pour l'essentiel à la dématérialisation des contacts et le raccourcissement des distances.

2.1.5- Les dynamiques de l'inflation

Graphique n°III.4 : Evolution du taux d'inflation en % (1980-2010)

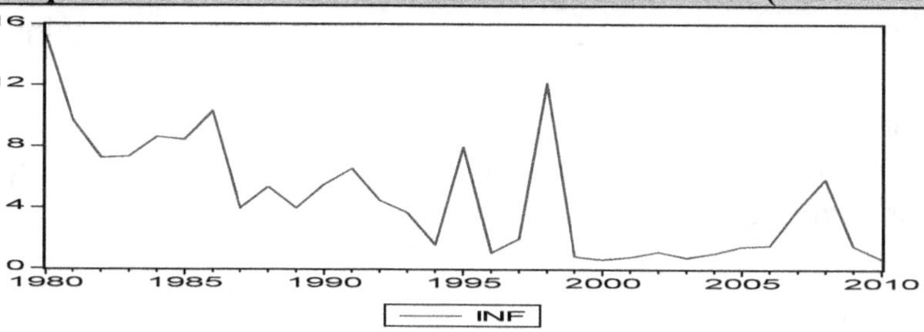

La dynamique de l'inflation[79] atteste d'une évolution maîtrisée depuis la fin des années 1990. Cette affirmation se justifie au vu des

[77] A.Hajii « Morocco and the Information Society: L'insertion du Maroc dans la société de l'information et du savoir », exposé présenté à la réunion préparatoire de l'Asie occidentale en vue du SMMSI, Beyrouth, 4-6 février2003.

[78] Plan stratégique quinquennal : http:// www.septi.gov.ma/Plan/planq.htm et L'économiste, « Les chiffres-clés de l'économie marocaine » ; 12 février 2004.

[79] Le taux d'inflation est calculé à partir de l'évolution de l'indice du coût de la vie (ICV). Il désigne une augmentation durable des prix des biens et services. L'inflation est aussi caractérisée par un accroissement de la masse monétaire, on

résultats si on excepte des pics ici et là (1986, 1990, 1995, 1998, 2008), liés à des poussées de fièvre conjoncturelles sur les prix des produits alimentaires et de la facture énergétiques épée de Damoclès de la macroéconomie marocaine. Selon la BAM[80] et le HCP, l'économie marocaine a connu deux cycles d'inflation bien définis : un premier cycle de 1990 à 1995 où l'inflation s'est située au-delà de 5%, résultats confirmés par le graphique ci-dessus, et un second de 1996 à 2007 qui oscillait autour de 2%. L'inflation sous-jacente a poursuivi sa tendance haussière à la fin de l'année 2007. L'accélération de l'inflation est souvent attribuable au Maroc au renchérissement des produits alimentaires de base et à l'impact du prix des hydrocarbures, presque tous importés. Le HCP (2008) estime que le taux d'inflation national cache de fortes disparités régionales : les villes comme Oujda, Meknès, Fès, Marrakech, Laâyoune et Rabat sont les plus touchées par des taux d'inflation variant entre 2.3% et 4.1%.

Pourtant, plus nuancés beaucoup de spécialistes pensent que les dommages collatéraux de l'inflation sur la paix sociale au Maroc auraient été plus néfastes en l'absence de mesures de compensation et de mesures de démantèlement de barrières douanières en faveur des produits alimentaires. C'est dire que, lorsque le prix du brut augmente d'un dollar, la Caisse de compensation doit débourser 450 millions de dirhams soit 45 millions d'euros supplémentaires pour maintenir le niveau des prix.

Pour les céréales, le soutien aux prix de l'orge et du blé tendre est estimé entre 120 et 150 dirhams, l'équivalent de 15 euros le quintal, pour un total d'environ 60 millions de quintaux en 2008.

distingue généralement deux types d'inflation : l'inflation par les coûts et l'inflation par la demande.

[80] Bank Al Maghrib (Banque Centrale du Maroc).

2.1.6- Effectifs de l'enseignement secondaire

Graphique n°III.5 : Effectifs dans l'enseignement secondaire en % de la population éligible (1980-2010)

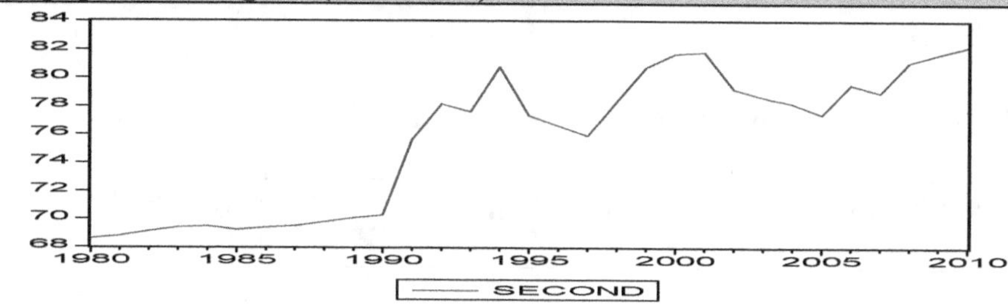

En l'espace de dix ans, de 1980 à 1990, le taux net de scolarisation dans l'enseignement secondaire a enregistré un saut de dix points (de 68.4 à 78%). Cette progression contraste avec les impacts négatifs du plan d'ajustement structurel décennal (1983-1993) et des limitations drastiques de la scolarisation victime des restrictions et des coupes budgétaires.

En effet, selon une enquête réalisée sur les niveaux de vie en 1991, on apprend que 50% de la population reste analphabète et que, durant la période 1983-1991, les effectifs de l'enseignement primaire n'ont progressé que de 4.2%. Cette baisse a été plus importante en milieu rural (-11%) qu'en milieu urbain où la progression a été plutôt positive (+14.5%).

Avec les réformes de généralisation de l'éducation fondamentale en 2000 et l'arrivée des investisseurs privés dans « l'industrie de l'éducation », les taux se sont nettement améliorés pour atteindre 82% de la population éligible.

Nonobstant, la qualité de l'enseignement demeure faible, puisque le coût du redoublement est élevé et la part de l'échec scolaire est considérable : 500 à 600 mille élèves sortants du système éducatif[81]. Selon Bouiyour J.et Hanchane S., le taux de déperdition au niveau de l'enseignement fondamental y est par exemple de l'ordre de 40%. Plus généralement la baisse de la part consacrée jusque-là aux dépenses éducatives dans le PIB a entraîné un affaiblissement de la capacité de l'Etat à financer la croissance démographique scolaire et

[81] Attouch H. (2002) : « Développement humain au Maroc : réalités et perspectives », In Revue Repères et Perspectives, Numéro2, Printemps-Eté 2002, Rabat, pp. 41-59.

conjointement à une détérioration de la qualité des conditions d'enseignement. En dépit d'une évolution quantitativement positive, il est relevé que de nombreuses lacunes ont un impact direct sur les acquisitions des élèves marocains à savoir les composantes « schooling et knowing by doing ».

2.1.7- Dépenses publiques par rapport au PIB

Graphique n° III.6 : Dépenses publiques en % du PIB (1980-2010)

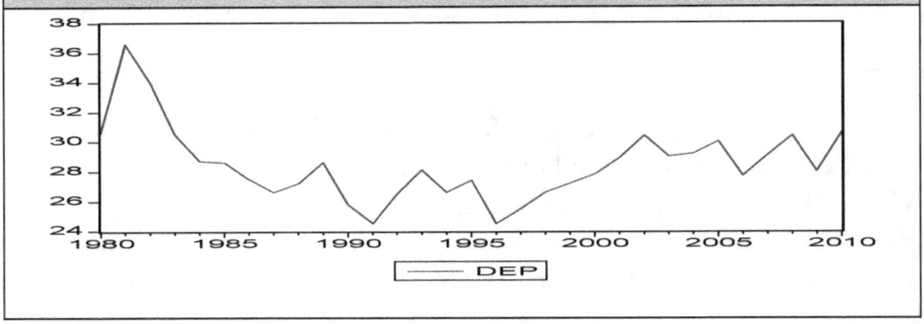

Cette évolution en dents de scie est riche d'enseignements et d'expériences, elle montre trois périodes bien distinctes :

- De 1980 à 1982, des résultats très mitigés du plan de stabilisation mis en place de 1978 à 1980 ; on conclut à une détérioration des équilibres macro financiers au début des années quatre-vingt[82] qui ont contraint le pays à faire le choix de l'austérité et à opérer un virage libéral.
- Entre 1982 et 1990 : la réduction des dépenses publiques devient la préoccupation principale des autorités publiques, la coupe est nette et les dépenses diminuent, passant de 36.5% à 24.3%. Selon le postulat théorique du plan décennal d'ajustement structurel, pour comprimer les déficits budgétaires, les seules solutions sont soit celle de réduire les dépenses publiques ou d'exporter massivement. Le Maroc ne pouvait opter que pour la première, c'est ainsi que le déficit budgétaire a été ramené à moins de 10%.
- Depuis 1990, les dépenses ont été maîtrisées et se sont situées au-dessous des 27% du PIB avec un déficit à moins de 4% et ce, grâce

[82] Le taux d'endettement qui n'était que de 17% en 1972 s'élevait à 40% en 1978 et à 88% en 1982 et le ratio de la dette est passé de 5.6% des exportations des biens et services en 1975 à 34.7% en 1982.

à l'amélioration significative des recettes fiscales[83]. Cet optimisme ne doit pas occulter un dérapage des dépenses publiques sur les cinq dernières années du règne de feu Hassan II, de 1995à 1999.

En optant pour la maîtrise des dépenses, la vente d'actifs publics et la réduction de la dette publique en proportion du PIB, l'Etat s'est attaché à donner un engagement de taille en réduisant son poids au profit du secteur privé[84]. Pourtant, il apparaît, en termes de résultats, que les dépenses publiques sont reparties à la hausse depuis 2005 valsant avec les 30% du PIB, ce qui augure d'une aggravation du déficit budgétaire. L'interprétation la plus commune du déficit au Maroc est en somme la recherche du maintien de la cohésion sociale. La dite cohésion repose sur trois piliers : au premier plan, la « Compensation » via les dépenses fiscales (3.9 milliards de dirhams en 2002 pour atteindre près de 34 milliards en 2008, 48.8 en 2011, et des prévisions qui atteignent les 49 milliards de dirhams[85] pour 2013)[86] et les subventions. Toutes les deux causes principales du déficit budgétaire.

Au second plan le logement social dont le coût est plutôt lié au manque à gagner au niveau des recettes fiscales (les logements sont facturés hors TVA aux ménages) ; il représente sans équivoque un levier socioéconomique voire le socle de l'intégration financière et sociétale des plus vulnérables. Enfin, au troisième rang, nous retrouvons la famille source de transferts sociaux fictifs, à la fois catalyseur du partage et instrument de la répartition et de la solidarité.

Pour Larbi Jaidi : « Si le gouvernement doit décompenser en réaffectant tout simplement le circuit de la dépense, que cela s'appelle Caisse de Compensation, aide sociale ou monétaire, il y aura toujours une pression sur les finances publiques. Du coup, l'enjeu de la manœuvre réelle pour le gouvernement est de réfléchir à la manière dont il pourra générer de la ressource additionnelle tout en maîtrisant la dépense. Ce qui implique l'urgence d'une réforme fiscale, réfléchie et raisonnée ».

---

[83] Banque Centrale du Maroc (BAM : Banque Al Maghrib).

[84] TAOUIL R., (2010) : « La trilogie impossible de la stabilité macroéconomique au Maroc », in Revue Tiers Monde, N°202, avril-juin 2010.

[85] 1 dollar (USD) égal à environ 8.9 (MAD) dirhams marocains.

[86] Site de la Caisse de Compensation (cdc.gov.ma).

2.1.8- Choix et mécanismes du taux de change réel du dirham face au dollar

Graphique n°III.7 : Evolution du taux de change du dirham face au dollar (1980-2010)

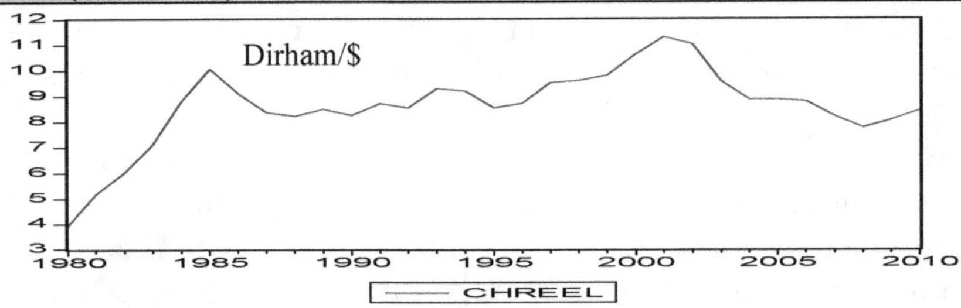

Le Maroc a fait le choix dès 1986 d'un régime de change à flottement géré tout en s'appuyant sur l'ancrage à un panier de monnaies fortes composé des monnaies des principaux partenaires commerciaux et des principales monnaies d'échanges comme le dollar, les monnaies de l'Union européenne et le yen japonais.

De 1980 à 1999, la valeur du dirham n'a cessé de s'apprécier et de se déprécier face au dollar, mais tout en restant stable et en oscillant entre 8.5 et 9.5 dirhams pour 1 dollar. Cet indicateur mesure en principe l'évolution du pouvoir d'achat de la monnaie étrangère par rapport à la monnaie nationale par la prise en compte de l'évolution des taux d'inflation.

A partir de 2001, le dirham s'est considérablement apprécié face au dollar et cela suite à la décision des autorités monétaires marocaines d'opérer un glissement synonyme d'une dévaluation de 5% face à l'ensemble des monnaies du panier d'ancrage. Ainsi, elles ont procédé à un changement de la pondération afin de donner plus de place à l'euro. Selon la firme de courtage Upline Securities, la dévaluation devait profiter plus aux entreprises exportatrices comme les mines, le textile et les agrumes, surtout que le textile et la confection contribuent pour un tiers des exportations marocaines. A l'opposé, les banques endettées à l'étranger et les entreprises importatrices de matières premières, de pièces détachées et de matériel pourraient souffrir de cette dévaluation.

Entre 2001 et 2010, le dirham a continué son appréciation face au dollar et cela a permis d'alléger de manière relative le poids de la facture énergétique. La dépréciation du dollar face à l'euro n'est pas que positive pour le dirham. Le dirham est indexé à plus de 70% à l'euro, devise majeure pour les importations du Maroc. Cela a conduit à une détérioration des équilibres de la balance des paiements courants et a aggravé les déficits commerciaux.

En 2018, le Maroc a décidé de mettre en place un régime de change flottant au sein d'une bande de fluctuation de +/- 2.5%. Pour simplifier, cet arrimage à 60% sur l'euro et 40% sur le dollar serait plutôt un régime flottant hybride entre parité fixe et flexibilité. Il faut toutefois souligner que les autorités monétaires marocaines une sorte de compétitivité-change pour baisser artificiellement le coût du travail du pays et attirer davantage d'IDE, d'entreprises en délocalisation ou en délocalisation. Cependant, quelles que soient les configurations, force est de reconnaître que à chaque fois que l'euro s'apprécie face au dollar, il en découle une hausse de l'euro et une baisse du dollar par rapport au dirham. La stratégie cambiaire se focalise bien et sûrement à juste titre sur l'exportation massives d'heures de travail vers l'Europe par le biais d'un dumping monétaire ingénieux, mais nécessaire pour résorber le plus possible le chômage des jeunes diplômés et améliorer les niveaux du capital humain.

2.1.9- l'indice GINI : simple indicateur ou thermomètre social

L'indice de Gini indique dans quelle mesure la répartition des revenus (ou, dans certains cas, les dépenses de consommation) entre les individus ou les ménages au sein d'une économie s'écarte de l'égalité parfaite, il est compris entre 0 (égalité parfaite) et 100 (inégalité absolue).

Graphique n°III.8 : Indice de Gini du Maroc (1980-2010)

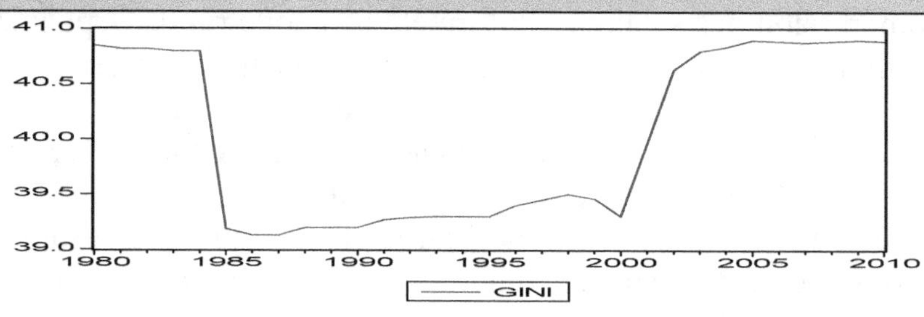

L'amplitude des variations de l'indice de Gini[87] au Maroc est assez profonde, selon le HCP[88] (2008) ; la pauvreté des conditions de vie recule plus rapidement que la pauvreté monétaire, ainsi l'inégalité des conditions de vie a été réduite de 15.5% entre 1991 et 2007.
Pourtant pendant les trois dernières décennies 1980-2010, les inégalités de revenus dans ce pays ont montré une réelle résistance formant une courbe en U sur la période avec un indice variant entre 39.9 et 39. Selon les données du HCP et de la Banque Mondiale, nous distinguons trois périodes de l'évolution de l'indice de Gini marocain :

- 1980-1985 : le coefficient de Gini se situe entre 40.9 et 40.7, ce constat est le reflet des évolutions macroéconomiques contrastées et des deux années de sécheresses généralisées, 1980 et 1983.
- 1985-2000 : l'indice chute en 1985 à seulement 39.2 ; cette amélioration apparente n'est que la conséquence de la sècheresse et du plan d'ajustement structurel qui durera dix ans (austérité et désengagement forcé de l'Etat). A ce titre, la baisse des disparités n'augure pas de plus de justice sociale, mais, au contraire, elle n'est qu'un leurre puisqu'en face, l'économie nationale a été le théâtre d'une crise longue et systémique, crise qui a touché et marqué l'ensemble des couches sociales.
  L'avènement des années 1990 sera marqué par les politiques de libéralisation financière, de la signature des accords de libre-échange avec l'Union européenne et de l'intégration au pas-à-pas dans les rouages de la globalisation. Au niveau microéconomique, le développement d'un secteur manufacturier de la sous-traitance du textile et de la chaussure va contribuer à accentuer les écarts entre les populations sous des effets multiples pour ne citer que la compression des salaires, l'informel et l'exode rural. Depuis 2000, le trend des inégalités redevient sérieusement haussier, l'indice Gini rejoint le niveau du début des années 1980 se situant à 39.90.
- entre 2004 et 2010 : l'indice n'abandonne plus son taux de 39.90. Il faut reconnaître dans ce cas que cette hausse des niveaux de l'inégalité des revenus au Maroc n'est que le résultat du développement financier qui a conduit à plus d'écarts, et à l'émergence d'une classe sociale intermédiaire entre la classe

[87] L'indicateur de Gini est un indice qui mesure l'équirépartition, il varie entre 0 et 1 dans un pays : cette mesure de l'inégalité des revenus signale une égalité parfaite si le chiffre est de 0, l'inégalité est totale si la variable est égale au chiffre 1.
[88] Haut-Commissariat au Plan marocain.

moyenne et la classe des plus aisées, entité qui base sa propension à consommer sur sa propension à s'endetter.

2.1.10- M2/PIB : mesures de la surface financière

Graphique n°III.9 : Surface financière M2 en % du PIB (1980-2010)

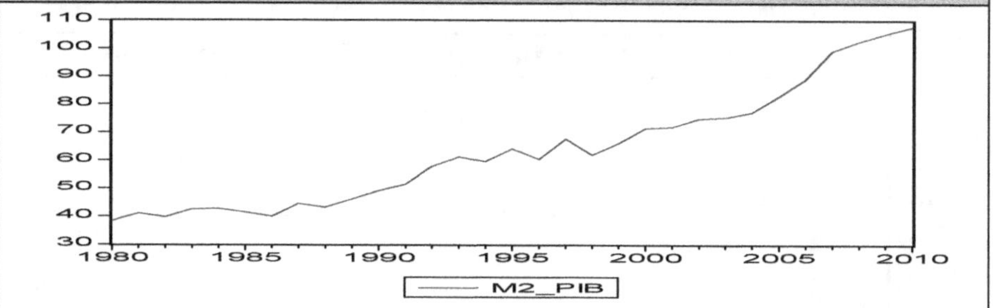

A la différence des pays développés, les secteurs financiers dans les pays en développement sont dominés par la finance interne. L'analyse des agrégats monétaires montre l'interdépendance entre les banques centrales et les banques commerciales.

Dans ce sens, le ratio M2/PIB[89] mesure la surface financière et tend à s'accroître quand le système financier se développe ; à cette occasion les instruments de collecte d'épargne se diversifient. Au Maroc, la tendance est haussière le long de la période étudiée de 1980 à 2010, le ratio a été multiplié par 3 passant de 39 à plus de 110%. La détention des actifs sous forme monétaire s'est accélérée de manière ralentie entre 1980 et 1996 se situant à 60%, pour se poursuivre suite aux réformes de libéralisation financière des années 1990 pour culminer à 110%. Notons que l'amélioration du ratio M2/PIB se traduit en principe par une aptitude à financer l'investissement productif, mais un niveau faible du même ratio peut aussi dans d'autres cas s'expliquer par un fort dynamisme du marché financier et de détention d'actifs non monétaires. Pour le cas du Maroc, c'est plus une utilisation extensive de la monnaie fiduciaire accompagnée d'une amélioration du niveau de financiarisation des ménages.

[89] M2 /PIB : la monnaie et quasi-monnaie désigne la somme des devises à l'extérieur des banques, des dépôts à vue autres que ceux du gouvernement central, et les dépôts à terme fixe, d'épargne et en devises étrangères des secteurs résidents autres que le gouvernement central (site de la Banque Mondiale).

2.1.11- CREDPRIV/PIB

Il fait référence aux ressources financières fournies au secteur privé, notamment par le biais de prêts, d'achat de titres autres que des actions, de crédits commerciaux et d'autres comptes débiteurs, qui constituent des créances à rembourser

Graphique n°III.10 : Evolution du crédit privé au Maroc (1980-2010)

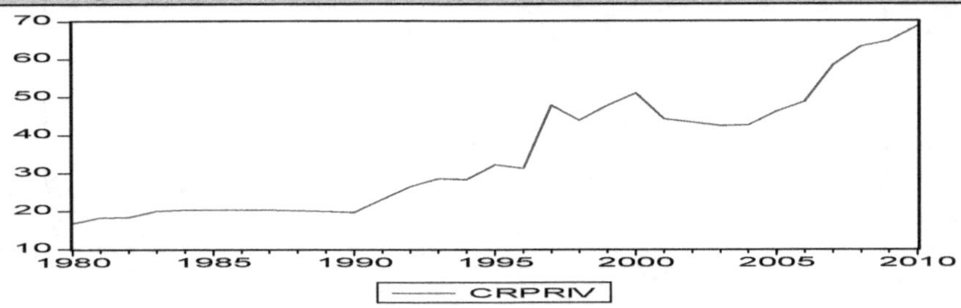

Jusqu'à la fin des années 1980, le système financier marocain présentait deux caractéristiques principales propres aux économies d'endettement.

La première est que le financement de l'économie se fait sous la forme de crédits alloués par des banques et des institutions spécialisées. Quant à la deuxième, c'est que l'activité bancaire est sous le joug des pouvoirs publics via les instruments de la répression financière et du seigneuriage. Il conviendra de souligner que, dans cette configuration, les taux d'intérêt réels sont en grande partie administrés et négatifs et l'encadrement des crédits imposé. Pour comprendre ce mécanisme, notons que les crédits privés ont fait du surplace au cours de la décennie 1980-1990, oscillant entre 17% et 19% du PIB.

Entre 1991 et 1998, le processus de libéralisation financière est déclenché et la nouvelle loi bancaire de 1993, mise sur les rails. A eux deux, conjugués ils vont conduire au désencadrement des taux d'intérêt et au développement du marché des capitaux afin de rendre plus efficiente la distribution du crédit. Ainsi, le ratio du crédit privé va enregistrer un bond de 30 points, culminant de 19% en 1991 puis à 50% du PIB en 1998.

Mais, au final, le secteur bancaire marocain reste, à l'instar de ceux de la région Est et Sud de la Méditerranée, très controversé. Jaidi et Zaim, notent que, quelques années après la promulgation de la nouvelle loi bancaire relative à la libéralisation financière, la concurrence entre les banques sur les taux débiteurs n'est pas effective. La marge entre les taux de rémunération des dépôts et celui des crédits est souvent très élevée. Ce constat est corroboré par le FMI. Au-delà de ces évaluations qualitatives et quantitatives, M.J. Fry présente en 1995, le cas du marché bancaire marocain comme un exemple type d'un manque de concurrence et d'une domination d'oligopoles en tous genres.

De 2001 à 2005, l'évolution des crédits bancaires va enregistrer un sérieux recul de 50% à 42% du PIB. Cette réduction de l'encours des prêts est liée, selon un rapport de la BAM (Banque centrale du Maroc), à une baisse du coefficient de solvabilité bancaire à seulement 11.2%.

Irrémédiablement relancé depuis, le crédit bancaire privé s'est envolé de 40% en 2005 à 70% du PIB en 2010. Cette ascension est autocentrée sur les crédits à la consommation et les prêts immobiliers et peu orientée vers le système productif par excès de méfiance. Charii et Couppey-Soubeyran soulignent que l'accès au crédit bancaire dans les pays de la région MENA reste difficile en raison d'un développement financier encore modeste et où le crédit commercial représente une fraction significative du financement externe.

L'envolée des crédits est due particulièrement à une baisse tendancielle des taux d'intérêt, une flexisécurité bancaire plus aigüe et une hausse de la demande des ménages.

2.1.12- Croissance économique

Graphique n°III.11 : Evolution du PIB par habitant au Maroc (1980-2010)

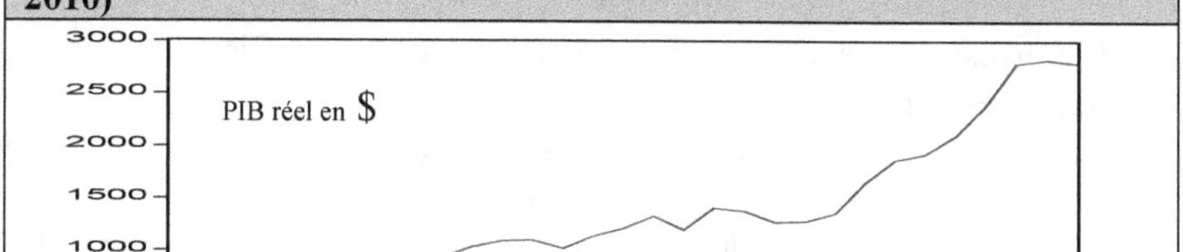

En matière de croissance économique, et outre la vulnérabilité face aux aléas climatiques, il est clair que les freins à la création de la valeur ajoutée au Maroc sont plutôt et surtout structurels. De plus, et c'est un secret de polichinelle, la croissance économique du Maroc est en permanence tirée par la demande intérieure (consommation, dépenses publiques et investissement) et ce malgré des politiques volontaristes de promotion des exportations, exportations qui restent fortement désagrégées et leur faiblesse handicape lourdement les équilibres de la balance des paiements.

Entre 1980 et 1993, le PIB par habitant a connu une chute de 1980 à 1986 conjuguée à de l'inflation, aux sévères sécheresses de 1981 à 1983, le tout conjointement accentué par les restrictions imposées par le PAS. Pourtant à moyen terme, la mise en place des réformes structurelles, fiscales et les politiques de libéralisation financière ont contribué ensemble à l'avènement d'un trend haussier du produit intérieur brut sur la période 1986 à 1993, le PIB réel s'est accru de 738 à 1017 USD, sachant que le secteur agricole à alterner des hauts et des bas ; avec les années 1986 et 1988 comme les meilleures et 1992 et 1993 comme les plus médiocres.

De 1994 à 2010, la croissance économique devient plus régulière, mais demeure faible et intérieure, connaissant, et c'est un fait nouveau, un relatif décrochage de sa composante agricole. Ainsi, le PIB par habitant a plus que doublé culminant à 2795 USD en l'espace de quinze ans. Il est vrai que le Maroc a bénéficié des externalités positives de sa politique monétaire déflationniste, des accords de libre-échange avec l'Union européenne, de la manne des recettes de privatisation de la téléphonie mobile (MEDITEL et MAROC TELECOM, 1999), mais aussi et surtout de la financiarisation de l'économie via le crédit.

Pourtant, et pour conclure sur cet épineux sujet de la croissance économique, l'analyse du profil de la croissance marocaine au cours de la période 1960-2004[90] fait ressortir les faits suivants :

- Une croissance économique non inclusive et insuffisante avec un taux annuel moyen de 4.2% ;
- L'analyse sectorielle de cette croissance fait ressortir l'irrégularité du secteur agricole qui a été caractérisé par des fluctuations importantes, notamment à partir de la décennie 1980 ; quant aux secteurs non agricoles, beaucoup moins erratiques, ils s'inscrivent dans une tendance haussière et plus régulière.

[90] Haut-Commissariat au Plan : « Les sources de la croissance économique au Maroc », HCP, Septembre 2005, pp. 1-82.

SECTION III : LES INEGALITES DE REVENUS A L'EPREUVE DE LA MODELISATION

Les réflexions qui suivent procèdent d'une démarche de modélisation économétrique. Elle permet d'obtenir un modèle significatif et de faire une analyse et des tests conduisant à des résultats significatifs.

3.1- Résultats de la régression multiple par la méthode Steepwise

Les résultats de l'estimation par cette méthode du modèle sont les suivants :

$$\text{Log } Y_{it} = \alpha\, Y_{it-1} + \beta\, A_{it} + \gamma\,(\Delta\Phi_{it}) + \lambda\,(GI_{it}) + \varepsilon_{it}$$

En appliquant la méthode de pas-à-pas[91], nous obtenons un modèle assez fiable dont l'analyse de la variance propre permet de le retenir. Le test de Fisher semble concluant, sa signification est bien de valeur nulle.

Le modèle retenu dont les variables sont bien explicatives est le suivant:

Log Y =	10,454	+ 0,0187 m2_pib	- 3,208 poprur	- 0,027 second	- 0,030 dep
	(1,158)	(0,018)	(1,417)	(0,007)	(0,008)

Avec (.) désigne les erreurs standards.

Avec un R^2 égal à 95,5% et un R^2 Ajusté de 96%, la qualité d'ajustement de ce modèle est bonne.

La statistique de DW est égale à 2,004 ; valeur proche de 2 désignant un très bon respect de l'une des hypothèses de la méthode des moindres carrés ordinaires (pas de corrélation entre les résidus).

Les quatre variables retenues dans notre modèle sont le développement financier M2/PIB, l'évolution de la population rurale, les effectifs de l'enseignement secondaire et les dépenses publiques en rapport avec les variations du PIB. Tous semblent bien en concordance avec notre construction théorique.

Les variables exclues sont Le taux d'ouverture de l'économie (touv), le taux de croissance démographique (démog), le nombre d'abonnés téléphoniques au fixe (télep), le taux d'inflation (inf), le

[91] La méthode stepwise : analyse progressive dite pas à pas.

taux de change réel face au dollar (chreel), le crédit privé par rapport au PIB (lcrpriv), les recettes fiscales (REC) et le déficit budgétaires (def) ne semblent pas expliquer la causalité entre croissance économique, développement financier et réduction des inégalités.

3.2- Interprétation macroéconomique des résultats économétriques

Ainsi le revenu national au Maroc semble s'expliquer par les variables suivantes :

- **M2/PIB :** le signe associé au coefficient de régression obtenu est positif (0.0186). Cela montre que toute augmentation marginale de 1% induit une augmentation au niveau du logarithme du produit intérieur brut de 0.0187%. Cet impact semble à priori être lié à l'amélioration du niveau de bancarisation, au développement des implantations financières (banques et organismes financiers spécialisés) et celui de la surface financière.
- **la population rurale :** elle influe, de manière significative et négativement, sur la formation du revenu national. Le degré d'investissement public dans les infrastructures en milieu rural, le volontarisme de l'initiative de développement humain (INDH) depuis 2005, les effets des sécheresses imprévisibles et à répétition sont toujours accompagnées de mouvements d'exode rural massif. Ils ont un coût social et monétaire ; ils attestent et confirment l'existence d'une causalité négative entre croissance et économique et population rurale.

  Ainsi, nous constatons qu'une diminution de 1% de la part de la population rurale dans la population totale et son basculement en milieu urbain, va induire une augmentation diminution du revenu national. C'est ainsi qu'un tel fait conduit, à terme, à faire apparaitre des problèmes macro sociaux, notamment au niveau de la gestion des villes à travers la ruralisation de l'urbain suite à un exode rural anarchique.
- **L'enseignement secondaire :** l'accroissement des effectifs scolarisés impacte négativement le revenu national. En effet, la population marocaine est assez jeune. Selon les Nations Unies(2010), les adolescents et les jeunes de 10 à 24 ans représentent 30% de la population marocaine. Les investissements en matière d'infrastructure scolaire notamment en faveur du primaire et du secondaire ne cessent de peser lourdement sur le budget de l'Etat, ainsi que sur les frais de fonctionnement de cet enseignement (masse salariale du personnel de l'enseignement).

Même si les dépenses publiques en faveur de cette catégorie de l'enseignement ne font que croître, la question de l'efficacité et de l'adéquation d'enseignement est toujours un champ de débats au sein de la société marocaine. En complément de ces éléments, une récente enquête de la Banque mondiale, montre que près de la moitié de la jeunesse marocaine de 15 à 29 ans n'est ni active, ni scolarisée. Les taux de chômage officiels observés depuis 2010, sont de 14,8% chez les jeunes de 15-34 ans et de 16,7%, chez les jeunes de 15-24ans. Ainsi, notre modèle révèle que toute augmentation de l'effectif de l'enseignement secondaire se traduit à court terme par une diminution du revenu national.

- **Les dépenses publiques :** les politiques budgétaires peuvent être créatrices de valeur ajoutée dans certains cas et générer de la croissance économique. Si les néoclassiques reprochent à l'intervention publique la perte d'efficacité et le manque de productivité des investissements, les keynésiens pensent en revanche que l'intervention de l'Etat permet de financer des projets rentables socialement et permet la relance de la croissance.

  Dans le cas du Maroc, l'analyse économétrique montre que les dépenses agissent négativement sur la croissance économique. Cela s'explique par le niveau élevé du déficit budgétaire accumulé et par la faiblesse des recettes fiscales. Cependant, l'Etat marocain continue à brasser des ressources importantes pour maintenir l'équilibre, mais n'arrive pas à les affecter à des emplois générateurs de croissance.

  Selon El Mataoui : « En l'espace de 18 ans, de 1986 à 2003, pour 8 années de croissance forte (plus de 4%), le Maroc a enregistré 6 années de croissance négative (1987 ; -2.6%), (1992 ; -4.1%), (1995 ; -6.6%), (1997 ; -2.2%) et (1997 ; -0.7%), qui étaient marquées par la succession de sécheresses liées aux aléas climatiques »[92]. Cela prouve que les politiques de contraction budgétaire n'ont pas contribué sur l'ensemble de la période étudiée 1980-2010, à soutenir la croissance économique et que les dépenses publiques affectent de manière négative la croissance économique soit à cause d'une mauvaise optimisation, soit par déficit de gouvernance. Il est donc certain qu'elles ne permettent pas

---

[92]El Mataoui B. « Politique de réduction du déficit budgétaire et croissance économique au Maroc : Etat des lieux et perspectives d'avenir », Publication Repères et Perspectives, 2008, pp1-352.

forcément de réduire de manière significative et palpable les inégalités de revenus au sens étroit et les inégalités sociales au sens large. Il existe de bonnes raisons de croire que la politique de contraction budgétaire a entraîné au Maroc une chute de la demande, une baisse de la consommation des ménages et une perte en termes de PIB. Ainsi, la rigueur budgétaire laisse peu de place à des actions de redistribution qui ont pour objet d'atténuer les dommages sociaux nés des fluctuations conjoncturelles[93].

3.3- Des contributions méthodologiques aux analyses critiques

Afin que chacun puisse se faire une idée sur ce que signifient réellement nos résultats économétriques, il est important de les formuler, dans une démarche analytique et critique. Aussi nous pensons que :

- La sphère financière semble bien agir sur le revenu national. Ainsi, comme la masse monétaire est créée suite à des dépôts, et par le biais du crédit, nous jugeons que la politique suivie par les autorités monétaires du pays et sous le conseil des instances internationales a fait libérer le secteur monétaire. Malgré cela, il semble que la composante financière n'est encore qu'à son stade embryonnaire.
- L'inflation n'arrive pas à expliquer la formation du revenu national. Son effet a été neutralisé grâce à la pression sur les salaires et sur la consommation et suite à la mise en place des réformes structurelles des années 1980. Dans ce contexte, la réforme fiscale d'ajustement a permis la mise en place de la TVA en 1986, l'impôt sur les sociétés (IS) en 1987 et l'impôt sur le revenu en 1989. Selon Camille Sari, le Maroc a adhéré aux vertus de la désinflation pensant que le maintien d'une faible inflation attirera les capitaux étrangers.
- Les effets du taux d'ouverture sur le revenu restent encore imprécis et ambigus. L'idée est que le revenu marocain est davantage tiré par la demande intérieure, qui repose depuis les réformes de libéralisation financière sur les crédits immobiliers et sur les crédits à la consommation. Il faut savoir, et c'est une affirmation qu'au Maroc, les trois principales rentes sont les transferts des Marocains de l'étranger MRE, les exportations des phosphates et de leurs produits dérivés et le tourisme ; à eux trois, ils ne suffisent pas à

---

[93] Sur la question de la vulnérabilité des pauvres à la volatilité de la croissance, voir P. Salama (2006).

contrebalancer des écarts structurellement négatifs entre exportations et importations. Parallèlement, la production agricole destinée pour l'essentiel au marché local, dépendant de la pluviométrie et bloquée par les barrières des quotas et des normes européennes et américaines n'arrive pas à se positionner comme une quatrième rente.

- La corrélation entre croissance démographique et croissance économique était positive au Maroc, mais elle a changé de signe pour diverses raisons, devenant ainsi négative à partir des années 1975-1980. Dans les pays qui ont gardé une fécondité élevée, les conséquences sur le revenu ont été négatives. Au Maroc, il semble que la démographie n'affecte pas le revenu et cela s'explique par la baisse de la fécondité et du dividende démographique, le Maroc, dispose d'un grand nombre de jeunes adultes, peu d'enfants et de personnes âgées. Selon un rapport des Nations Unies de 2009, le faible dividende démographique a contribué à la réduction de la pauvreté notamment dans les années 1990-2002 durant lesquelles le revenu par tête des ménages provenant du travail a augmenté suite à la baisse des taux de dépendance, à la diminution de la taille des ménages ainsi qu'à la diminution de la fécondité. Au-delà de ce constat, sur la période étudiée 1980-2010, les liens entre revenu et démographie ne semblent pas être significatifs même si on doit reconnaître que le Maroc a connu dans les deux dernières décennies une baisse record et exceptionnelle de la fécondité.
- Le taux de change réel du dirham est établi sur la base d'un panier de monnaie. Le journal l'Economiste (2006) rapporte que la formule de cotation est la suivante : 1 MAD= [(1/cours de référence USD) * 20% +1/cours de référence EUR)* 80%] + (cours EUR/cours USD) = X USD. Les résultats de notre étude économétrique ne montrent aucune corrélation entre la variable taux de change réel et les répartitions des revenus au Maroc. Ce constat est largement appuyé par les conclusions d'une équipe de chercheurs de l'Université Cadi Ayyad de Marrakech : « En expliquant ce fait, nous pouvons dire que la dynamique de taux de change relève du marché lui-même et que les fluctuations sont déduites de la dynamique de l'offre et de la demande. Néanmoins, ce constat nous cache le fait que les fluctuations réelles de taux de

change du dirham sont plafonnées et ne dépassent pas généralement 3% »[94].

- Le nombre d'abonnés au téléphone ne montre pas d'interdépendance avec le niveau du revenu au Maroc. En complément de l'observation économétrique et selon la société de bourse MISN le taux de pénétration était inférieur à 2% de 1980 à 1999 pour atteindre plus de 100% en 2010. Parallèlement, le Ministère des Finances estime la contribution du secteur des Postes et Télécommunications modestement à 3% du PIB. Il serait donc possible avec l'amélioration du niveau de l'éducation, la tertiarisation de l'économie et du travail, que la part de la téléphonie puisse contribuer davantage et de manière significative au revenu.
- Les dépenses publiques affectent négativement le niveau de revenu, l'Etat progresse au niveau de la collecte de l'impôt et dans sa manière de dépenser, mais peut-être pas assez. Amrani a expliqué que : « les réformes fiscales mises en œuvre au cours de la décennie 1980 ont permis de renforcer la progression des recettes fiscales et de maintenir (grâce aux concessions au secteur privé des monopoles de distribution de l'eau et de l'électricité et aux privatisations de la décennie 1990), le déficit budgétaire à un niveau de 3% en moyenne durant la période 1996-2002 (4.3% sans les recettes de privatisations »[95]. Pour EL Mataoui, les données chiffrées démontrent l'absence de corrélation entre le rythme de croissance du PIB et des recettes fiscales ou des impôts directs ou indirects. Régulièrement, l'observation des relations symétriques, croissance-hausse des recettes fiscales et inversement récession-baisse des recettes fiscales, n'est pas identifiable, à l'exception de deux ou trois années (1983, 1986, 1988) et peut-être 1993. Ces éléments montrent une nette désagrégation entre les recettes fiscales et les évolutions du revenu. L'une des notions le plus souvent employées au Maroc est celle d'une production fiscale

---

[94] A.El Bouhadi, A. El Khider, EL M. Kchirid, I. El Abbassi, « Les déterminants du taux de change au Maroc : une étude empirique entre 1975 : I et 2006 : III », Faculté de Droit de Marrakech, Université Cadi Ayyad, Marrakech, (2011), pp. 1-27.

[95] Amrani, M.R., K. Hammes et L. Oulhaj (2004), « Etat des Finances Publiques du Maroc », Femise Recherche Programme (2002-2004), « Dépenses Publiques, Croissance et Soutenabilité des Déficits et de la Dette Extérieure ; Etude de cas pour six pays riverains de la Méditerranée : Tunisie, Maroc, Turquie, Liban, Israël, Egypte », N° FEM21-39, Université de Nice, CEMAFI, pp 84-122.

pipée par la fraude, les exonérations fiscales et l'informel. Cela explique l'atonie et le peu de réactivité du revenu aux recettes fiscales par les mécanismes de redistribution et de transferts sociaux. Le Maroc a mis récemment en place un programme de réformes structurelles pour ramener la soutenabilité des comptes internes et externes (ajustement du taux de change, accroissement des incitations à commercer avec l'extérieur, réduction du contrôle des prix, etc.). Ces réformes donnent des résultats intéressants[96]. Karimi Takanlou Z. explique que le déficit budgétaire a connu trois phases : celle de l'évolution erratique (de 1980 à 1982), celle de la stabilisation (de 1983 à 1993) et enfin celle de la consolidation (de 1990 à nos jours). Même si le déficit a commencé à augmenter au-dessus des 4% du PIB.

- Précisons enfin que, sur la période 1980-2010, l'analyse économétrique montre que le déficit budgétaire n'a pas eu d'effets significatifs sur le revenu, sa fonction keynésienne de régulateur de la demande globale s'est trouvée marginalisée sans effet de levier ni effet d'éviction.

[96] Banque Internationale pour la Reconstruction et le Développement et Société Financière, (2005), note 23, pp. 10-12.

CHAPITRE IV
Evaluation des retombées des politiques de partenariats public-privé dans les PSEM : exemple des incubations dans la future métropole de Tanger

SECTION I : AUX ORIGINES DU PARTENARIAT PUBLIC-PRIVE

1.1- Le management public : un modèle anglo-saxon

Le progrès économique et les relations d'interdépendances entre individus et groupes ont favorisé l'action de l'Etat et contribué à l'expansion de l'administration. Et cela a été perceptible dans les années 1950-1960, plus particulièrement aux Etats-Unis avec l'ère du public-choice signe de naissance de la scientificité de l'action de l'Etat. Touts ces changements, ont été illustrés par Niskanen « a) increase the competition among bureaus for supply of he same or similar public services; b) change the intensives in the bureaucracy to induce more efficient behavior by the senior bureacrats ; c) increase the competition to the bureaucracy by greather of the private sources of supply of the public services and ; d) reasssert control of the review process by the president and the legislatives representatives of the median voters »[97].

Au-delà de l'anecdote, ces nombreuses contributions ont progressivement conduit à l'émergence de la Nouvelle Economie Institutionnelle (NEI) qui a réuni l'essentiel des recherches théoriques et empiriques du management public. La NEI est considérée comme la base intellectuelle du Nouveau Management Public (NPM, New Public Management), il s'agit selon David Huron, d'étendre les outils d'analyse néoclassiques à l'analyse des institutions publiques. Plus

---

[97] Niskanen W.A. : « Bureaucracy and representative government », Chicago, Aldine publ, 1974, p228.

précisément, étant influencés par la théorie des choix publics, la théorie de l'agence et la théorie des coûts de transaction, la NEI, forment un savant mélange qui milite en faveur de la prise du pouvoir par le marché. A cet égard, la finalité étant de montrer la supériorité des marchés sur les gouvernements.

Par-delà les différences idéologiques, nombreux sont les facteurs communs qui expliquent pourquoi les techniques du management ne peuvent être légitimes que si elles disposent de bases théoriques d'intention scientifique solide. Dans chaque cas, on s'accorde à dire, que l'application des objectifs du management privé à la sphère publique est possible même si on reste aussi unanime sur le fait qu'une myopie dans le transfert des outils de gestion de la firme privée à la structure publique se soldera par un cuisant échec. Cela, sans omettre de signaler le risque d'externalités négatives certain sur les services et sur les coûts sociaux.

Le courant du nouveau management public a commencé au début des années 1980. Ces premiers laboratoires et bancs d'essai ont élu domiciles dans certains pays anglo-saxons, comme le Royaume-Uni, la Nouvelle-Zélande, l'Australie et les Etats-Unis. Tour à tour, le NPM, se devait de répondre aux besoins de la réforme des organisations publiques, il repose principalement sur la prise en compte des marchés dans l'action publique et s'appuie sur bien des cas sur des démarches de privatisation ou d'externalisation partielles, voire totales de certaines activités du secteur public, utilisant comme mécanismes, la création d'agences ou d'établissements publics autonomes. Ce déterminisme devenu plus tard transfrontalier marque une volonté commune de dépasser les mesures de rabotage pour mettre à plat les missions de l'économie publique et mettre l'accent sur l'efficacité, l'efficience et l'optimisation.

Pour illustrer ces propos, Hood, analyse les origines du NPM en les comparants à l'union sacrée de deux ensembles d'idées concourantes. Notons que le premier groupe d'idées identifié est composé de la NEI, de la théorie des choix publics et de la théorie du principe-agent. Quant au second, Hood pointe l'importance du managérialisme définie comme une association entre management scientifique et management professionnel. Bien sûr, cela suppose sans équivoque, une réelle rupture avec l'héritage wébérien bureaucratique afin de lui substituer le managérialisme qui met davantage l'accent sur les résultats (quantitatif) que sur les processus (qualitatif). Très critique à son égard, Moor pense que le managérialisme est souvent initié par les politiciens de manière cynique, ces derniers cherchant à éviter les sanctions de l'urne, utilisent les bureaucrates comme fusibles en les mettant sous la pression de la sécurité de l'emploi évacuant ainsi la pression politique.

En nous inspirant des écrits de Politt, huit caractéristiques clés permettent d'éclairer sur les effets attendus des valeurs techniques et pratiques du NPM :

1. un changement dans la mise au point des systèmes de gestion publique particulièrement au niveau des efforts en provenance des inputs, des process vers les outputs et aussi vers les mécanismes de mesure des résultats ;
2. une évolution vers plus de mesure et de quantification prenant la forme d'indicateurs de performances et/ou de normes explicites ;
3. une préférence pour les formes d'organisation plus spécialisées et plus autonomes ;
4. une substitution généralisée des contrats ou des relations de contrats-like aux accords formels ;
5. un déploiement plus large des mécanismes du marché pour la fourniture de services publics ;
6. Une accentuation des efforts sur la qualité du service public et sur l'orientation client ;
7. Une suppression progressive des inconsistances et du flou entre Secteur Public Marchand (SPM), Secteur Public Non Marchand (SPNM), marché et bénévolat ;
8. Un changement des priorités quant à la hiérarchisation des valeurs en reléguant au second plan les valeurs d'équité, d'universalité, de sécurité et de résilience pour privilégier l'individualisme, l'efficacité et la rationalité.

a- L'inévitable face à face entre la théorie économique et le NPM

L'Etat-Providence keynésien a longtemps été considéré comme le fournisseur exclusif des services publics, mais avec les chocs pétroliers, les poussées inflationnistes, le retour du chômage et de la récession, cette doctrine a beaucoup perdu de sa magie de poule aux œufs d'or. Manquant de réactivité, non réformé, le keynésianisme d'Etat s'est progressivement essoufflé montrant des signes de myopie politique et d'inefficacité économique. Pour Bereton, dans ce système, il y avait aussi peu « d'égards » pour les clients que pour les « résultats ». Selon le point de vue néolibéral, seule la concurrence et le libre choix sur des marchés publics et privés permettent d'atteindre l'efficience économique. En vantant les vertus du marché, Lindblom, affirme que le marché est un allocateur des ressources efficaces, un moyen de coordination substantiel et un acteur rationnel de prise de décision, c'est un vecteur essentiel de l'innovation et de l'entrepreneuriat.

Cherchant à donner de la légitimité à ces critiques de l'Etat-Providence, Osborne et Gaebler, usant du « reinventing administration »[98], énumèrent plusieurs principes fondateurs de l'entreprenariat gouvernemental. Certains diront qu'ils sont conventionnels, mais nos deux auteurs espèrent enterrer vif le modèle traditionnel public jugé caduc pour le remplacer par un modèle libéral estimé plus vigoureux et plus dynamique. Modèle caractérisé par la flexibilité, l'efficience, l'efficacité et l'ouverture vers les besoins de l'usager-citoyen.

b- Le management public entre idéologies et valeurs

Si Max weber est considéré comme l'un des premiers théoriciens du management public. Il convient aussi de préciser que ses contributions dans la théorie de la bureaucratie ou de l'idéaltype sont importantes pour le NPM et ce, à plus d'un titre. Ce prophétisme lui a permis de dénombrer les niveaux de la domination dite rationnelle, à savoir :

1. Une activité de la fonction publique continue et réglementée au sein d'une organisation ;
2. Une compétence, c'est-à-dire une aptitude légalement reconnue pour faire tel ou tel acte dans des conditions bien déterminées ;
3. Une hiérarchie administrative, c'est-à-dire l'organisation d'autorités précises de contrôle et de surveillance pour toute autorité constituée ;
4. L'existence de règles techniques et de normes fixant les modalités d'agir, de décider et de juger dans certaines conditions ;
5. La séparation totale de la direction administrative des moyens d'administration. Le fonctionnaire n'a pas la pression des moyens qu'il utilise ;

---

[98] Osborne D . , Gaebler T. (2006) : « Reinventing administration public », Epigraf Publishing House, pp. 458-470.

6. L'absence totale d'appropriation du poste par le titulaire. Le poste n'est pas au fonctionnaire malgré son droit à la sécurité de l'emploi et à l'indépendance dans l'exercice de ses fonctions ;
7. La forme et la substance d'une décision et des actes doivent être conformes aux dispositions et aux règlements de toutes sortes, et prises dans un cadre déterminé, dit bureau.

c- Dilemmes et défis de la gouvernance

Le concept de gouvernance a été avancé par les économistes Ronald Coase et Oilivier Williamson, il y a plus d'un demi-siècle. Pour eux, la gouvernance est une façon de résoudre des problématiques touchant à la coordination et à la répartition des tâches dans la firme et dans l'administration publique et privée. Ainsi le but dans l'économie institutionnelle étant de redéployer les bureaucraties, motiver le fonctionnaire et reconnaître l'usager. En réalité la gouvernance désigne l'existence de modes de coordination internes à la firme publique ou privée qui ont la capacité de réduire les coûts de transaction générés par le marché. Ledit marché, est supposé fonctionner simultanément en concurrence pure et parfaite et être de manière conjointe sous l'effet d'intérêts opposés. Dans les travaux de Williamson, la gouvernance est un instrument principal de diagnostic permettant de repérer et de réparer des dommages.

De ces faits, la gouvernance peut être définie comme une ingénierie de coordination qui régule les relations entre acteurs ou entre partenaires de manière à dégager des économies. Ces gains résultent de l'exploitation d'opportunités provenant de profits mutuels et de résorption de conflits qui nuisent à l'exploitation de ces opportunités. Et cela se passe souvent dans le cadre d'un gentleman's agreement.

Bien que toutes ces contributions donnent à la gouvernance une certaine légitimité, pour que celle-ci ne soit pas transformée en boîte de Pandore, elle doit être appliquée avec un certain nombre d'amendements qui la rende spécifique à chaque tandem Territoire-PESTEL. Ainsi, le choix d'une approche par gouvernance ne doit pas faire oublier qu'il doit exister autant de gouvernances que de territoires et d'institutions politiques. Cette approche par gouvernance, suggère que l'efficacité organisationnelle demeure tributaire de la qualité des relations que l'institution tisse avec son environnement proche et avec l'ensemble des institutions qui soutiennent et qui supportent les transactions de toute nature, publiques ou privées. Et nous savons tous que, qui dit institution, dit stake-holders, dit espace politique, rouage administratif, électeurs et cadre législatif.

Quelles leçons peut-on tirer des constats précédents ? C'est que la gouvernance n'est pas seulement le plain pied d'approches plus étendues et plus complexes du management public. La gouvernance semble être une des principales préoccupations de l'Etat. S'il est plus que jamais, urgent et nécessaire de dégraisser le mammouth, le dosage entre technocratie et bureaucratie nécessite une réelle alchimie. Plus directe, Charles Pasqua et brocardant Alain Juppé en 1995 : « L'on ne gouverne pas la France comme on dirige un Conseil d'administration », la réciproque est tout aussi vraie. Un rééquilibrage des pouvoirs est nécessaire pour pouvoir élaborer des politiques publiques, les mettre en place et procéder à la nécessaire évaluation des politiques publiques, et ce processus ne peut être que vertical à l'action du gouvernement.

Car tel est au fond l'idée centrale des prophètes du NPM et leurs apôtres : la remise en cause de l'Etat producteur monopolistique au profit de la coproduction de biens et services publics par le biais de privatisations, de concessions ou de partenariat public-privé est devenu un impératif. Pourtant l'Etat se doit de continuer à jouer un rôle central dans les sociétés humaines, il pourrait être plus actif dans certaines et être parfois plus passif dans d'autres.

Depuis deux cents ans, le point de vue dominant dans les pays prospères de notre monde, est que le gouvernement devrait jouer un rôle minimal dans les affaires individuelles des gens. Dans les pays les moins développés économiquement et politiquement ; l'équation diffère, cette différence est souvent de taille, vouloir faire d'une mouche un éléphant en cherchant à tout prix à imposer ou à réussir la mutation de l'Etat. Vouloir coûte que coûte passer de l'Etat-régime à l'Etat-nation, d'un système interventionniste et dirigiste à un Etat partenaire, n'est pas toujours chose aisée. Même si nous estimons qu'il s'agit là d'une nécessité économique, politique et même géopolitique.

Si l'Etat doit être le régulateur et s'il faut trouver la potion magique des mix entre public et privé, politique et administration et entre technocratie et bureaucratie, il ne faut quand même pas confondre gouvernance et résignation. L'ambition majeure de toute idée de gouvernance est de déplacer l'intérêt porté jusque-là vers l'entité individuelle, le diriger plutôt des organisations vers la coopération avec le cadre institutionnel. Donc, du bas vers le haut, et pour cela, il va falloir créer des interdépendances entre sociétés civiles, réseaux politiques, réseaux sociaux, firmes privées, firmes publiques et administration.

Tout indique que dans les faits, les choses semblent être plus compliquées que cela, en réalité, la gouvernance n'est pas une alternative au keynésianisme de l'Etat-Providence, elle n'est pas non plus le choix de l'ultralibéralisme prôné par Hayek, Von Mises et Milton Friedman contre l'interventionnisme défendu par Keynes et les siens.

Au final, nous sommes nombreux à être de plus en plus convaincus, que l'économie est une « pieuvre » avec des tentacules publiques et privées, et si elle n'a jamais été une vraie science exacte, il faut reconnaître aussi qu'elle se fonde sur des postulats et des théories de natures idéologiques qui lui confère au moins trois spécificités, d'être sociale, volatile et cyclique. Le plus frappant est sans doute que la gouvernance fait de plus en plus partie de l'économie.

Pour l'Etat, c'est une sorte de recherche de l'« honneur public », qui se veut à la fois en faveur du rétablissement de l'équilibre des finances publiques et du libre jeu du marché. Du coup, le Management public, tout en cherchant à réconcilier sphère publique et sphère privée et à être une sorte de synthétiseur entre les choix du politique et l'exécution à reculons de l'administratif. Il milite pour que l'on ne s'y trompe pas instaurer un rapprochement entre une microéconomie rationnelle et court-termiste orientée marché et une macroéconomie de nature optimiste et long-termiste orientée ménages.

1.2- Le Partenariat Public-Privé : logique incitative ou logique contributive

a- En quoi consiste le partenariat public-privé ?

De manière générale, le partenariat public-privé est un contrat administratif par lequel l'Etat ou un établissement public confie à un tiers, pour une période déterminée en fonction de la durée de l'amortissement des investissements ou des modalités de financement retenues pour la construction ou la transformation, l'entretien, la maintenance, l'exploitation voire la cession de la propriété ou la gestion d'ouvrage, d'équipements ou des biens matériels nécessaires au service public.

En raison de la fragilité persistance des finances publiques, des politiques conservatrices et néolibérales ont été menées par les gouvernements Thatcher en Grande-Bretagne et Reagan aux Etats-Unis dès la fin des années 1980. Elles étaient souvent déployées de concert avec des contrats de partenariats public-privé. Autrefois associé au modèle social-démocrate de gestion des rapports sociaux, le partenariat public-privé est de plus en plus considéré comme une approche gagnant-gagnant entre public et privé.

Voilà pourquoi sur le terrain, le partenariat public-privé se symbolise de plus en plus par une prédominance de la logique de l'offre sur celle de la demande : « la capacité à mieux prendre en compte les besoins des futurs destinataires des mesures de promotion économique constitue l'un des arguments principaux en faveur du partenariat public-privé. En associant les représentants de l'économie privée à la conception et surtout à la mise en œuvre des mesures d'incitation et d'appui destinées aux entreprisesl'Etat se donne les moyens d'une plus grande efficacité de la production ».[99]

Il parait donc de plus en plus légitime d'affirmer que le partenariat public-privé s'est inspiré de plusieurs contributions d'essences néoclassique et microéconomique, le plus souvent enrichies de théories de management et d'économie industrielle. Cet ancrage théorique et conceptuel passe souvent par un ensemble de doctrines ; pour n'en citer que quelques-unes : l'efficience-X, les marchés contestables, les transactions des choix publics (Public choice), le Nouveau Management Public (NMP), l'asymétrie de l'information et la théorie de l'agence.

La recherche de l'efficience et le dogmatisme ont permis de développer des théories qui font l'apologie de la recherche d'une substitution du « mieux d'Etat » au « moins d'Etat ». Ces facteurs sont les suivants :

---

[99] Michel Rey, (1995) « Promotion économique et partenariat public-privé : quelques enseignements théoriques et pratiques à partir des politiques mises en œuvre par les cantons suisses », Politiques et Management Public, N°13, N°13-4, pp 37-65.

- L'immortabilité de l'action de l'Etat qui est liée à la politique financière et monétaire expansive de l'Etat dite budgétivore ;
- L'absence des pressions et de contrôle externe dus à sa situation de monopole dans la provision des biens et des services publics ;
- La multiplicité des objectifs assignés aux structures publiques et à leurs agents.

Bénéficiant pleinement des contributions de la théorie du Public choice, Danis estime que la théorie des choix publics est à l'origine du moins conceptuellement des partenariats public-privé. Cette théorie montre que les administrations publiques sont inefficientes parce qu'elles sont soumises aux groupes d'intérêt et à des jeux et enjeux politiques.

Aussi et à travers une description de la théorie de l'agence, il ressort que le recours au privé par les ententes contractuelles de partenariats public-privé constitue une approche qui permet à l'Etat de minimiser ses coûts d'agence. Dans une firme privée, la nature des transactions est différente et il n'y a pas d'opposition fondamentale entre elle et le marché, contrairement à la relation complexe entre Etat et marché. Il ne fait guère de doute que la puissance publique voit dans ce recours à l'investissement privé dans le partenariat public-privé un moyen de pouvoir légalement passer en hors-bilan une partie de sa dette. Il apparaît à l'évidence que plutôt que de financer ses investissements par des impôts toujours impopulaires, la puissance publique pourra différer le remboursement de ces mêmes emprunts-investissements faits maintenant par le secteur privé (créancier) à travers des contrats de concession dont la durée de l'échelonnement dans le temps masque quelque peu la réalité des montants impliqués. Cette « illusion fiscale » ne constitue en rien un bénéfice économique du partenariat public-privé dans un monde où les agents sont de plus en plus rationnels et capables d'anticipations optimisées.

Considéré comme un juste-échange, le partenariat public-privé s'apparente aussi à un marché de dupes : les pouvoirs publics s'engagent à réduire les déficits, à camoufler la dette et les dépenses, ils utilisent le privé, le temps et la monnaie pour créer un mécanisme de freinage de l'endettement à travers les partenariats public-privé. Il faudra aussi dire que ce moyen de financement des politiques publiques se comporte comme des « obligations » à risques plutôt financiers pour le privé et électorales pour l'Etat, le cas échéant pour la majorité en place. Cela dit, ils permettent en principe la conception, la réalisation, le financement et la gestion des équipements publics et le placement de l'Etat et des collectivités sous « tutelle » ; ces derniers deviennent de fait exclusivement locataires. Générant moins de dette mais plus de dépenses fiscales équivaut à des niches fiscales, le partenariat public-privé constitue une rente pour l'entreprise et une assurance quasi certaine de livraison au « Juste à Temps » et de gestion « optimale » des ouvrages pour la puissance publique.

Nombreux sont les auteurs du Management Public qui constatent que les Partenariats Public-Privé (PPP) ne sont pas pour autant l'apanage des seuls pays industriels : ils affirment que les pays en développement constituent la principale aire géographique de recours aux PPP, compte tenu de leurs besoins en infrastructures et de l'insuffisance de leurs ressources budgétaires. Dans la même optique, Nicoles Pinad, avance que, dans de nombreux pays en développement, malgré la faiblesse du secteur privé, le PPP constitue un relais, voire une authentique béquille pour un Etat à la recherche de soutiens politiques, sociétaux, industriels et financiers pour mettre en œuvre ses programmes et assurer sa réélection.

Il nous a pas échappé que les processus de libéralisation financière et les possibilités accrues de délocalisations permettent aux entreprises d'opter d'emblée pour une stratégie de sortie (Exit)/relocalisation vers une autre économie face à un Etat peu conciliant ou peu performant sans même avoir à investir préalablement dans une activité de pression (voice) pour obtenir un changement de politique économique. Or, dans le cadre d'interaction public-privé, cela dépend des motivations de l'exécutif institutionnel et du partenaire privé. Dans ce même ordre d'idée, Ben Schneider a mis au point une approche de portefeuille d'options et de stratégies développées dans l'analyse des pays en développement et notamment ceux de l'Amérique Latine. Il énumère cinq éléments de ce portefeuille options/stratégies : la corruption ; le financement politique (légal et occulte) et le lobbying ; les réseaux de sociabilité (networking) ; la formation d'associations professionnelles et le dialogue avec les autorités ; la participation gouvernementale.

Chacun peut penser que, face à un monde qui change vite, le partenariat public-privé n'est plus le mariage forcé ou arrangé, mais un des impératifs microéconomiques et macroéconomiques que l'Etat se doit de conforter. Du coup, le rôle de l'Etat dans l'économie se trouve profondément transformé s'exprimant sous le signe d'un interventionnisme « éclairé ». Ainsi, les partenariats public-privé peuvent devenir un des moteurs les plus puissants de l'innovation schumpetérienne notamment à travers l'injection de nouvelles formes de valeur ajoutée dans le circuit économique. Et c'est à ce titre, qu'en plus d'attirer les investisseurs locaux, dès que la note du risque pays s'améliore et les conditions macro-économiques deviennent rassurantes, les gouvernements sont en mesure d'exercer une forte attractivité sur les investissements directs étrangers. C'est pour cela que de plus en plus d'investissements étrangers s'adossent à des investissements public-privé de long terme tout en tenant compte du deal de la rente équivalente en durée et de la possibilité de contrôler et de gérer des entités publiques dans les pays d'accueil.

Alors, faut-il qu'à chaque moment se poser la question selon laquelle le PPP est-il un outil efficace au service de la mobilisation du secteur privé pour la promotion des Investissements Directs Etrangers (IDE) ? Si tel est au fond notre objectif, il serait essentiel d'apporter l'éclairage de Spackman qui souligne que le débat partenariat public-privé dans les pays en développement est toujours abordé dans les termes « le public est mauvais, le privé est bon » jugement basé sur une sélectivité parfois justifiée et souvent à mi-chemin entre le capitalisme d'Etat et la privatisation.

N'en déplaise que de nombreux travaux sur la réussite économique des pays émergents d'Asie de l'Est attestent qu'elle est obtenue à travers une conception institutionnaliste de l'Etat, et en usant d'un nouveau rôle catalyseur du public en osmose avec le capital privé national et étranger. Et même en dehors de cette région, en se focalisant sur des pays en développement comme le Maroc on trouve que cet avis est largement partagé. C'est le cas des conclusions de Fathallah Sijilmassi, le Maroc représente 1% des IDE français et espagnols, les projets des investissements étrangers impliquent souvent des opérateurs locaux publics et privés. Et à ce titre, nous observons deux tendances principales des IDE parfois à cheval entre opérations orientées marché local et opérations orientées export. La première tendance porte sur les partenariats public-privé et les concessions alors que la deuxième est en faveur des Investissements à Participation Etrangère (IPE).

Autre attente forte du PPP, il doit rendre éligible l'innovation, le Vietnam à titre d'exemple a mis en place un curieux partenariat public-privé sous la forme de Joint-Ventures Industrielles (JVI) ; les partenariats qui s'engagent dans une JVI sont en général fortement asymétrique pour Aswickyono et Hill. Pour Dunning, l'investisseur étranger vient chercher des conditions de coûts avantageuses et espère développer des ventes locales. Le partenaire étranger apporte les capitaux, la technologie et son savoir-faire managérial alors qu'en ce qui concerne la contribution de la partie locale elle se fait essentiellement en nature : foncier, bâtiments, locaux, droit d'usage du terrain, main d'œuvre, réseaux de relations avec les pouvoirs publics, et éventuellement un savoir-faire local. On note que, dans ce type de partenariat public-privé, le but recherché est souvent de mettre en commun des ressources sur une base territoriale afin de favoriser la création d'emplois et d'améliorer l'employabilité de la population locale. Leur mandat est ambitieux : Induire une relation de causes à effets entre le développement économique et le développement social pour amorcer une amélioration du bien-être de la population.

b- Discours de la méthode du partenariat public-privé

Les partenariats public-privé sont en plus de la privatisation, les deux outils principaux privilégiés des gouvernementales dans le management public. Auquels s'ajoutent les mécanismes de de la contractualisation de la décentralisation de la rémunération au rendement du management par les résultats et de l'orientation client. Concernant les partenariats public-privé, leur mise en place par l'Etat leur permet de bénéficier d'une coopération avec des fournisseurs initiés et spécialisés. Au niveau international, sur la période 1985-2008, 1100 projets d'une valeur de 450 milliards de dollars ont été réalisés en utilisant différentes formes de partenariat public-privé. Et au cours des dernières années, le modèle partenariat public-privé a été appliqué dans le monde entier touchant plusieurs secteurs tel que l'éducation (Feres-lewin, 2000 ; Hurst et Reeves, 2004 ; Steinback et Donalues, 2005), l'énergie (Martus et al., 2011), l'aéronautique et l'aérospatial (Essig et Batran 2005), l'automobile (Sani et al., 2002), les routes (Abednego et Ogunalano, 2006 ; Laishram et Kalidini, 2009), la technologie (Jones, 2005), le tourisme (Peric, 2009), développement des terres urbaines (Jones et Pisa, 2000), l'informatique (Resch, 2009), la construction (Tang et al. 2010 ; Tang 2011).

Figure n°IV.1 : Acteurs et interactions dans le PPP

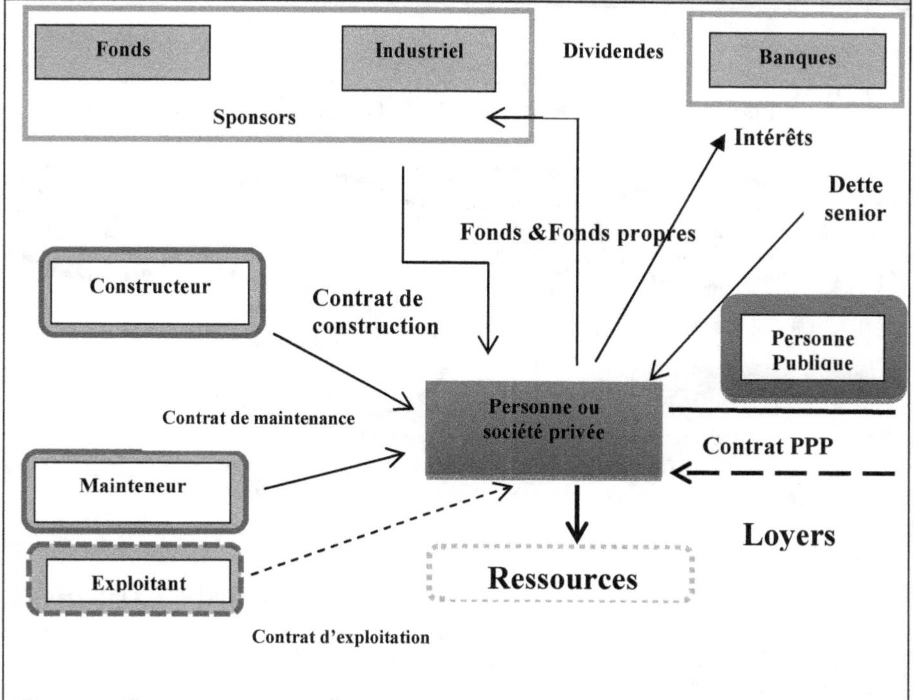

Source : Edifice Capital, 2011

c- Le partenariat public-privé : une mosaïque d'outils de Gouvernance et de renforcement des capacités

Dans le sillage ou même en leviers de notre volonté de contribuer à l'analyse et à la comprèhension des PPP, il nous a semblè intéressant de construire d'un second modèle conceptuel. Il permettant d'intégrer quatre facteurs clés quicontribuent efficacement lors de leur agrégation au succès de leur mise en œuvre.

Encadré n°IV.1 : un autre schéma conceptuel du PPP

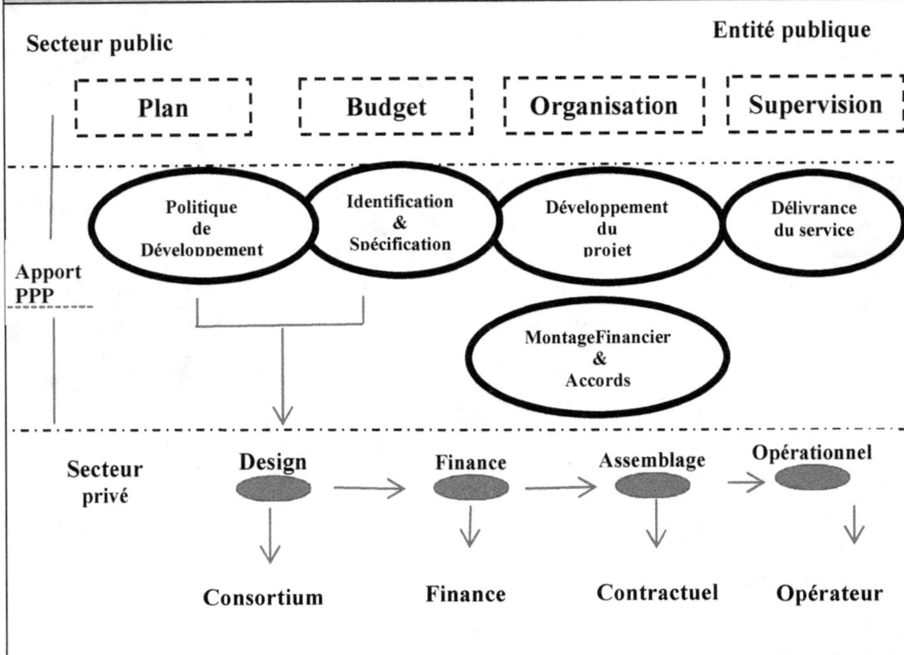

Source : synthèse de l'auteur

1.3- Les contrats de partenariat public-privé

Les projets de partenariat public-privé sont souvent menés entre public et privé sous forme de quatre types de contrats :

- Le modèle Conception-Construction-Financement-Exploitation (DBFO : Design-Build-Finance-Operate) ; il consiste en une concession du secteur public au privé pour concevoir, financer et exploiter; c'est un partenariat de transfert de propriété, le privé assure le risque et le public assure la maintenance et l'exploitation.
- Le modèle Construction–Exploitation–Transfert (BOT : Build-Operate-Transfer) ; similaire au DBFO à la seule exception que les installations demeurent propriété du privé.
- Le modèle de finance privé (PFI : Private Finance Initiative) ; est un modèle garantissant un financement privé pour les établissements publics en échange d'une privatisation partielle.
- Le modèle Construction-Propriété-Exploitation-Transfert (BOOT : Build-Own-Operate-Transfer), permet le transfert total de la propriété à l'entité publique au bout d'une période d'exploitation.

Les différentes formes du partenariat public-privé ne peuvent être dissociées de la structure des services publics, mais elles concernent également les partenaires sociaux puisque la délégation de la gestion des services au privé affecte de manière significative les emplois et modifie les conditions de travail. Cette restructuration de la valeur travail est souvent un élément clé pour générer des économies en termes de coûts et rendre le mécanisme financier viable et optimal.

En tout état de cause, il ne fait toutefois guère de doute que malgré la diversité des partenariats public-privé et quel que soit le modèle adopté, le public et le privé ne peuvent qu'en tirer des avantages mutuels dans le développement de ces mécanismes. Et plus particulièrement lorsque ces derniers se rallient à des critères objectifs de confiance, d'équité, d'ouverture et de respect des clauses. Pour l'entité publique, les principales valeurs ajoutées du partenariat avec le privé sont l'amélioration des performances, l'efficience des coûts, de meilleures prestations de services vers les usagers et une répartition appropriée des risques. Quant au secteur privé, il s'attend à un meilleur rapport revenu/capital, à une grande durabilité de ces profits et à pouvoir développer des opportunités d'extension de son actionnariat conditionné par des garanties auxquelles sont soumis les projets publics. Le contrat de partenariat public-privé fait toujours débat, il est souvent l'objet de paradoxes et de controverses, partout il s'est avéré comme un plat de résistance pour les polémiques et les contestations. En attendant, Il faut également souligner que, faute d'un retour sur investissement potentiel, il y a fort à parier que le mariage public privé sera dissous et le partenariat public privé remplacé par des politiques publiques « contraceptives ».

1.4- Le PPP à l'épreuve de l'analyse SWOT

Les temps où les Etats pouvaient accroître la dépense publique (G) et combattre l'impôt, l'inflation ou les déficits sont révolus. Dans cette ère de changement, les PPP jouent de plus en plus le rôle de levier de l'investissement public, permettant ainsi aux gouvernements de dépenser et d'investir par procuration. L'objectif étant de réaliser de la valeur-prix et des transferts de risques.

Encadré n°IV.2 : Analyse SWOT du PPP

Forces	Faiblesses
- Transfert des risques les plus élevés vers des partenaires plus aptes à les gérer.	- Difficultés à évaluer la tarification et le coût des risques ; - Le coût de transfert du risque pour le secteur public ; - La responsabilité du secteur public à être le prestataire de service en dernier ressort.
- Optimisation des coûts et des délais de réalisation.	- Coût des études de faisabilité des projets.
- Financement des projets à 100% par le privé.	- Nécessité de payer un loyer pendant et après les phases opérationnelles de réalisation du projet.
- Répartition des coûts sur une longue période : plus grande équité intergénérationnelle.	- Contrat à long terme, mais sans flexibilité ; - Baisse de la qualité des services avec le temps : usure systémique des infrastructures et de la qualité du service.
- Responsabilité partagée : Etats, bailleurs de fonds, exécutants.	- Contrats complexes ; - Motivations différentes des partenaires (public, privé, usager).

Opportunités	Menaces
- Externalités positives sur le bénéfice social ; - Création de benchmark et de concurrence sur les marchés sectoriels du PPP ; - Réduction du déficit d'infrastructures publiques - Amélioration des recettes fiscales à travers la résorption progressive du secteur informel.	- Le risque de contrepartie publique ; - Le risque de désengagement des partenaires publiques en cas de remaniements de gouvernements ou de troubles politiques et sociaux ; - Le risque d'insulariser l'Etat et le transformer en simple auxiliaire du secteur privé ; - Le risque de corruption, lobbying, de trafics d'influence, networking et de financement politique. - Le risque social : exigence de création d'emplois locaux et d'impact sur les populations déplacées

Opportunités	Menaces
- Financement délégué du développement local et régional ; - Libération partielle de l'Etat des obligations managerielles.	- Le risque de taux d'intérêt surtout s'il n'y'a pas de marché de SWAP sur le pays hôte du PPP ; - Le risque d'inflation pour le bailleur de fonds dans la phase de financement et au cours de la période de la perception de la rente.
-Amélioration du niveau de l'éthique des affaires et de la responsabilité sociale des entreprises privées	- Différentiel du taux de bureaucratisation entre le secteur privé (monde marchand) et le secteur public (monde non marchand), Cosette (2004)

Source : Matrice réalisée à partir d'une synthèse de l'auteur.

Cependant, tout cela ne représente qu'un regard parmi d'autres de ce qui est le partenariat public-privé ; il peut être résumé à un contrat où seuls l'éthique, le savoir-faire et le professionnalisme de l'exécutant du contrat comptent « After the deal is signed and the corporate chieftains have given their uplifting speeches the success depends on people who do the work. ».

Et parmi les points positifs à mettre au profit des PPP, ce sont plusieurs témoignages concrets dont celui du ministre chilien des Travaux Publics en 1982 repris par Carlos Cruz en 2005, qui, pour attirer l'attention de l'ancien président du Chili Ricardo Lagos a déclaré que : « [Les concessions] libèrent l'Etat de [la tâche] de devoir construire la totalité des ouvrages de service public du pays, en lui permettant de se concentrer en priorité sur les projets où il existe une différence importante entre les bénéfices sociaux et privés. Ceci rendrait possible à terme une plus grande couverture [des Travaux Publics] avec le même [niveau] de dépenses publiques ». Il ajoute de manière illustrative : « Un jour, un ami allemand m'a demandé et pourquoi vous faites les choses comme ça avec le secteur privé ? Nous en Allemagne nous avons des autoroutes splendides et on ne prélève pas de péage. Eh bien je lui ai dit (…) le jour où nous aurons les impôts que vous avez en Allemagne, les routes seront gratuites (…) Avec 18% de pression fiscale sur le produit, ce n'est pas possible. ».

SECTION II : LE PPP AU SERVICE DE L'ATTRACTIVITE DES INVESTISSEMENTS POUR LA CREATION DE L'EMPLOI ET DE LA VALEUR AJOUTEE DANS LES PSEM ? TANGER UNE METROPOLE EN DEVENIR AU BANC D'ESSAI DES PPP

Même si cela a été dit et redit et même si l'idée des Partenariats Public-Privé ne manque pas d'allure, nous estimons qu'il faut essayer de répondre au cas par cas à la question portant, à savoir, si le PPP s'avère un véritable outil efficace au service de la croissance économique des zones ciblées et des populations concernées. Cette mise en perspective s'attèlera sur la capacité de cet outil à mobiliser et à attirer des investissements en vue de la création de l'emploi et de la valeur ajoutée dans les PSEM. Pour que notre apport ne soit pas exclusivement de portée théorique, nous allons explorer particulièrement un cas pratique, celui de la future métropole tangéroise qui a bénéficié de grands projets structurants et où le cadre du PPP reste largement présent et remarqué.

2.1- Le partenariat public privé dans les Pays du Sud Est de la Méditerranée, cas du Maroc

a- Réalités et rythmes des projets de PPP dans les PSEM

Les Pays du Sud et de l'Est de la Méditerranée (PSEM) sont de plus en plus confrontés à la pression démographique et à la malédiction du sous-emploi. A titre illustratif et sans être exhaustif, le chômage d'abondance est souvent masqué par la solidarité familiale et par les économies souterraines. C'est ainsi que des millions de demandeurs d'emploi diplômés, souvent peu ou pas qualifiés, se trouvent, malgré eux otages de la clandestinité sociale. Ce débat-là est devenu crucial. Heurtés à cette violente réalité, les Etats de cette région sont désarmés devant l'incapacité de leurs secteurs publics à résorber le chômage par le biais des postes budgétaires jugés comme source principale du déficit public et de l'endettement. Reste néanmoins à s'interroger sur les facultés du secteur privé à jouer le levier et la locomotive de l'emploi.

De notre point de vue, la thèse d'une intelligence collective appuyant l'idée de projets marchands et non marchands issus de partenariats public-privé et plutôt financés par des investissements directs étrangers pourrait être un début d'inversion de la courbe du chômage dans cette région. Précisons que, dans une logique économique, cette baisse de chômage créerait les conditions de la croissance et, dans le meilleur des cas, celles du décollage économique. A ce jour, les chiffres et le rythme des partenariats public-privé dans cette région sont en deçà des capacités et des espérances et pourtant il s'agit là d'un réel vivier d'investissements, d'emplois et de création de richesses. Au cœur de ce débat et contre toute attente, à titre d'exemple, le gouvernement égyptien avouait très récemment les manquements en estimant que : « l'Egypte a besoin d'agir rapidement pour éliminer les obstacles qui empêchent et découragent l'investissement privé via les PPP dans les services de base tels que l'eau, l'électricité, le gaz, la gestion des déchets, la construction des routes, des infrastructures lourdes et le transport ».

Ne pas agir, c'est retarder le développement, arrêter les transformations sociales nécessaires et menacer de mettre en péril les résultats positifs dans d'autres secteurs. Or, l'avènement des « printemps arabes », l'urbanisation accélérée, le cumul des pannes économiques et sociales agrégés à des agendas de politiques régionales et à des enjeux géopolitiques de taille supérieure obligent de plus en plus les gouvernements des PSEM à considérer les partenariats public-privé comme des options crédibles de développement et de bonne gouvernance. Chacun de ces gouvernements a de bonnes raisons de se convaincre que les PPP ne sont plus des outils de dépossession des politiques de leurs pouvoirs sur le millefeuille public et de leur contrôle des richesses de leurs pays, mais plutôt des contrats gagnants-gagnants.

b- La répartition sectorielle des projets PPP dans les PSEM 2001-2008

Le graphique suivant montre le niveau de mobilisation des investissements dans les PSEM et nous pouvons remarquer la part du lion des télécommunications qui s'explique par l'essor mondial des nouvelles technologies de l'information et de la communication et la nécessité des PSEM de faire des mises à niveau dans ce secteur afin de gagner la bataille de la modernité. Il faut aussi souligner l'importance des investissements dans les secteurs des hydrocarbures liés à la nature rentière de certains Etats de cette région.

Graphique n°IV.1 : consistance des PPP dans les PSEM et la région MENA

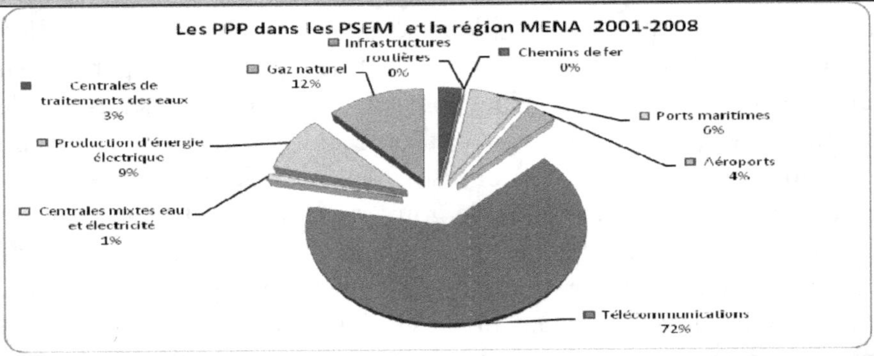

Source : Rapport sur le partenariat public-privé dans la région MENA, 2009.

c- Les principales orientations des PPP selon le cadre législatif et le contexte socioéconomique des PSEM

Pour Nicolas Beaussé et Michel Gonnet : « les avancées en matière de PPP dans les PSEM sont très contrastées selon les contexte historique, réglementaire et économique. De par leurs anciens statuts de protectorats français et anglais, le Maroc et l'Égypte disposent par de la plus longue tradition de PPP en Méditerranée. L'Algérie, la Jordanie, le Liban, la Syrie et la Tunisie ont d'abord lancé une vague de privatisations pour amorcer ensuite l'adoption des PPP à partir des années 2000 »[100].

Les réglementations et les enjeux des PPP divergent d'un pays à l'autre dans la région des PSEM et ces écarts dépendent surtout du degré d'ouverture et des avancées réalisées dans la mise en place des réformes démocratiques et de libéralisation de l'économie.

2.2- Monographie et dimensions des plans économiques intégrés et des PPP au Maroc (2004-2020)

La pratique des PPP au Maroc remonte au début des années 1990, avec la gestion déléguée et les distributions d'eau et d'électricité, l'assainissement et la collecte des déchets ménagers. Le service public s'en trouve ainsi amélioré, et c'est le citoyen en fin de compte qui y gagne. Ayant fait leurs preuves dans la production non marchande,

[100] Beaussé N., Gonnet M.(2012) : « Partenariat public-privé en Méditerranée », IPEM, pp1-45.

l'Etat commence de plus en plus à appliquer cette formule sous la forme de PPP marchands dans des secteurs à portées stratégiques.

Dans le domaine portuaire, par exemple, la réforme engagée a largement introduit à la séparation des trois fonctions liées au secteur portuaire : le rôle de planification à l'Etat, les fonctions d'autorité et de régulation confiées à l'Agence Nationale des Ports. Et la gestion des relations commerciales attribuées à l'office d'exploitation des ports devenue par la suite Marsa Maroc. L'introduction d'opérateurs privés dans ce secteur a réduit considérablement la pression sur les finances publiques, mais a permis surtout et essentiellement d'améliorer la qualité et l'efficacité du service partenaire. Ce contexte, fort favorable, a déclenché dans la foulée les phases préliminaires de la préparation du terrain pour le lancement du projet du port de Tanger Med, long de plus de 9km.Mais en même temps, selon les responsables de la Caisse des Dépôts et de Gestion,la CDG a une expérience en matière de PPP ; les projets récents d'Al Kora, du port Tanger Med et de l'aménagement de la vallée de Bouregreg en sont de parfaits exemples. Ces projets sont des PPP authentiques, mis en œuvre en collaboration avec plusieurs acteurs dont l'Etat, le Fonds Hassan II pour le développement économique et social, les collectivités locales et des concessionnaires privés, étrangers et locaux. Pour ce qui est des apports des différents acteurs, le secteur public est chargé de :

- la mise à disposition du foncier sous la forme de terrains équipés, libres de toutes contraintes et à des prix préférentiels ;
- la prise en charge de l'équipement (hors site) des terrains ;
- la mise en place de fonds de garantie public pour faciliter l'accès aux prêts bancaires des partenaires privés.

Alors que l'opérateur privé a les responsabilités de :

- la mise en place des structures opérationnelles adéquates : création d'une filiale dédiée qui assure la maîtrise d'œuvre du projet, apport d'une partie de financement, accompagnement en maîtrise d'œuvre sociale ;
- la réalisation des opérations dans le respect des coûts et des délais MOD (Maître d'Ouvrage Délégué) assurée par une filiale du groupe ;
- l'adoption des techniques architecturales et de construction des plans adoptés : expertise des filiales du groupe, ingénierie des projets, changement de modèle de développement via les politiques publiques et les PPP marchands et non marchands, le Maroc a pu

esquisser des sentiers d'émergence dans le tourisme, les autoroutes, l'énergie, le transport, l'habitat social, l'industrie et l'halieutique.

Pour illustrer l'ampleur des recours aux PPP au Maroc, il faut savoir que 46% de la production de l'énergie de l'ONEE se fait en PPP, et que 42% de l'électricité du pays résulte de contrats PPP. Ainsi la loi 86-12 relative aux contrats PPP puis la loi 13-09 liée exclusivement à la production de l'électricité en PPP à partir de sources renouvelables font du PPP le leader de la production de l'énergie au Maroc. Ainsi et selon plusieurs témoignanes de personnes chargés des dossiers de PPP dans le pays, il s'avère que dans la structure du PPP, le fonds d'investissement joue un rôle prépondérant. Outre l'apport d'expertise et de contrôle du projet interne, le fonds d'investissement est souvent le meilleur interlocuteur de l'Etat, ce qui facilite l'échange, le professionnalisme et les négociations sans parler du fait que le fonds attire en plus des IDE sur des projets marocains. Les investissements en PPP s'inscrivent dans le temps au Maroc et il se trouve qu'ils sont ancrés en relation avec les divers plans stratégiques du pays.

Tableau n°IV.1 : Les chiffres des PPP au Maroc 2004-2020 (en milliards de dirhams)

Le développement des PPP a encore du potentiel
Les PPP potentiels au Maroc à l'horizon 2020 totaliseront 700 milliards dirhams (63.6 milliards €)

	INVESTISSEMENT GLOBAL	HORIZON
Plan Maroc Vert	147	2008-2020
Energie	120	2008-2020
Emergence	50	2009-2015
Tourisme	120	2010-2020
Halieutis	9,3	2009-2020
Logistique	63,2	2009-2015
Programme d'Urgence	43	2008-2012
Phosphates	75	2010-2020
Autoroutes	38,1	2008-2015
Chemins de fer	32,8	2010-2015

Source : DEPP, ministère des Finances marocain, 2012.

A partir des années 2000, la question de l'émergence économique est devenue le marqueur du nouveau règne et le nouveau jeu de bascule pour changer de cap. Cap qui se prononce plus par un nouveau modèle de développement à la marocaine. L'enjeu, c'est qu'il y a une redistribution mondiale des parts de marchés en temps réel et que l'urgence de mettre en orbite un modèle industriel et exportateur s'impose au Maroc. Pour Jaidi il n'y a pas de fatalisme dans ce domaine. Tout est question d'action publique ou de coordination public-privé et de politique industrielle nouvelle. Toutefois, une chose est sûre : les enseignements tirés des expériences des autres montrent qu'aucun pays ne s'est industrialisé en obéissant aux seules lois du marché et du libre-échange. C'est un enseignement fondamental.

Plus loin et selon le rapport sur la compétitivité mondiale 2011-2012 dont les différents résultats sont donnés dans le tableau ci-dessous, on note que : Au Maroc et en plus des efforts engagés pour simplifier la fiscalité des entreprises, d'autres l'ont été pour aménager des zones d'accueil des investissements (20 Plate-formes intégrées P2I, zones franches, agropoles, clusters….) offrant ainsi des opportunités de développement au secteur privé.

Tenant compte des réformes structurelles, du volontarisme reconnu et des efforts systémiques entrepris, le rapport montre que le score de la compétitivité marocaine enregistre une légère amélioration entre 2010 et 2014 et reste seulement dans la moyenne du continent africain alors qu'il se positionne et de plus en plus et à raison comme un leader derrière l'Afrique du Sud et le Nigéria et comme un vecteur de triangulation entre l'Europe et le continent.

Tableau n°IV.2 : Les chiffres de la compétitivité du Maroc

Analyse sur 12 piliers	Maroc Rang note (1-7)		Afrique
Indice de compétitivité mondiale 2013-2014 (Rang sur 142)	73	4,16	4,1
Exigences de base	54	4,74	4,5
1er pilier : institutions	59	3,98	
2e pilier : infrastructures	69	3,95	
3e pilier : stabilité macroéconomique	25	5,65	
4e pilier : santé et éducation primaire	93	5,38	
Facteurs d'efficacité	83	3,86	3,7
5e pilier : enseignement supérieur et formation	98	3,62	
6e pilier : attractivité du marché des biens	76	4,15	
7e pilier : attractivité du marché du travail	132	3,52	
8e pilier : complexité marchés financiers	62	4,16	
9e pilier : Niveau technologique	66	3,69	
10e pilier : taille du marché	57	4,03	
Facteurs d'innovation	79	3,40	3,3
11e pilier : complexité monde des affaires	80	3,78	
12e pilier : Innovation	80	3,02	

Source : Rapport sur la compétitivité mondiale 2013-2014

Les experts de la Banque mondiale ont classé, lors de leur 15e édition 2018 du Doing Business, le Maroc à la 69e place sur 190 pays avec un score de 67.91points. Le pays fait un bond de neuf places et devient leader en Afrique du Nord devant la Tunisie (88e), l'Egypte (12e) et l'Algérie (166e), et aussi troisième en Afrique derrière le Rwanda et le Botswana et dans la région MENA juste après les Emirats Arabes Unis et le Bahreïn. Le baromètre du climat des affaires de la Banque mondiale en octroyant au royaume ce classement va dans le sens de rassurer encore plus les investisseurs étrangers sur les niveaux de transparence et de la sécurité juridique du pays.

Les réformes menées entre 2016 et 2018 i) du livre V du code de commerce, loi qui instaure les fondements de bonne gouvernance dans le règlement et la détection précoce d'entreprises en difficultés ii) pour accélérer le raccordement à l'électricité iii) du transfert de propriété facilité par la dématérialisation de l'échange des données entre les institutions fiscales, foncières, bancaires et communales, toutes réunies ont permis au Maroc d'améliorer de nombreux scores. Cependant des points noires subsistent et touchent au moins cinq indicateurs : l'obtention de prêts (112ème/190), l'exécution de contrats (68ème/190), l'obtention de permis de construire (60ème/190), la protection des investisseurs minoritaires (64ème/188).

Autre faits, le pays a mis en place une nouvelle stratégie industrielle du « made in Maroc ». Le plan « Emergence » se devait de proumouvoir les zones franches et d'appuyer des secteurs basés sur la transformation productive appelés aussi à jouer « les locomotives et les leviers » macroéconomiques d'une croissance dite inclusive.

Selon qu'elles se spécialisent vers tel ou tel nouveaux métiers, les zones franches marocaines créées sont le fruit d'un processus de benchmark et elles sont dans leur majorité conçues sur le modèle latino-américain des maquiladoras. Ces maquiladoras sont généralement définies comme des « usines d'assemblage de propriété industrielle étrangère qui emploient de la main-d'œuvre local et bon marché pour monter des produits finis destinés à l'exportation à partir de pièces fabriquées à l'étranger »[101].

---

[101] Rapport spécial de l'ACNA, revue Equis, Mexico, 1992.

Il s'agit en effet d'espaces de traitement complètement dédiés à l'exportation (export processing zone) composés de zones géographiques ciblées produisant des produits assemblés à moindre coût, transformés ou élaborés à partir de composants importés. Les zones franches du type maquiladoras offrent des exonérations fiscales, sans douanes et sans contraintes liées à la régulation du travail.

Encadré n°IV.3 : Classification des maquiladoras (Carillo et Hualde)	
Maquiladoras de première génération (40% au total en 2002 et 2 emplois sur 3)	- Travail manuel en usines d'assemblage - Faible contenu technologique - Bas salaires
Maquiladoras de deuxième génération (propriété souvent japonaise, secteurs automobile et électronique)	- Rationalisation du travail avec contenu technologique plus élevé - Apparition de ligne d'assemblages automatisés - Meilleure organisation du travail
Maquiladoras de troisième génération	- Recherche et développement - Main d'œuvre hautement qualifiée - Concurrentielles pour potentiel technologique et salaire moyen de leur personnel qualifié

Les maquiladoras, qui ont vu le jour au Mexique dès les années 1960 dans les zones frontalières avec les Etats-Unis, offrent toute une batterie d'avantages aux investisseurs étrangers. Avantages qui vont des exonérations fiscales et douanières à la main-d'œuvre bon marché, en passant par l'absence de la réglementation du travail ou des contraintes environnementales. Exonérées de droits de douane, les usines automobiles et électroniques implantées dans ces zones géographiques produisent à moindres coûts des produits assemblés, transformés ou élaborés à partir de composants importés. Ensuite, l'essentiel des produits finaux prend le chemin de l'exportation[102].

Salaheddine Mezouar alors ministre du Commerce et de l'industrie et de la mise à niveau de l'économie, déclarait en 2006, après son retour du Mexique, que : « le Maroc et certains pays de l'Union européenne ont des économies complémentaires. Nous offrons aux PME européennes des opportunités à travers ce concept de maquiladoras, en leur apportant des solutions d'implantation dans des sites aménagés et structurés, dotés de services appropriés assortis d'avantages spécifiques ».

Adossés aux zones franches, les plans de relance industrielle du Maroc nécessitent des infrastructures et des plateformes et des « maquilars ». Ces exportations ne sont pas comptabilisées dans la

[102] Maroc Hebdo International, novembre 2005, N°672.

balance commerciale, mais dans la balance des paiements[103]. L'idée de départ des responsables latino-américains initiateurs de cette « innovation » était d'inciter les entreprises américaines à construire des usines de montage et d'assemblage le long de la frontière au nord du Mexique. Selon Goldsmith, généralement les maquiladoras sont des usines de production hors douane, qui permettent à des entreprises étrangères généralement américaines d'importer des marchandises qui seront ensuite transformées ou assemblées en usine, en vue d'être ultérieurement réexportées.

Entreprenant une série de mesures et de plans dans ce sens, le plus radical a été le plan Emergence lancé par le Roi Mohamed VI, lequel plan met en avant sept secteurs porteurs et appelés à jouer « les locomotives et les leviers » d'une future croissance inclusive et géoéconomique, les co-initiateurs de ce plan, experts nationaux et internationaux notamment de Mc Kinsey, précisent qu'il s'agit de[104]:

- L'Offshoring : Casanearshore, Rabat, Fez shore, Marrakech, Rabat, Tangershore ;
- L'agroalimentaire : Fez, Gharb, L'oriental, Meknès, Tadla ;
- L'halieutique : Agadir, Provinces du sud, Dakhla, Laâyoune ;
- L'Automobile : Tanger Automotive City, Casablanca (30 000 emplois et 130 entreprises) ;
- L'Electronique : Casablanca, Nouaceur, Kenitra, Tanger ;
- Le Textile : Casablanca, Tanger.

Ce plan vise à augmenter la croissance économique de 1.6% par an sur dix ans et de créer 500.000 emplois en propulsant la productivité des sept secteurs industriels et réduire à moyen et long terme le déficit commercial marocain de 50%.

Au début de 2008, des secteurs complémentaires sont venus agrémenter le plan Emergence via le plan Envol, baptisé par certains Plan Emergence II. Puisqu'il est d'une portée supérieure, il s'agrège aux sept secteurs initiaux de McKinsey, ses domaines complémentaires sont à haute valeur ajoutée et nécessitent des investissements élevés dans la recherche et développement et le capital humain. Résolument révolutionnaire, plus au moins ambitieux, Emergence II consacre la biotechnologie, la microélectronique et la nanotechnologie.

---

[103] Castel Odile, (1998) : « les maquiladoras, firmes passives ou firmes actives » ORSTOM- GERDIC, pp1-8.

[104] The Morrocan government will create zone to attract foreign investment to delocalise industy

Rien ne dit que seuls les dix métiers choisis feront du Maroc une économie émergente qui génère de l'emploi et de la croissance. Dans la foulée, le pays a annoncé en 2009, un nouveau plan, le plan Maroc Export plus, qui visait à tripler le volume des exportations à l'horizon 2018[105]. Sa particularité est de couvrir l'essentiel des secteurs des plans Emergence I et II à l'exception de l'aéronautique.

Des évolutions ont été possibles, d'autres le restent car il n y'a jamais de fatalité en matière d'avenir. Et là nous ne parlons pas de caprices, mais pour le Maroc et dans les métiers visés par le plan émergence, Mc Kinsey a fait preuve de myopie en omettant de cibler le secteur de l'aéronautique. Son taux d'intégration aujourd'hui est de 24% avec plus de 12000 emplois dans l'assemblage et plus de 120 opérateurs mondiaux composant un réel écosystème. Certes le Maroc n'est pas capable de construire des avions, mais il contribue de plus en plus aux systèmes et aux ingénieries qui composent l'avion. Et ce n'est ni du low cost ni du best cost mais un entre deux. Aujourd'hui le Maroc fait partie des 3M (Maroc, Malaisie, Mexique) de l'aéronautique. Dans ce secteur le Maroc a fait preuve d'approche entrepreneuriale versus approche consultocratie en pariant sur la proximité de l'Europe et sur les instituts de formation en aéronautique. Qu'importent les détails, les industriels marocains n'investissent pas dans ce secteur et ce sont largement les IDE qui dominent et cela à cause de l'inefficience dans la recherche et développement et l'absence d'entrepreneurs marocains dans les industries et les manufactures productives.

Il nous faut maintenant comprendre les raisons de l'état dégradé et des insuffisances d'une des industries du terroir et du littoral marocain, nous pensons tout particulièrement au secteur du tourisme. Pour mieux prendre la mesure, Abdelhadi Alaoui témoigne par cette question, comment pouvait-on en effet rater notre tourisme et ne pas le hisser après quatre décennies aux fonts baptismaux de la réussite à un tourisme à l'espagnole ou au moins à la turque ? Comment ne pas s'inscrire résolument dans la perspective de ce don du ciel qui nous était fait : la mer, le soleil, le cadre physique et naturel, une population accueillante, une diversité amorcée dans les profondeurs de l'histoire et de la civilisation ?[106]. Le diagnostic est sans appel et il impose un sursaut pour remettre la destination Maroc sur les rails du tourisme planétaire. Ainsi

---

105 Morocco Business News: « Maroc Export Plus strategy very hopful », june 15, 2009 (www.marocbusineesnews.com).

106 Alaoui A. (2004) : « Le tourisme marocain, l'espoir éternel », Edition Media, 2004, pp247.

en 2001, le Maroc initie la vision 2010, avec l'espérance d'attirer annuellement 10 millions de touristes et créer une capacité litière additionnelle de 160.000 lits à l'horizon 2010. Cette amélioration des performances devait améliorer la contribution du tourisme dans le PIB de 11.5% entre 2001 et 2010, soit un bond de 8.5 % à 20%. Attirer 9 milliards d'euros d'investissements directs étrangers encouragés par des avantages fonciers et fiscaux et créer 600.000 emplois. Il faut reconnaître que, bien que le nombre d'arrivées ait augmenté de 80% entre 2001 et 2008, ce ne sont que 3.5 millions de touristes, ce chiffre est bien en deçà de l'objectif de 10 millions. Parallèlement Abdelhadi Alaoui enfonce le clou, vingt-sept ministres, tel est le nombre des membres des gouvernements successifs en charge de ce portefeuille sur une période de 50 ans, soit un ministre tous les deux ans en moyenne. Or le tourisme a son plan, le plan Azur de la vision 2010, avec comme socle la création de six grandes stations balnéaires, mais contre toute attente un seul projet a été concrétisé dans le cadre d'un PPP innovant, c'est celui de Mazagan Resort ; nombreux sont les investisseurs qui ont déclaré leurs craintes de bâtir des châteaux de sable. Le tourisme pourra et doit être un des leviers de la croissance économique du pays, il connaît un réel essor au lendemain du printemps arabe avec le dépassement de la barre fatidique des 10 millions de touristes en 2016 et une contribution nette aux exportations estimée à 19%.

Enfin, changer de modèle, c'est avoir une suite dans les idées pour lancer l'indispensable plan pour l'agriculture et tenter de la sortir de son archétype traditionnel et l'ériger en locomotive de l'économie rurale. Ce fût le Plan Maroc Vert (PMV) que l'économiste Najib Akesbi critique de manière pour le moins très constructive : « certaines bonnes idées du PMV sont à souligner, mais aussi nous devons critiquer celles qui sont problématiques ».

Une première critique regrette une approche standard et une dimension techniciste qui évalue le rôle de l'investissement matériel et prétend que l'agriculture serait un secteur comme les autres. Une seconde déplore son parti pris à travers le pilier I pour les modèles PPP de «la grande ferme» et des grands exploitants, au risque de déstabiliser dangereusement l'équilibre de l'agriculture familial dont on sait qu'elle est la seule réalité prééminente dans le monde rural. Une troisième porte enfin sur le caractère ultra productiviste du modèle véhiculé par ce plan. Il n'empêche qu'il faut savoir que le PMV nécessite la modélisation de l'agrégat croissance économique primaire tout en prenant en compte la variable adversité météorologique en matière de pluviométrie. Sur le plan du discours officiel, le Maroc a lancé, en 2008, le PMV pour une mise en œuvre entre 2009 et 2020. Ainsi, il ne vise pas moins qu'un bond de 7 à 10 milliards d'euros de PIB agricole, la création de 1.5 million d'emplois dans le secteur et la multiplication par 2 à 3 fois le revenu agricole pour 3 millions de ruraux.

Tout en étant réaliste dans son discours et en faisant même de l'autocritique sur le bilan de quinze ans de règne, Sa Majesté le Roi du Maroc, Mohammed VI, pointe les carences , diagnostique et évalue les réformes et les transformations dont a bénéficié le pays de 1999 à 2014 dans les termes suivants : « On ne peut non plus passer sous silence les grandes infrastructures qui ont vu le jour. Etait-il possible, par exemple, que les Marocains, Moi le premier, puissent imaginer que leur pays possède le plus grand port du bassin méditerranéen et le plus important parc d'énergie solaire au monde ? Etait-il possible pour un citoyen d'emprunter l'autoroute pour se rendre d'Agadir à Tanger ou d'El Jadida à Oujda ?

Ainsi, sur le plan économique, le taux de croissance a connu une progression sensible grâce à l'adoption de plans sectoriels ambitieux, tels que le Plan Vert, le Plan Emergence industrielle et d'autres encore.

Mais, cette avancée ne s'est pas faite au détriment de la promotion du développement humain. Bien au contraire, les bénéficiaires des programmes y afférents attestent de leur impact direct sur l'amélioration de leurs conditions de vie et de leur rôle dans la lutte contre la pauvreté, l'exclusion et la marginalisation dans notre pays.

La question qui reste posée est la suivante : qu'avons-nous fait des progrès que nous avons réalisés ? Ont-ils contribué uniquement à rehausser le niveau de consommation, ou ont-ils été mis au service de la prospérité commune de tous les Marocains ? Ou encore : dans quelle mesure ces avancées se sont-elles traduites par l'amélioration du niveau de vie de nos compatriotes ? »[107].

[107] Discours de sa Majesté le Roi du Maroc, Mohamed VI à l'occasion de la fête du trône, le 30 juillet 2014.

SECTION III : TANGER FACE A L'EPREUVE DE LA POLITIQUE DU TERRAIN

L'étude sur le terrain est s'inscrit dans une démarche de retour sur expériences enrichies de rencontres avec des citoyens, des élus, des praticiens et des dirigeants et responsables de pôles économiques. Elle cherche à faciliter l'évaluation de la perception de l'impact du PPP dans son environnement. Elle traite de la métropole tangéroise où un fort effort d'investissement public et privé notamment liés aux projets structurants a été amorcé, notamment par le projet du port Tanger-Med.

3.1- Partenariat public-privé, création d'emplois, de valeur ajoutée et développement économique : le cas de Tanger

Approchant la réalité du PPP, Kairouani retient que « la contractualisation de l'action publique au service du développement économique des territoires représente de plus en plus le concept actuel de la gouvernance. Celle-ci implique une redéfinition des fonctions de l'Etat qui est amené à assurer son rôle de stratège à la place du rôle de planificateur qui lui était attribué auparavant »[108]. La particularité du Maroc c'est son ambition de se développer, et cette volonté vient du plus haut sommet de l'Etat. A ce stade, et devant la rareté des biens publics et des ressources financières, l'intérêt de faire appel à l'ingénierie privée s'est positionné comme une nécessité absolue pour les autorités. Ces derniers ont privilégié dans bien des cas l'hybridation public-privé pour drainer des fonds et optimiser les chances de réussite du projet national de la gouvernance géoéconomique.

Se focalisant sur le cas marocain dans ses relations avec l'UE, à l'argument sur les flux migratoires, les accords de pêche et la domination, il est souvent rétorqué que les relations sont à la fois anciennes, exceptionnelles, solides et hautement stratégiques. Ainsi, « En 1969, le Royaume du Maroc concluait un accord commercial avec les Communautés européennes. Quarante ans plus tard, le statut avancé signé en 2014, témoigne du chemin parcouru de part et d'autre et de l'arrondissement qualificatif et quantitatif des relations entre les

---

[108] Kairouani A. (2013) : « la corrélation entre le développement économique et partenariat public-privé au Maroc », Renald, Revue Marocaine d'Administration locale, N°116, 2014.

deux parties »[109]. Comme nous l'avons déjà évoqué plus haut, Le Tellier précise notamment que « dans le contexte de relations géopolitiques et économiques étroites avec l'Europe, et en raison de problèmes de pauvreté et de trafics illicites (immigration clandestine, contrebande, drogue...), le Maroc du Nord fait l'objet d'une stratégie de développement supervisée par l'Agence de Développement des Provinces du Nord, créée en 1996. Pour ces différentes raisons, la première tournée royale de Mohammed VI est considérée comme un signal politique fort à destination du Nord. Les initiatives fécondes prises par le souverain au cours de ce périple et les projets socioéconomiques d'envergure qui ont été lancés, attestent de la volonté du souverain de désenclaver ces provinces, de les moderniser et de les intégrer dans l'économie nationale pour promouvoir leur développement rapide et leur permettre de mieux jouer le rôle dans l'espace euro-méditerranéen, qui doit être un espace de partenariat rénové et de prospérité partagée (...) Le Roi est déterminé à faire de la région du Nord un pôle de développement afin de l'ancrer à l'ensemble géoéconomique méditerranéenne »[110].

Bien plus que des déclarations de bonnes intentions, le Roi Mohammed VI annonce, au cours du discours du trône de juillet 2002, la décision de réaliser un grand ensemble structurant, portuaire, logistique, commercial et industriel sur les rives du détroit, à l'est de Tanger. L'agence spéciale Tanger-Med TMSA est créée pour être la signataire des partenariats public-privé, elle sera aussi l'entité de surveillance et le maître d'œuvre pour la réalisation de Tanger Med et d'une zone spécialisée dans le développement industriel et logistique intégrés d'une superficie de 550 km^2.

3.2- Tanger, un projet de métropole en devenir

Si l'on considère l'intérêt économique et social pour le Maroc en plus de sa position de hub entre l'Afrique et l'Europe, nous ne pouvons que constater que la ville de Tanger connait depuis quelques années une véritable refonte de son paysage, notamment avec le lancement de grands projets structurants et d'implantation de grands

[109] Ministère des affaires étrangères du Royaume du Maroc, http://www.diplomatie.ma/Politiqueétrangère/MarocetUnioneuropenne.aspx

[110] Le Tellier J. (2006) : « les recompositions territoriales dans le Maroc du Nord. Dynamique urbaines dans la péninsule Tingitane et gouvernance des services de base à Tanger et à Tétouan », Thèse soutenue à L'université d'Aix-Marseille, 2006, pp. 1-660.

groupes industriels. Une refonte qui permet à cette ville de rechercher le statut d'une grande future cité industrielle.

a- A la recherche du statut de métropole

A la recherche d'un statut de métropole, située à 14km de l'Europe et à la jonction de deux mers à l'extrême nord du Maroc, la province de Tanger s'étend sur une superficie de 1195 km^2, limitée au Nord par le détroit de Gibraltar et la Méditerranée, à l'Ouest par l'Océan Atlantique, au Sud par la région agricole de Gharb Chrarda Bni Hssen et à l'Est par la région montagneuse de Taza Al Hoceima. Sa population était de 670.000 habitants en 2004 et de plus de 900.000 en 2011 soit une progression de 3.1% par an, la plus forte du pays[111] et un taux d'urbanisation de 93%, le plus élevé de la région. Selon AKalay, à la date de proclamation de l'indépendance en 1956, la ville de Tanger comptait seulement 60.000 habitants dont 35.000 musulmans, 15.000 juifs marocains et 10.000 étrangers de 34 nationalités différentes. La composition de l'Assemblée Législative Locale était fixée en considération du nombre des ressortissants, du chiffre du commerce général, des intérêts immobiliers et de l'importance du trafic à Tanger des différentes puissances signataires de l'Acte d'Algésiras. Elle était composée de 30 membres dont : 6 Musulmans, 3 Juifs, 4 Français, 4 Espagnols, 3 Anglais, 3 Américains, 3 Italiens, 1 Belge, 1 Hollandais, 1 Portugais. Cette ville était la capitale des devises mondiales et l'ensemble des cours de change de monnaies étaient arrêtés à Tanger par trois personnalités juives, propriétaires des banques Nahon et de la banque Salvador Hassan. Il est dit que « small is beautiful » et ceci correspondait à Tanger jusqu'à une date récente. Depuis le démarrage des gros chantiers, le port Tanger Med, le projet LGV Tanger-Casablanca (l'équivalent du TGV), les usines de Renault-Nissan Melloussa I et II, la multiplication des zones franches et la métropolisation prévue pour 2017, tout cela entraîne un afflux massif de chercheurs d'emplois de l'intérieur et de l'extérieur et une dense installation d'entreprises créant ainsi une nouvelle configuration de la ville. El Omari, Maire de Tanger, considère que la ville grandit trop vite et parfois dans la confusion ; avec ces projets structurants initiés cette dernière décennie, les chantiers lancés contribueront à l'essor de l'économie non seulement de la région, mais de tout le pays. Pour Jacques Prost, Directeur

[111] Annuaire statistique du Maroc 2012.

général du groupe Renault Maroc, le pays est lancé dans une dynamique de localisation et de centralisation de son tissu économique. Il est clair que Tanger va être une métropole économique importante de la Méditerranée. Elle concurrencera Casablanca pour la place de capitale économique, et il est évident que l'installation de Renault et ses exportations vers le nord en Europe et vers le sud en Afrique vont permettre de pérenniser cette création de richesse et d'emplois.

Si l'on s'en tient à Ludovic Moreau et Nathalie Ruiz, Tanger est un miracle marocain ; la ville ne connait pas la crise, son taux de chômage est le plus bas du pays, les usines ouvrent et créent des milliers d'heures de travail. Son arme de développement massif, c'est son port Tanger Med, les containers se comptent par millions. Plus réservé, Laurent Richer estime que la ville de Tanger représente un exemple édifiant, se félicitant des avancées en raison de l'attractivité qu'elle génère, mais émettant des réserves sur la réussite des contrats de partenariat public-privé dans le développement local ; selon lui il faut la garantie standard d'une bonne administration exercée par le biais d'une évaluation préalable financière très rigoureuse.[112]

b- La maquiladorisation dans la région de Tanger

A l'heure de la réorganisation de la production et du partage du travail àl'échelle mondiale par les sociétés transnationales, l'internationalisation de la production se pratique de plus en plus à travers des délocalisations qui mobilisent le facteur capital étranger vers les pays à facteur travail low cost. Les raisons de ces choix n'ont rien de mystérieux, ils visent à ralentir les phénomènes migratoires en optant pour un nouveau concept de partage circulaire, mais inégal du travail et de la valeur ajoutée. Ce partage suit le modèle de la courbe du sourire, seuls l'assemblage est délocalisé vers les pays à bas coût alors que la conception, la recherche et développement et les stratégies marketing et les services aux clients demeurent parmi les exclusivités des pays industriels.

S'imprégnant de l'expérience des maquiladoras mexicaines, Tanger a fait le choix assumé de suivre l'équivalent latino-américain des zones de traitement pour l'exportation (exporting processing zone). Il est intéressant de constater que la maquiladorisation des plates-formes

---

[112] Richer L., (2003) : « la contractualisation comme technique de gestion des affaires publiques », AJDA, 2003, p.973.

industrielles tangéroises touche plusieurs secteurs pour ne citer que le câblage électronique, le textile et l'automobile et elle s'est faite suite à l'installation des principaux groupes espagnols (Antoli), portugais (Sunvianto), américains (Polydesign) et français (Renault, Treco et Faurecia). La ruée massive des équipementiers des métiers de l'automobile et de l'électronique vers les zones franches de Tanger entre 2004 et 2012 a contribué à les transformer en espace incontournable de la sous-traitance. Ce mimétisme a créé une dynamique de « follow the leader » expression chère à Knickerbocker[113], l'avantage substantiel de Tanger s'explique par la proximité des centres d'assemblage final situés dans les pays européens du sud de la Méditerranée.

Pour Layauet et Luk, le pôle tangérois en plein essor va en effet être profondément accéléré par l'irruption du projet géant de l'alliance Renault-Nissan bénéficiant d'un nouvel ensemble d'infrastructures permanentes en matière portuaire de Tanger Med ainsi qu'autoroutière et ferroviaire. Le groupe franco-japonais s'apprête à construire à Melloussa deux usines d'assemblages de 200.000 à 400.000 véhicules par an qui devraient générer 6.000 emplois directs et 30.000 emplois indirects. On s'aperçoit que l'intégration régionale de l'industrie marocaine produit le même effet géographique qu'on a pu observer lors de l'ouverture d'autres industries nationales autocentrées comme l'Espagne ou le Mexique.

C'est justement dans le but de faire sauter les verrous et les cloisons que les zones franches et intégrées de Tanger vont permettre d'asseoir une stratégie de maquiladoras avec des règles d'offshoring (dispense totale des droits de douane, réduction de la TVA, admission temporaire des composants et réexportation des produits manufacturés..) et application d'un taux d'imposition sur les sociétés de 8.75% sur 20 ans. Au chapitre des inconvénients, on peut citer le surcroit salarial du Maroc estimé de 10% à 20% comparé aux autres pays maghrébins, le manque de culture industrielle de la main d'œuvre, la confusion du code de travail. Dans le débat du « pour ou contre » le modèle de croissance économique versus modèle de développement économique de Tanger, Layau et Lung expliquent que les risques du flou et de l'accroissement des inégalités salariales

113 Knickerbocker F, (1973) : « Oligopolisitc Reaction and Mutinational Entreprise Cambridge », MA : Havard University Press.

existent et à défaut de règles explicites, certains se plaignent du flou et des incertitudes concernant la relation sur le marché de l'emploi, hormis le SMIG, tout est souvent discussion de marchand de tapis[114].

Ayant compris que sa compétitivité ne pouvait reposer sur une émergence industrielle, mais plutôt sur des créneaux facilement colocalisables ou au mieux délocalisables, le Maroc a malgré les apparences de modernisation, enregistré une perte annuelle moyenne de 25.000 emplois industriels[115]. De même l'investissement direct étranger n'est pas toujours assorti d'un transfert de technologie à l'image des modèles de développement sud asiatique ; à ce sujet l'exemple de Renault Tanger est assez édifiant, la production se réduit à une ligne d'assemblage (usinage de pièces, carrosserie, châssis, équipements...). Ne pouvant pas prétendre à occuper le rang d'unité de production disposant d'une démarche de projet industriel pouvant penser, concevoir, produire et assembler des moteurs de véhicules, l'investissement se limite à un apport capitalistique, et le deal à débiter du low cost ré exportable. C'est la nouvelle division internationale du travail que le Maroc, dos au mur, a acté en attendant des jours meilleurs. S'il est entendu de façon unanime que le pays a réussi en quelques années à devenir une destination incontournable de l'industrie automobile et un des leaders du continent africain. Il lui est toutefois indispensable de faire de grands bouleversements dans ses politiques publiques de formation en alternance et d'enseignement supérieur et aux voisins européens de rendre la colocalisation et le transfert de technologie effectifs. Ces choix permettront au Maroc de ne plus être et malgré lui, la base arrière du low cost industriel de l'Europe.

3.3- Panorama de la structure sociale, de l'emploi et du chômage dans la région Tanger-Tétouan

Afin de bien rendre compte des réalités de cette région, notre analyse se complétera par des regards croisés sur les aspects socioéconomiques qui caractérisent Tanger-Tétouan, une des 12 régions du Royaume du Maroc.

---

[114] Layau J.B, Lung Y. (2008) : « Attractivité et agglomération dans l'industrie automobile au Maroc et en Tunisie : une analyse comparative », Université de Bordeaux, GRETHA UMR CNRS, 2008.

[115] Mounjid M. (2014) : « Les écarts de l'emploi industriel », In Revue Industrie du Maroc, Avril-Mai 2014, pp 30-38.

a- Les évolutions du taux de pauvreté relative par région entre 1985 et 2011

Selon le HCP, la pauvreté relative mesurée au seuil national a été réduite de plus de la moitié dans l'ensemble du pays. La région de Tanger-Tétouan arrive en troisième position avec une baisse de la pauvreté de plus de 75%.

Les statistiques de la carte de la pauvreté montrent que le taux de pauvreté relative de la région Tanger-Tétouan a atteint 7.4% soit un taux plus faible que celui de 9% enregistré au niveau national. Le taux de la région était de 4.1 % en milieu rural et de 12.1% en milieu urbain.

b- Le taux de chômage chiffré dans la région de Tanger-Tétouan

L'enquête nationale sur l'emploi de 2008 souligne le fait que l'indice de l'employabilité par sexe illustre une forte domination du marché du travail par les hommes dans la région de Tanger-Tétouan et que des disparités fortes existent dans cette même région entre Tanger avec un taux de chômage à 9.9% et Tétouan dont le taux culmine à 13.4%. Il est frappant de noter que le taux de chômage dans cette région a baissé de deux points, de 11.7% en 1999 à 9.7% en 2011, mais qu'en même temps cette baisse profite davantage à la province de Tanger qui connait un réel décollage socioéconomique.

c- Dynamique de l'emploi régional

Qu'importe le détail des chiffres ; ils sont pour la plupart éloquents du point de vue de la grande disparité régionale dans la création d'emplois au Maroc durant cette période 2000-2007 et même au-delà de cette période. Il faut sans hésiter conclure que plus de la moitié des emplois sont créés dans la région Casablancaise suivie à près de 17% par l'émergente région Tanger-Tétouan dont la progression est à la fois remarquée et remarquable.

Que l'on ne s'y trompe pas ce pourcentage ne pointe que la partie émergée de l'iceberg, il montre que l'économie marocaine est à la fois très concentrée autour des villes portuaires de l'Atlantique du centre et du Nord et très inégalitaire au niveau régional. En réalité selon le Ministère de l'Emploi et de la formation professionnelle, le taux d'accroissement annuel de l'emploi n'a été que de 1.8% entre 2000 et 2007 soit seulement 166.000 créations nettes d'emplois, souvent concentrés dans les secteurs à faible valeur ajoutée et peu intensive en qualification et cela malgré le lancement du plan Emergence en 2004.

Il est vrai que l'agglomération tangéroise progresse au niveau de la résorption du chômage et de la réduction des inégalités de revenus, mais, dans le fond, les fragilités du macroenvironnement et du microenvironnement persistent et des innovations majeures sont à faire en termes de formation de capital humain et de communication. Charkaoui souligne que le secteur manufacturier marocain est l'un des moins dynamiques de tous les pays émergents. On apprend alors que la croissance du PIB industriel marocain n'est que de 3,6% en moyenne sur 2000-2006, elle est à titre d'exemple de 6,2% en Afrique du Sud, 11% en Jordanie, 7% pour la Turquie, 5% pour la Roumanie, 14% en Bulgarie. Il relève que pour résorber le chômage, les entreprises marocaines, particulièrement les entreprises industrielles doivent créer au moins 200 000 emplois en milieu urbain chaque année d'ici 2020. Le Haut-Commissariat au Plan précise qu'entre 2000 et 2007, la création d'emplois a été de 2,4% pour l'industrie et de 10% pour le BTP.

d- Contribution de la région Tétouan-Tanger au PIB national

Graphique n°IV.2 : évolution de la part de la région de la Tanger-Tétouan dans le PIB

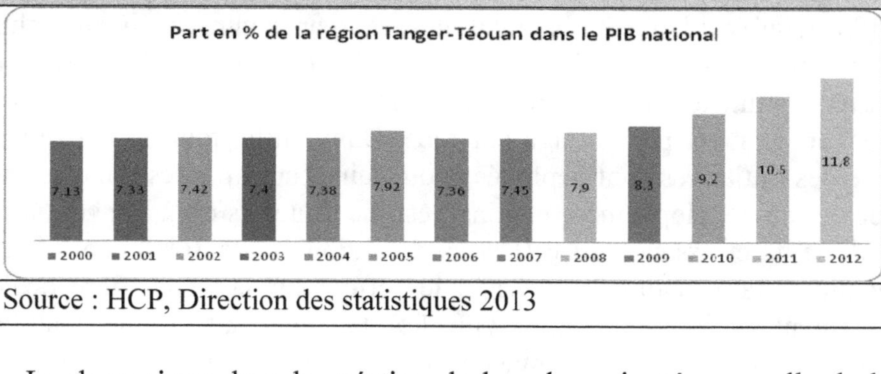

Source : HCP, Direction des statistiques 2013

La dynamique dans la création de la valeur ajoutée annuelle de la région Tanger-Tétouan dépend fortement de la part de la croissance primaire des régions agricoles dans la formation du PIB et de la croissance globale. Selon le HCP, le PIB de cette région a connu un accroissement de 7% entre 2000 et 2004, 12.7% entre 2004 et 2007 et 14.8% entre 2007 et 2010. Tanger-Tétouan est considérée comme un territoire émergent, sa croissance est principalement tirée par les secteurs à fort potentiel (logistique, automobile, électronique, BTP). Il s'agit d'une spécialisation et d'une concentration industrielle qui sont liées à des activités de sous-traitance ancrées à l'off-shoring et à l'installation d'unités de petites, de moyennes, mais rarement de grandes tailles. Toutes sont souvent issues de contrats de partenariats public-privé au titre de délocalisations ou de colocalisations. Le Ministère de l'Industrie estime que Tanger représente 62% des exportations des machines et des appareils électriques du pays. C'est ainsi que la valeur ajoutée industrielle de la région Tanger-Tétouan est passée de 9.5%, entre 2000 et 2007 à 24.8% en 2012, la majeure partie de cette production est destinée à l'export ; ce constat confirme, d'un côté, l'émergence de Tanger en tant que nouveau pôle économique national tiré par le port Tanger-Med et, d'un autre côté, sa faculté à entraîner dans le sillage de son expansion la dynamisation de toute cette région[116].

Cependant tout cela ne représente encore qu'un premier pas au regard du potentiel qui reste à exploiter sur le moyen et le long terme. Selon Masmoudi, au Maroc, six régions sur 12 créent l'essentiel de la richesse nationale : le Grand Casablanca (19.2%), Rabat-Salé-Zemmour-Zaër (12.6%), Tanger-Tétouan (11.8%), Marrakech-Tensift-Al Haouz (8.9%). Tanger-Tétouan est un cas particulier, l'effet des investissements consentis tant au niveau des infrastructures routières que portuaire et les créations d'emplois industriels ont un effet relatif au niveau national qui est par contre beaucoup plus perceptible dans la province de Tanger. Ce diagnostic qui nourrit une vision optimiste pour l'avenir économique et le rayonnement régional de Tanger n'est pas partagé par tous. Dani Thifa, tout en admettant que des initiatives sont déployées pour faire participer les populations locales au développement national, estime toutefois qu'à Tanger, si le rythme de croissance du PIB de cette région est de 10%, une fois et demie le taux national de 6.1%, les effets sur la population locale devraient se faire sentir plus vite. Pourtant pendant qu'une quantité importante de richesses transite par ou vers Tanger, le tangérois lambda a de moins en moins les moyens de s'offrir sa ville.

En toute clarté et avec toute l'indulgence qu'ils méritent, pour ambitieux qu'ils puissent apparaitre, les mécanismes de mise en œuvre d'une stratégie d'industrialisation tout en étant impératifs pour le

---

116 DEPF, Ministère de l'Economie et des Finances, Juin 2012, « Spécialisation et concentration industrielles : Atouts et vulnérabilités des secteurs et des régions ».

Maroc ne semblent pas avoir atteint les objectifs fixés en amont. Sans surprise et tout en restant peu optimiste et prudent. Or, on ne peut que constater que les conditions nécessaires et suffisantes d'une croissance économique tirée par l'industrie manquent à l'appel, et qu'au bout d'une décennie dite d'émergence, un audit et une évaluation des plans d'Emergence semblent urgents et nécessaires. Larbi Jaidi estime que : « En somme, si nous évaluons les performances économiques du Maroc, on constate :

- une croissance industrielle sur la longue durée autour de 4%, ce qui en fait n'est pas important quand on compare à celle des pays nouvellement industrialisés ;
- un déficit commercial important et permanent ;
- Un taux de couverture de 55% à 65% ce qui suppose que toutes les politiques d'exportations ont conduit à des importations. »[117].

3.4- Etat des lieux des contrats de partenariat public-privé dans la province de Tanger : structure, géolocalisation et implications

Plusieurs angles peuvent être envisagés pour examiner la structure, les choix d'implantation et les implications des contrats de partenariat public-privé dans la future métropole tangéroise. Ainsi, ces dernières années, la ville s'est positionnée comme un nouvel hub économique et un pôle de croissance de dimension nationale ; ainsi elle arrive à exercer une forte attractivité sur les investissements directs étrangers ; celle-ci s'exprime soit sous la forme de production délocalisée, soit de joint-ventures ou de partenariats public-privé. Nouveau carrefour stratégique, perchée à 14km de l'Europe, porte de l'Afrique et disposant d'une loggia face aux Amériques, Tanger a attiré 37.7 milliards d'euros d'investissements privés et sous forme de PPP, 900 entreprises étrangères et a créé plus de 150 000 emplois directs entre 2004 et 2013, soit 25% de sa population.

L'enjeu de l'émergence économique de Tanger est de créer une croissance inclusive et durable axée principalement sur le choix de partenariats public-privé en vue de réussir la politique de grands chantiers à coûts et à risques partagés et à mettre en place une politique industrielle de clusters et de réexportation.

[117] Jaidi L. : « Quelles perspectives pour l'intégration internationale de l'industrie marocaine ? », Prospective Maroc2030, Actes Forum I, 2012.

a- Le projet Tanger Med entre impulsion et rupture

Port polyfonctionnel et surtout de transbordement, le port de Tanger Med I a été inauguré en 2007, il a bénéficié d'une extension programmée en 2013, donnant ainsi naissance à Tanger Med II. Ce Port est long de plus de 9km et, selon Philippe de Fontaine Vive Curtaz, vice-président de la BEI, il est le plus beau succès en Europe et en Méditerranée en matière de partenariat public-privé.

Géré et supervisé par l'Agence Spéciale Tanger Med (TMSA) gestionnaire des 5.000 hectares consacrés à l'ensemble du complexe industriel, logistique et portuaire et disposée à faire réussir le nouveau modèle économique régional, la réalisation du projet a nécessité un investissement de 7.8 milliards d'euros et un montage complexe innovant se présentant sous forme de partenariats public-privé, de fonds de l'Etat et de concessionnaires privés et des subventions au développement de l'Etat du Koweït, des Emirats Arabes Unis, d'Abou Dhabi et de la Banque Mondiale.

En termes de concession de service public de terminaux, ce sont principalement des opérateurs de références qui bénéficient des contrats d'exploitation, il s'agit d'Eurogate-Contship, MSC, CMA-CGM, Marsa Maroc et des deux géants de porte-conteneurs de CMA CGM et Maersk.

Tableau n°IV.3 : Trafic actuel et prévisionnel de Tanger Med

	2011	Progression 2011/2030
Céréales	5586	*1.4
Hydrocarbures (bruts et raffinés)	14782	*2.8
Charbon (sans gaz)	5815	*5.1
Agrumes (en conventionnel)	151	*11.5
Conteneurs import-export	7838	*9.9
Conteneurs transbordement	22263	*2.8
Ro – Ro	4153	*3.6
Passagers hors croisière	3593	*2.1
Pêche	90.8	*1.8

Source : Direction des Ports et du Domaine Public Maritimes

Le port Tanger Med est situé sur une route majeure du commerce maritime mondial, ce port est devenu un géant de transbordement en Afrique avec plus de 2 millions de containers traités par an, 8 millions à l'horizon 2020. Au chapitre des prévisions à court terme, cette infrastructure portuaire de taille devrait réaliser, dans un futur proche, un transit de 5 millions de tonnes d'hydrocarbures, 3 millions de véhicules, 700.000 camions et 7 millions de passagers et la création de 145.000 emplois directs. Conscient des enjeux et des défis, Hassan Akbari, directeur du marketing et du développement de Tanger Med, nous explique que : « Tanger Med n'est pas un port, c'est un complexe intégré industrialo-portuaire qui est composé du port, des infrastructures de connexion qui relient le port à des zones d'activités industrielles et logistiques qui créent des dynamiques pérennes et durables ».

b- La zone franche de Tanger (TFZ)

Partie intégrante du projet Tanger-Med, issue d'un partenariat public-privé, la zone franche de Tanger est construite sur 340 hectares, occupés par plus de 500 entreprises étrangères ayant investi pas moins de 900 millions de dollars et créé plus de 45 000 emplois directs sur le site. Au total, la plate-forme industrielle intégrée de Tanger devrait s'étendre sur 5 000 hectares prévus et gérés par un guichet unique et une agence dédiée, TMSA[118]. La TFZ est une zone industrielle sans douane créée en 1999 et accélérée en 2007 ; elle est composée de lots modulables exploités en leasing ou en location comprenant un parc TIR (Transport International Routier). En 2014, le nombre d'entreprises installées à la zone franche de Tanger a atteint 500 unités, l'investissement a atteint plus 945 millions d'euros et les exportations générées dépassent les 1.2 milliard d'euros et représentent 17% des exportations du Maroc[119].

[118] TMSA : Agence spéciale Tanger Med créée en 2002.
[119] DEPF, Ministère de l'Economie et des Finances, 2013.

Tableau n°IV.4 : Rythme d'implantation et d'investissement à TFZ en Nombre d'entreprises, investissements en millions d'euros et emplois crées

Année	Nombre d'entreprises	Investissements en €	Emplois créés
1999	23	166350	2535
2000	26	560462	7150
2001	34	700478	13277
2002	22	241100	17604
2003	19	469970	19420
2004	9	670560	22595
2005	44	320050	25420
2006	31	153300	28000
2007	99	1202130	37727
2008	44	701800	4 176
2009	78	92980	47973
Total	475	6116000	47973

Source : TFZ 2010

Par pays origine d'investissement, la France occupe la position de leader avec 173 sociétés et 28% du total des investissements ; elle est suivie de l'Espagne qui totalise 105 entreprises et 20% de l'investissement global. Sur le plan de l'investissement local, les entreprises marocaines représentent 9.5% des investissements à TFZ[120].

c- L'Usine Renault et Tanger Automotive City

Sur une assiette foncière de 280 hectares cédée dans le cadre de contrat de partenariat public-privé par TMSA au consortium Renault-Nissan, l'usine Renault unité de 2 Km de long a été édifiée entre Tanger Med et la zone franche de Tanger. Elle a été construite suivant un plan d'aménagement en deux tranches, Melloussa I et Melloussa II et d'une zone logistique baptisée Tanger Automocity dont l'occupation au sol couvre les 280 hectares. Ce projet est le fruit d'un PPP marchand appartenant pour moitié à Renault et pour l'autre moitié à l'Etat marocain. L'investissement global est de 1.1 milliards d'euros, l'usine emploie 6 000 personnes en emplois directs et 30 000 en emplois indirects. L'usine Renault de Tanger a une capacité de

[120] BIT ACTRAV : « Maroc, Zones franches, droits des travailleurs et stratégies syndicales », Document de travail, International labour office, 2010, pp 1-72.

production de 340 000 véhicules low cost de qualité dont 85% sont destinés à l'exportation via le port marchand Tanger Med.

Dans le cadre de l'accord cadre de ce PPP gagnant-gagnant, Renault et l'Agence française de développement (AFD) ont investi, en plus de l'investissement de départ, plus de 7 millions d'euros pour créer l'Institut de formation aux métiers de l'industrie automobile Tanger Med (IFMIA-TANGER MED). Cet institut devrait assurer en l'espace de quelques années la formation d'un millier de personnes pour un total d'un million d'heures de formation et de qualifier plus de 150 personnes aux grades de formateurs relais et experts-usines.

d- La Ligne Grande Vitesse LGV Tanger-Casablanca

La LGV Tanger-Kenitra-Casablanca est un projet de partenariat public-privé doté d'un investissement de 1.8 milliard d'euros. Les principaux partenaires du tour de table sont l'Etat marocain, le Fonds Arabe pour le Développement Economique et Social (FADES), l'Agence Française de Développement (AFD) pour une enveloppe de 625 millions d'euros, la Banque Africaine de Développement (BAD), le fonds Hassan II et d'Alsthom qui se charge de réaliser l'ensemble du volet études, fournir le matériel roulant et assurer éventuellement la maintenance sur une période de 30 ans.

Ce contrat prévoit la création de 5 000 emplois directs et la mise en place d'un partenariat technologique et industriel entre les constructeurs marocains et français débouchant sur un transfert de technologie ainsi que la création d'un Institut des métiers ferroviaires où l'ONCF et la SNCF sont partenaires[121].

[121] Senat.fr, 2014.

SECTION IV : ELEMENTS D'ANALYSE DE LA PERCEPTION DES RETOMBEES DES PPP DANS L'AGGLOMERATION TANGEROISE

En complément du cadre théorique et des énoncés de résultats, l'objectif poursuivi dans ce travail est delui d'analyser l'évaluation faite, depuis le terrain, de la perception des projets de partenariat public-privé et de leurs retombées. Elle s'est faite auprès de personnes que nous avons rencontrées lors de nos interviews et de nos focus groups. Notre échantillon est composé de personnes ressources et de simples citoyens.

Les acteurs stratégiques (entreprises, collectivités territoriales, Etats, organisations internationales, bailleurs de fonds locaux et étrangers,….) ne cessent d'interroger leurs espaces d'actions sur les retombées des partenariats public-privé. Dans le cadre de notre recherche, il est apparu utile de réaliser une étude descriptive et exploratoire de la perception des différents PPP dont a bénéficié la métropole de Tanger.

Étudier les retombées économiques revient systématiquement à aborder les notions de territoires et de feuille de route. Pour Sobry, l'idée est souvent de chercher à connaître quel sera l'impact global final d'une injection de monnaie dans une économie.

L'étude visait à recueillir les perceptions, les opinions et les ressentis de la population et des acteurs socio-économiques de l'agglomération tangéroise. Nous avons donc cherché à évaluer, reconstruire et observer avec les personnes concernées le niveau de retour sur investissements des réalisations faites sous forme de PPP sur les plans économique et social et dont a bénéficié la ville de Tanger.

L'une des finalités des réflexions et des échanges que nous avons menés a été de pouvoir évaluer la portée et le poids de l'apport du PPP dans le bien-être du citoyen lambda. Est-ce que sa réussite se mesure seulement en amélioration du revenu et en réduction des inégalités ? Les arguments en faveur des PPP marchands sont-ils suffisants pour justifier que ces derniers puissent disposer d'un droit de cité ?

4.1- La mise en action de l'étude sur le terrain

Ce mode de raisonnement suppose que le cheminement de l'étude doit suivre une ligne claire et doit être clarifié pour enlever toute ambigüité possible ou à venir. Il nous a semblé dans ce livre, qu'il fallait inventer une plate-forme qui permet de collecter et de rendre publique les traits principaux de la perception par les citoyens des retombées des projets menés en partenariat entre le secteur public et le secteur privé. Afin de prévenir d'éventuelles équivoques, nous voudrions souligner d'emblée que notre démarche a circonscrit le cercle au cadre de la refonte du paysage socio-économique de la ville de Tanger en concordance avec les grands projets structurants et industriels du port de Tanger-Med, de la zone franche de Tanger et de l'usine Renault.

• Qu'est-ce que nous cherchons ?

Comme réponse, c'est que, de là nous parlons, nous cherchons à dénicher les traits marquants des impacts et des changements que la ville de Tanger a connus, surtout depuis la refonte de son modèle économique, l'arrivée des investissements directs étrangers et le lancement des projets. Des changements qui sont à la base générés en grande partie par l'apport de la zone portuaire de Tanger-Med et de l'Usine Renault à Melloussa. A titre d'exemple et sans être exhaustif, le questionnement est plutôt orienté emploi, infrastructures, mobilité sociale, effets pervers de la drogue, sécurité, changements de comportement... In fine, nous cherchons à décortiquer les perceptions quant aux transformations sociales et sociétales engendrées par de tels projets.

a- Questions et interrogations posées lors des interviews

Cette contribution subdivisée en différentes formes d'entretiens avec différentes parties prenantes cherche à répondre à un ensemble d'objectifs énumérés ci-dessous.

- Leurs perceptions transversales et actuelles de la ville de Tanger ;
- Témoigner sur les liens supposés entre le décollage économique de la ville et le rapprochement entre secteur public et secteur privé ;
- Aborder la question cruciale des mécanismes de partage des profits résultant de l'essor économique entre les trois acteurs : Etat, secteur privé et administré ;
- Faire l'inventaire des conséquences des partenariats public-privé sur la qualité des services publics ;
- Témoigner sur les niveaux de contributions des investissements directs étrangers et des délocalisations sur les créations de richesse et d'emplois ;

- Préciser le rôle du partenariat public-privé dans l'allègement du poids de la dette et des déficits publics.

Il est certain que cette analyse n'est qu'une estimation de la réalité à un moment précis, sur un site précis pour un sujet précis, elle ne peut en aucun cas refléter la réalité, mais ce n'est pas une caricature non plus.

Ces questions couvrent respectivement :

- une phase introductive s'attelant à qualifier la perception de la ville, une perception reflétant la résonnance que porte le nom de la ville de Tanger chez la personne répondante. Dans ce sens, la question posée est formulée comme suit : « Lorsqu'on parle de Tanger aujourd'hui, qu'est-ce que cela évoque pour vous de manière générale ? ».
- La phase suivante se donne comme objectif d'analyser le niveau de représentativité et de connaissance du sujet étudié. La question posée est la suivante : « Pensez-vous que le décollage économique de Tanger est lié aux multiples rapprochements entre secteur public et secteur privé ? ». La variable est notée DECO_PUB_PRIV.
- Dans la succession des phases de notre entretien, nous nous intéressons à l'évaluation des effets des partenariats public-privé sur l'ensemble des personnes contactées. Pour ce faire, nous posons la question suivante : « L'essor économique de Tanger profite-t-il à l'Etat, aux opérateurs privés et publics ou aux Tangérois ? », cette variable est nommée ETA_PRIV_TANG.
- Les conséquences des PPP sur la qualité des fonctions régaliennes de l'Etat feront l'objet de la quatrième phase de notre exploration. La question médiane est formulée comme suit : « Les partenariats public-privé créent-ils les conditions du mieux d'Etat au niveau du service public au pluriel ? », les réponses ainsi collectées sont agrégées en une variable désignée par PPP_ETA.
- La cinquième phase traitera de la contribution des délocalisations et des investissements directs étrangers. La question posée vise à savoir si les délocalisations et les investissements directs étrangers sont appréciés comme des facteurs de création d'emplois et de valeur ajoutée à Tanger. Cette question est désignée par la variable IDE_VALAJ.

- La dernière phase est celle tentant à spécifier si les PPP contribuent significativement à alléger les dépenses publiques. Ce faisant, nous demandons l'avis de la personne ressource à propos de la capacité des contrats de partenariat public-privé à alléger le poids de l'engagement de l'Etat dans la production marchande et non marchande. La variable collectant les réponses est désignée par PPP_DEP PUB.

Tableau n°IV.5 : codification des variables retenues

Variables	Codes
Profil des répondants	Qualité
Décollage économique de Tanger	DECO_PUB_PRIV
Effets des PPP sur les Tangérois	ETA_PRIV_TANG
Mieux d'Etat	PPP_ETA
PPP et fonctions régaliennes de l'Etat	PPP_ETA
PPP et dépenses publiques	PPP_DEP PUB

On rappelle que les questions ainsi mentionnées ont fait l'objet d'interviews qui se sont déroulés selon deux modalités : groupes de discussion (focus-groups) et entretien avec des personnes ressources. L'échantillon pour les focus groups et pour les échanges avec les personnes ressources a été suffisamment significati par sa taille et représentatif par sa diversité ce qui nous a conduit à collecter des données fiables et à tirer des conclusions valables.

b- L'Analyse Factorielle des Correspondances déployée comme outil statistique

La méthode d'Analyse Factorielle des Correspondances (AFC) permet de faire des analyses multidimensionnelles de données statistiques en utilisant des tableaux de contingence à deux dimensions constituées par le croisement de variables qualitatives.

Cependant il existe au moins trois manières de penser l'analyse factorielle de correspondance : i) considérer que l'enquête apporte de l'information sur les individus ; ii) recourir à une métaphore spatiale, chaque individu de l'enquête est caractérisé par n (questions) lui permettant de se positionner dans un espace à n (dimensions). Aussi, l'AFC aide à donner une explication économique à un nuage de points en fonction de sa densité et de sa proximité avec d'autres points ou nuages ; iii) permettre par des jeux de corrélations de réduire le nombre de variables.

4.2- Exploitation des résultats, croisements des variables et analyses factorielles

Par croisement des données, nous désignons le fait de procéder à une analyse AFC des variables étudiées de manière conjointe. Notons aussi que la **variable qualité** désigne le profil professionnel ou social des personnes répondantes.

<u>AFC : Profil des personnes répondantes & DECO_PUB_PRIV</u>

On reproduit les modalités de réponse liées à chacune des deux variables mise en jeu.

Variable	Qualité	DECO_PUB_PRIV
Modalités de réponse retenues	TFZ	INFRASTRUC
	TANGER MED	DETROIT
	JACOB DELAFON	FISCALITE
	RESPON_TANGER MED	FAIBLE COUT DUFONCIER
	RESPON_ASSOC	COUT_TRAVAIL
	RESPON_VILLE	
	DIRIGEANT_BANQ	
	NOTABLE	

Les graphiques suivants donnent les résultats de l'analyse de croisement de ces deux variables :

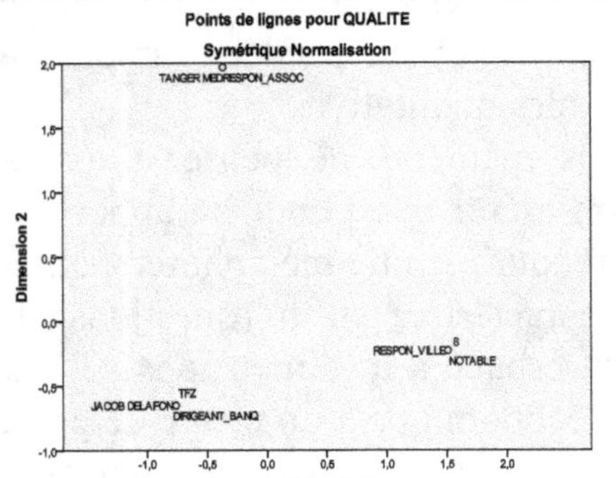

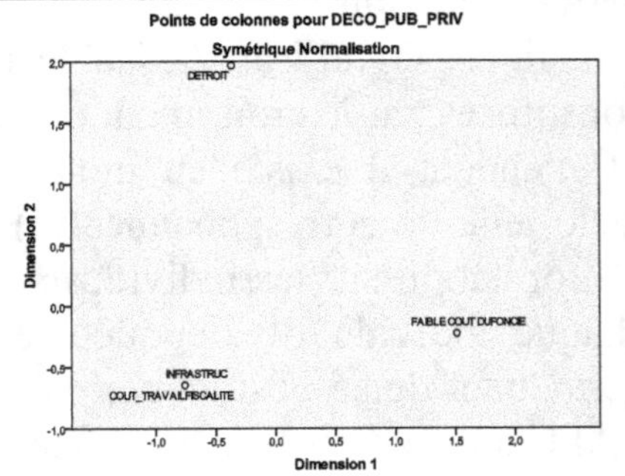

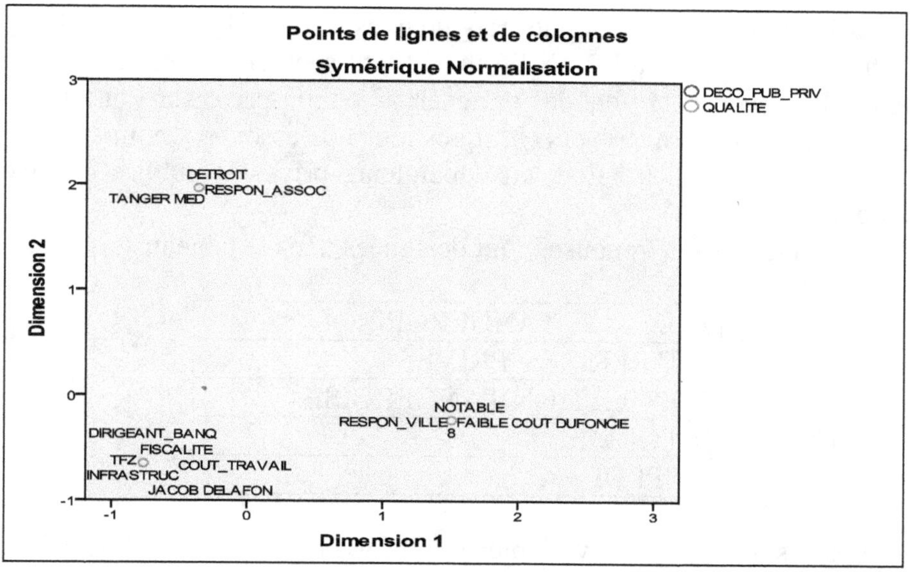

On peut affirmer que le rapprochement et/ou même la superposition des modalités liées aux deux questions posées, désignent une certaine corrélation. On distingue alors la constitution de trois groupes considérablement différentiables :

1- Pour les notables comme pour les responsables de la ville, la question de la faiblesse des coûts du foncier constitue un des principaux atouts qu'offre la ville de Tanger et qui pourrait bien être un facteur de décollage permettant de meilleures opportunités pour conjuguer les efforts privés et publics notamment dans le cadre de PPP.
2- Pour le groupe de personnes ressources constitué de dirigeants de banques, de responsables de la zone franche ou même d'opérateurs économiques comme le dirigeant de l'entreprise Jacob Delafon, l'attrait le plus captivant s'exprime en termes de fiscalité, d'infrastructure et de coût de travail, un trio qui reste largement le dogme de l'initiative privée comme nous l'enseignent les soubassements de la théorie économique.
3- Un troisième groupe est constitué de représentants du tissu associatif ainsi que les représentants du port TANGER MED, pour lesquels, l'intérêt s'exprime en termes de positionnement géographique du détroit et de la proximité de l'Europe.

AFC : profil des personnes répondantes & ETA_PRIV_TANG

La variable ETA_PRIV_TANG (Etat, secteur privé, tangérois) tente d'évaluer des effets des partenariats public-privé sur l'ensemble des intervenants à travers la question « L'essor économique de Tanger, profite-t-il à l'Etat, aux opérateurs privés et publics ou aux tangérois ? ».

Les modalités de réponses sont désignées dans le tableau suivant :

AUX NON TANGEROIS
ENTRPRISES_PRIVES
POPULATION TANGEROISE
INFORMEL
EMPLOI

Les résultats pour la variable Etat_priv_tanger permet d'otenir le graphique suivant:

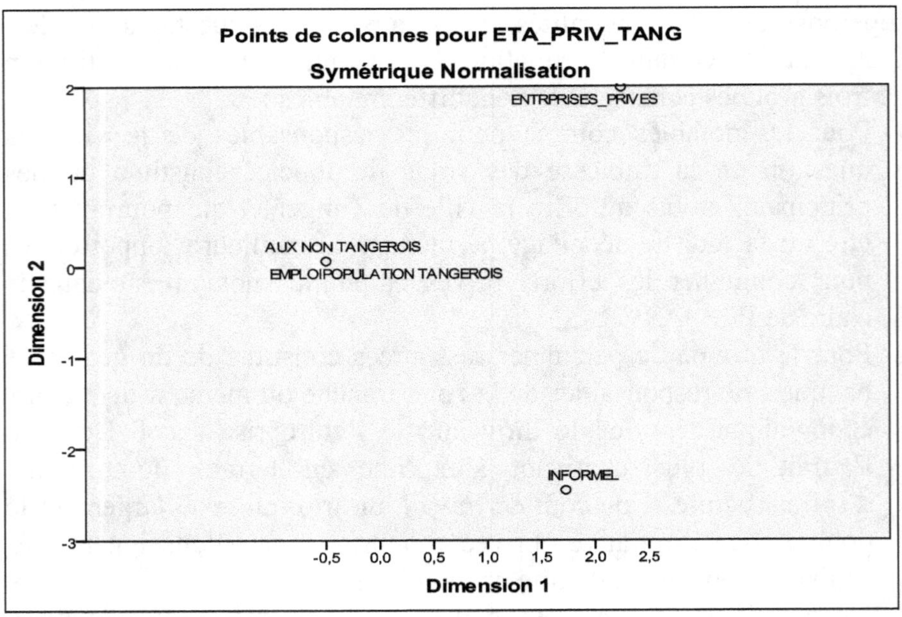

Les résultats pour le croisement des deux variables (ETAT, PRIVE : ETAT_PRIV) (TANGEROIS : _TANG) conduit aux résultats suivants :

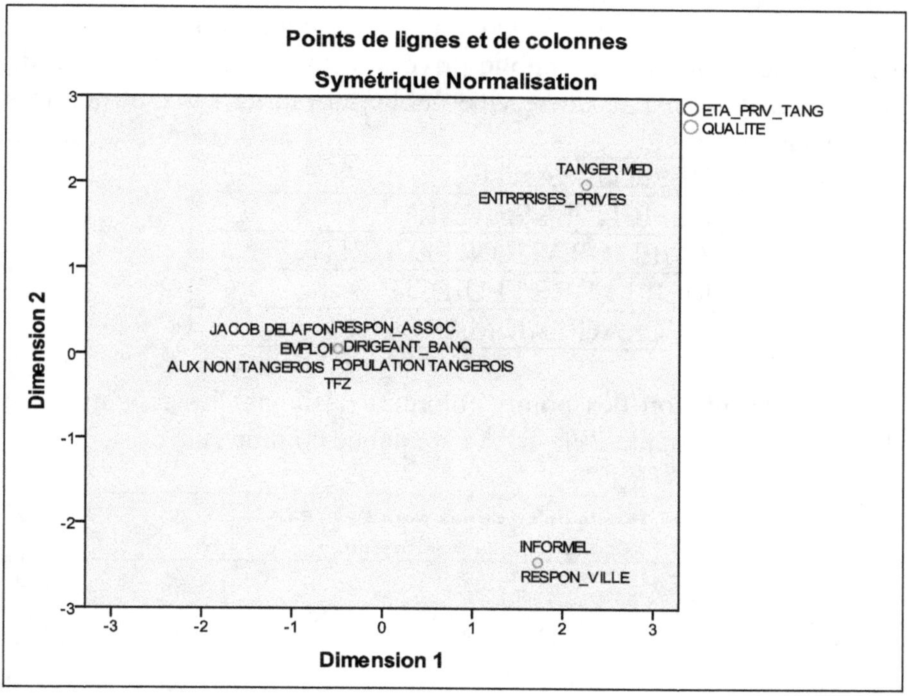

On peut alors distinguer trois groupes de rapprochement :

1- Pour les responsables du port Tanger Med, l'essor économique que connait la ville de Tanger profite davantage aux entreprises privées étrangères nouvellement implantées dans la région.
2- Diamétralement opposé, le responsable politique de la ville croit que cet essor ne produit des effets qu'au niveau des structures des économies parallèle et informelle (contrebande et drogue).
3- Entre ces deux groupes, se positionnent les autres personnes questionnées qui croient savoir que les changements produits profitent pleinement à l'emploi que ce soit au profit des populations originaires de Tanger ou de travailleurs venant des autres régions du royaume, voir venant même d'autres pays étrangers. Ce groupe est fortement représentatif des mondes des affaires et du tissu associatif.

AFC : profil des personnes répondantes & PPP_ETA

On rappelle que la variable désignée par PPP_ETA (Partenariat Public-Privé et Etat) s'intéresse à décortiquer les conséquences des PPP sur la qualité des fonctions régaliennes de l'Etat.

Les principales modalités de réponse retenues pour la question posée « Les partenariats public-privé créent-ils les conditions du mieux d'Etat au niveau du service public au pluriel ? » sont données ci-dessous :

DEFICIT_SANTE
DEFICIT_ENSEIGNEMENT
AMELIORATION_SECURITE
MEILLEURE FLUIDITE
ANCRAGE AU MAROC

La représentation des points colonnes désignant les modalités de réponses de la variable PPP_ETA est donnée comme suit :

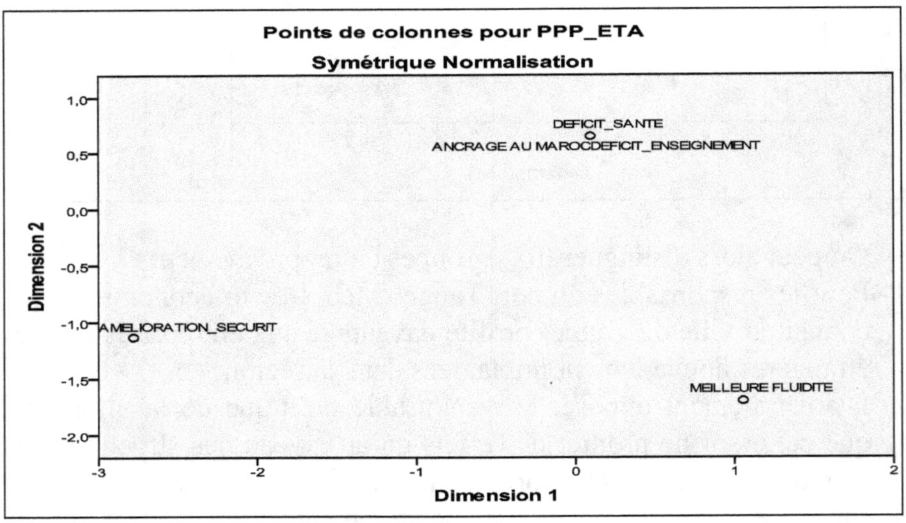

Le croisement de ces deux variables permet de produire une AFC dont le graphique donnant la représentation simultanée est le suivant :

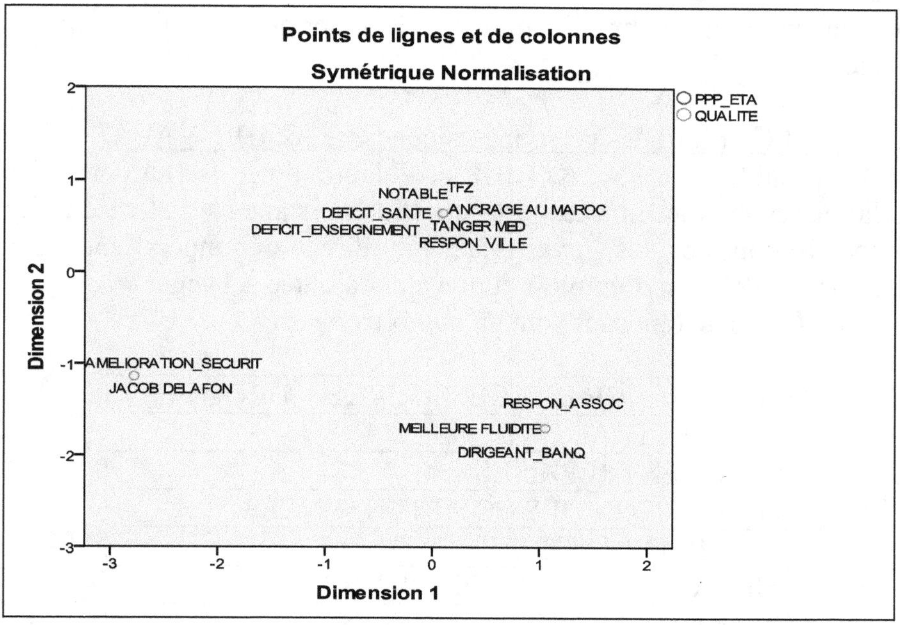

On peut en retenir que :

1- Le responsable associatif ainsi que le dirigeant d'établissement bancaire s'accordent sur le fait que les partenariats public-privé créent une meilleure fluidité et un jeu à vases communicants entre les entités économiques, sociales et financières.
2- Le responsable de l'entreprise Jacob Delafon estime quant à lui que l'amélioration de la sécurité reste un domaine où les effets des PPP sur la qualité des fonctions régaliennes de la puissance publique sont le mieux palpables tout en restant insuffisantes et appelle à agir avec plus de déploiement et d'efficience.
3- Les autres profils témoignent quant à eux d'un fort ancrage de Tanger au royaume, ancrage qui a un goût d'inachevé au vue des déficits flagrants en offre et en qualité de services de santé publique et privée et de déficience en matière d'enseignement public et privé qu'il soit primaire, secondaire ou même supérieur.

Face à ces confusions dans la perception du rôle des PPP, nous estimons que les pouvoirs politiques et les élus ne doivent se défausser des contraintes de la gestion du service public et des préoccupations des citoyens. Il convient aussi de noter que même s'ils n'ont pas vocation à se substituer à l'administration et aux collectivités locales, ces PPP font sauter le verrou de l'idéologie face à la pratique et deviennent pour nombre d'administrés le levier qui pourrait amener au - mieux d'Etat-.

AFC : profil des personnes répondantes & IDE_VALAJ

La variable IDE_VALAJ (IDE et Valeur ajoutée)sert à porter des éclaircissements au niveau de la question suivante : « Est-ce que les délocalisations et les investissements directs étrangers sont des facteurs de création d'emplois et de valeur ajoutée à Tanger ? ».
Les modalités de réponses sont au nombre de sept :

PERSISTANCE DES RESSOURCES_DROGUES
VILLE ATTRACTIVE
PLUS D'ENTREPRISES
ATTRACTION DES COMPTENTENCES
AVENIR INDUSTRIEL
SURURBANISATION DE LA VILLE
CREATION MIXTE DE RICHESSE

La représentation des points colonnes désignant les modalités de réponses de la variable IDE_VALAJ est donnée comme suit :

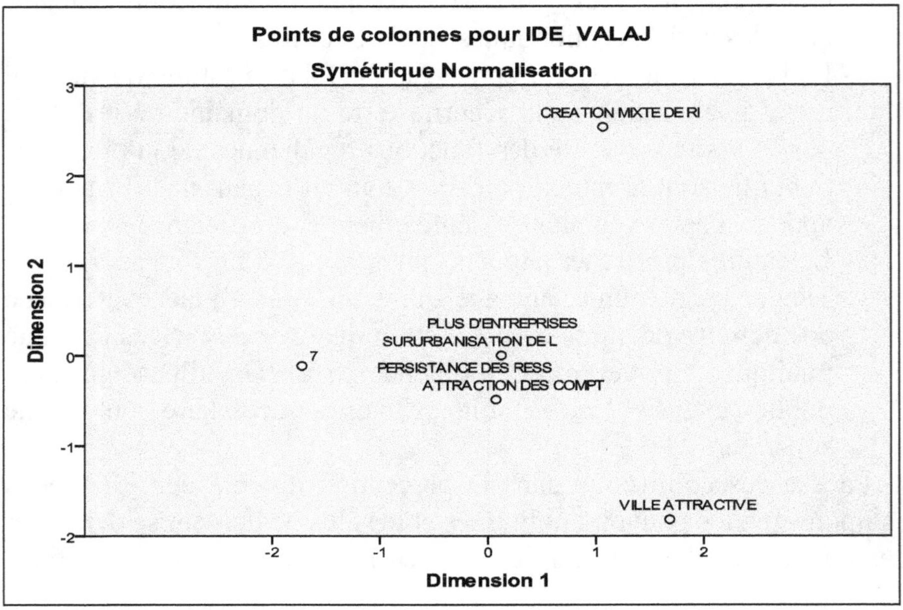

La représentation simultanée des résultats de l'AFC pour ce croisement de variables conduit à la représentation suivante :

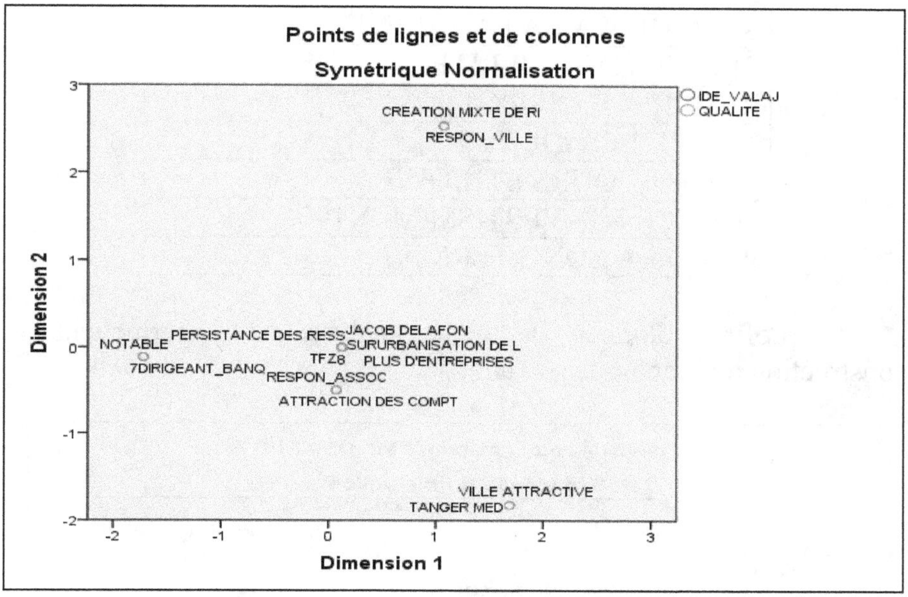

1- Pour le responsable de la ville, la véritable contribution des délocalisations et des investissements directs étrangers réside dans la création de la richesse, des emplois productifs qui vont permettre d'accroître le pouvoir d'achat, dans la réduction de la pauvreté et dans le changement de l'image de Tanger.
2- Pour les responsables du port Tanger-Med, la plus importante contribution réside dans la forte attractivité de la ville de Tanger depuis le démarrage de son décollage économique et le lancement de ces projets structurants.
3- Pour les autres personnes ressources, l'enjeu s'exprime en termes de sur-urbanisation et de problèmes sous-jacents comme ceux liés à la prolifération de la drogue de toutes sortes et des réseaux de prostitution.

<u>AFC : Profil des personnes répondantes & PPP_DEP PUB</u>

La question liée à la variable désignée par PPP_DEPPUB (Partenariat Public-Privé et Dépenses Publiques) est la suivante « A votre avis ces contrats de partenariat public-privé permettent-ils d'alléger le poids de l'engagement de l'Etat en termes de dépenses publiques ? ».

SOLUTION A LA PAUVRETE
RISQUES DE FAILLITE
REMPLACE L'IMPOT
ATTIRE LES IDE
PAS TOUJOURS ETHIQUE
SOURCE D'INVESTISSEMENT
RISQUE A LONG TERME

Les profils colonnes de cette analyse AFC permettent la construction du graphique suivant :

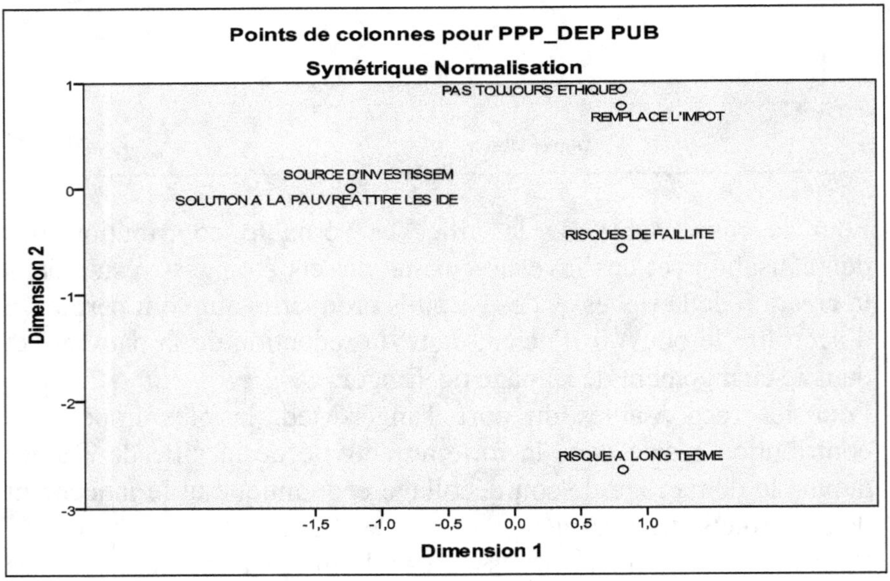

La représentation simultanée de cette analyse AFC conduit au graphique ci dessous :

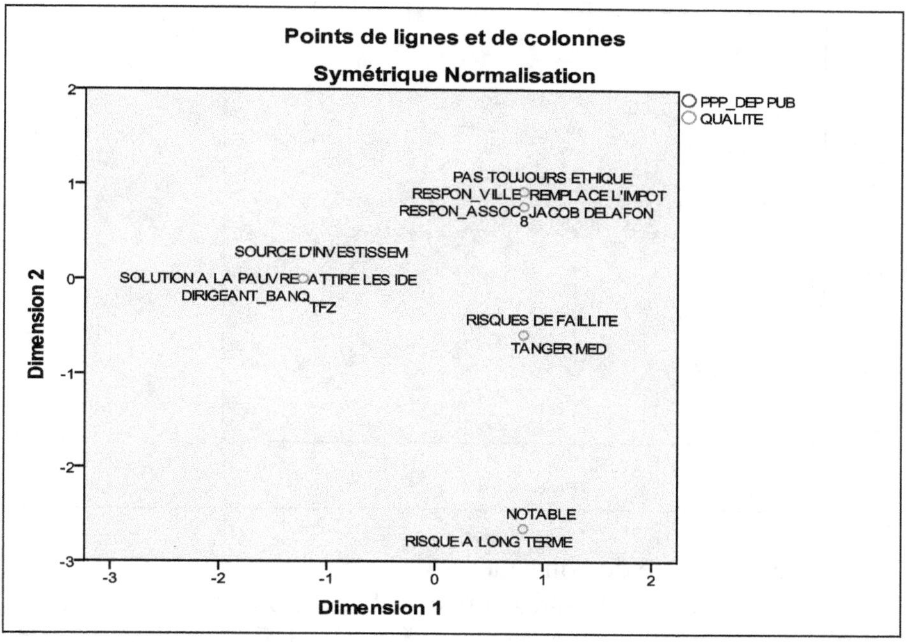

Ainsi, il convient de remarquer que :

1. Pour les opérateurs ayant une parfaite connaissance de la ville (le responsable de la ville et le représentant associatif ainsi que le représentant de la société Jacob Delafon), les contrats de PPP permettent d'alléger la fiscalité des entreprises même si cela soulève des questions d'éthique et de doutes sur l'existence d'un deux poids deux mesures ;
2. Pour les banquiers, les questions de financement (source de financement) et d'attractivité des IDE sont soulevées avec insistance, certains se sentent exclus ;
3. Les responsables travaillant au port de Tanger-Med, soulèvent pour leur part des questions liées aux risques de faillites à long terme et des risques de désengagement de l'Etat des secteurs de production marchande et non marchande au profit du PPP ;
4. Pour les notables, des risques majeurs sont à soulever non pas sur le court ou le moyen terme, mais plutôt sur le long terme, ils touchent la viabilité des emplois, l'espérance de vie de cette vitalité retrouvée et la maintenance des sites à la fin des contrats de PPP.

AFC : DECO_PUB_PRIV & ETA-PRIV_TANG

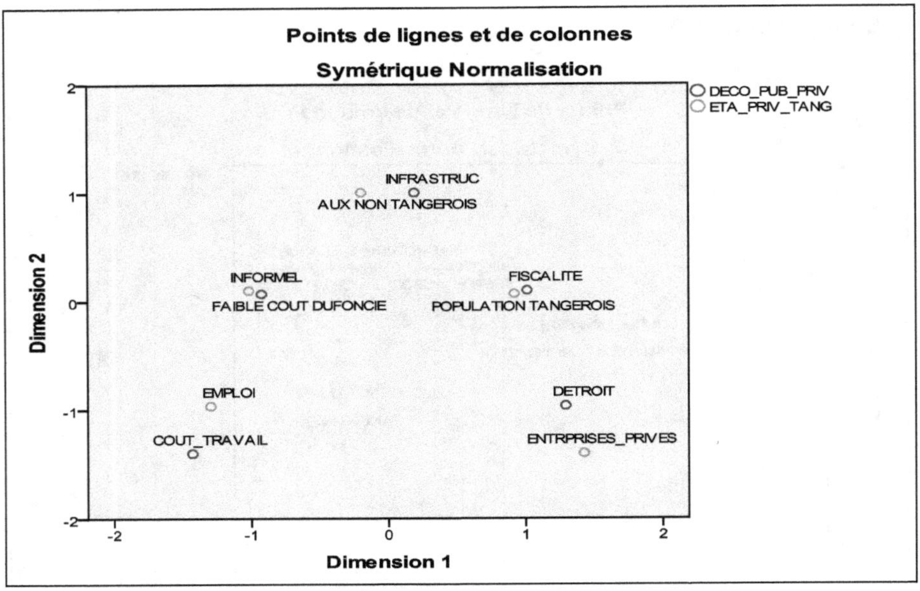

Il est remarquable de voir, que:

1. Il semble que les infrastructures profitent non pas aux résidents, mais plutôt à des personnes étrangères à la ville qu'elles soient de nationalité marocaine ou étrangère ; un tel fait est plutôt compréhensible si on prend en compte le structurel manque de ressources humaines dans la ville de Tanger. Il est vrai aussi que son positionnement géographique, sa zone portuaire et ces plates-formes sont autant de facteurs qui attirent du capital humain et de la force de travail ;
2. La création d'emploi est fortement tributaire du coût de travail faible et fortement compétitif comparé à celui pratiqué à seulement quatorze kilomètres aux frontières du grand marché européen ;
3. Le Détroit semble captivant, essentiellement pour les entreprises privées vu les économies d'échelle offertes depuis la ville de Tanger.

AFC : DECO_PUB_PRIV & PPP-ETA

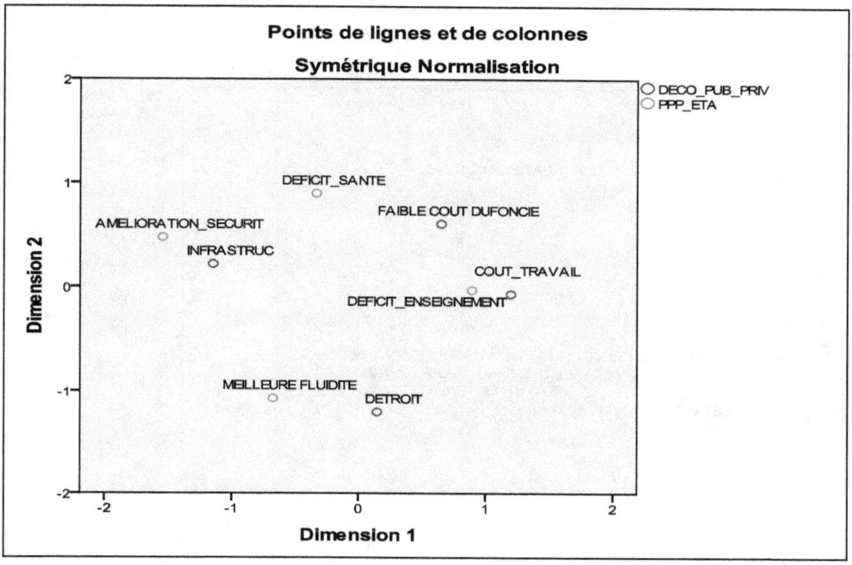

Des observations concordantes se combinent les unes aux autres pour générer des conclusions selon lesquelles :

1- Le principal atout de la ville reste bien lié à la fiscalité qui est présentée comme une variable clef de compétitivité de/pour l'entreprise ; elle permet à un stade donné de solidifier le positionnement industriel du Maroc comme sous-traitant incontournable et même un éventuel cotraitant à moyen et long terme ;
2- L'amélioration de la sécurité semble liée à celle des infrastructures ;
3- La mobilité démographique et celle de la force de travail desquels dépend la fluidité reposent essentiellement sur la résorption des déficits structurels en matière d'offre de services de santé et d'enseignement publics ou privés. La proximité dans le graphique du détroit avec la meilleure fluidité suppose que les Tangérois gardent les yeux rivés sur l'Espagne dans le cas où les frustrations prennent le pas sur l'espoir.

AFC : DECO_PUB_PRIV & IDE_VALAJ

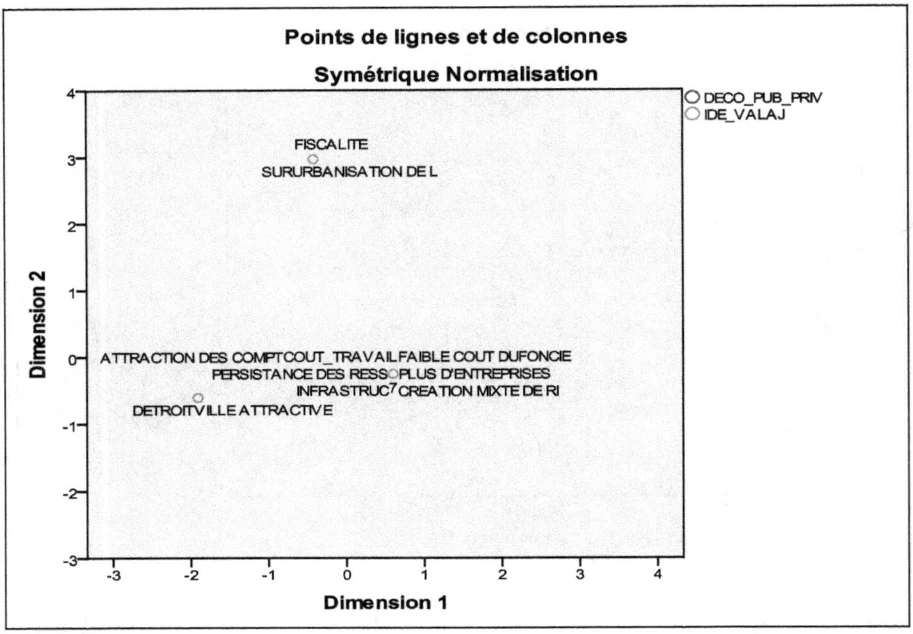

On peut en déduire que la fiscalité est fortement liée à la sur-urbanisation que connait la ville et que ce cette poussée de la population urbaine exerce de sérieuses pressions sur le management et sur les managers de la chose publique.

AFC : DECO_PUB_PRIV & PPP-DEP PUB

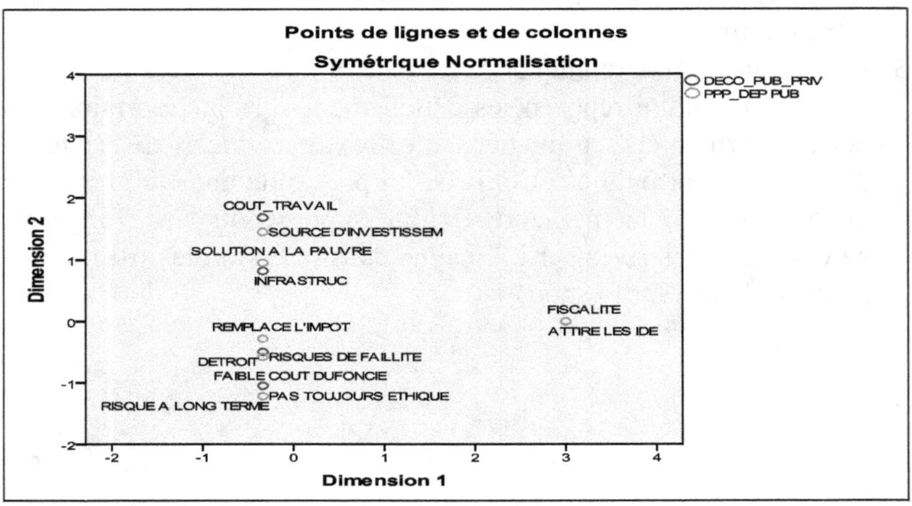

Les résultats sont parfaitement vraisemblables, ils confirment bien que la fiscalité exerce une forte attractivité sur les investissements directs étrangers et que le bas coût du facteur travail représente le véritable appât du gain pour les investisseurs, qu'ils soient nationaux ou étrangers.

4.3- La question du face à face PPP/ usagers : quelles retombées dans le dedans

La seconde partie de notre étude vise à aborder les principaux facteurs mis à jour par les personnes ressources. Pour ce faire, nous convenons de représenter les traits les plus marquants de la réalité que nous avons cherché à styliser en utilisant l'analyse factorielle des correspondances. Aussi, nous convenons de spécifier d'emblée la liste de ces facteurs déterminants et qui aident pertinemment à mettre en lumière l'intérêt soulevé par ces personnes. Suite à quoi, nous nous référons aux discussions et aux échanges que nous avons eus avec de simples citoyens résidants dans la ville de Tanger. L'idée qui doit germer à ce stade est de voir dans quelle mesure le simple citoyen est conscient de l'essor économique actuel de sa ville et s'il établit des liens entre ces changements et les projets de partenariats public-privé nombreux et divers que connait cette région du Maroc depuis un peu plus de dix ans.

Cette manière de concevoir et d'agir n'est pas sans cause à effets avec le problème traité et avec notre choix en amont d'aborder statistiquement le champ de l'étude. Une telle démarche nous servira comme approche logique tendant à tester la véracité de l'impact desdits facteurs mis à jour dans notre première partie et en relation avec les PPP. Bien entendu, la perception du simple citoyen n'est pas capitale, mais elle ne nous semble pas muette non plus. Elle serait sans équivoque moins globale que celles des personnes ressources, ne serait-ce que dans la durée et la diversité des expériences sur le terrain de ces dernières. Cependant le reflet de la perception des citoyens en termes de réalités vécues est, aussi à nos yeux, un élément de taille. Là encore, l'utilisation de méthodes purement qualitatives croisées à de simples observations et investigations permet clairement d'établir des interrelations sous-jacentes et d'asseoir un certain nombre de conclusions.

4.3.1- Retombées des PPP : une évaluation par les personnes ressources

Les principales retombées des partenariats public-privé soulevées par les personnes ressources concernent les domaines et les facteurs suivants :

- Le coût du foncier : certes le foncier est un élément important dans tout acte d'investissement, c'est un facteur de production incontournable dans l'équation de l'offre globale et aussi dans le calcul de la production intérieure brute (PIB). Dans le cas du Maroc coexistent deux régimes, traditionnel et moderne, l'immatriculation foncière n'est pas généralisée et cela donne de la flexibilité aux acteurs publics et privés. Pour Tanger, ville jadis sous statut international aboli en 1960 et remplacé par un statut de zone franche, les personnes ressources soulignent cette caractéristique comme une des causes de la faiblesse du coût du foncier. Selon eux, en plus de la proximité du détroit et de l'Europe, le bas coût du foncier exerce une forte attractivité sur bon nombre d'industriels étrangers et il explique en partie l'édification du port Tanger Med, la construction d'une zone franche et l'implantation du constructeur français Renault. Toujours selon ces personnes, le foncier abondant et abordable attire promoteurs immobiliers, industriels et Etat pour lancer des projets rentables, c'est aussi une conséquence du grand parc domanial de la ville. Pour confirmer ses dires, une des personnes rencontrées m'a confié que : « un promoteur immobilier a acheté en toute légalité une partie d'une montagne dans les hauteurs de la ville avant la construction des routes au prix de 20 dirhams (2 euros) le mètre carré, les lots du futur lotissement ont été commercialisés après mise en place d'axe routier par l'Etat et viabilisation par le promoteur au prix de 2.000 dirhams le mètre carré, soit cent fois plus le prix de la mise initiale ».
- Le coût du travail : dans cette ville comme dans l'ensemble du territoire marocain, les créations d'emplois suite à des délocalisations s'expliquent selon les personnes ressources à la fois par la compétitivité du coût du travail faible et par la flexibilité de la législation du travail. De manière unanime, elles défendent l'argument qui stipule que si le salaire minimum marocain est de 2.500 dirhams (240 euros) et s'il représente cinq à six fois moins que ceux pratiqués en Europe, continent dont les rives les plus proches sont à moins de 15 kilomètres, ces salaires ne sont pas des « salaires d'esclavage ». Pour nos personnes ressources, le Maroc

ne pratique pas de dumping social, c'est une question de Parité de Pouvoir d'Achat (PPA) et de coût de la vie de part et d'autre de la Méditerranée. Puis, selon ces personnes, de nombreux travailleurs marocains seront heureux de pouvoir être embauchés.

- La fiscalité : si la ville de Tanger profite depuis 1963 d'une série de mesures fiscales destinées à relancer son économie et qui, pour l'essentiel, se résument en des ristournes de 50% sur l'impôt sur les sociétés et sur les taxes frappant le secteur immobilier. Cette harmonisation fiscale de Tanger avec l'ensemble du Maroc a commencé en 2011 et de manière progressive à raison 2,5% de hausse par an. Cependant ces mesures ne devraient pas affecter les activités maritimes de Tanger Med et industrielles de la zone franche et de l'usine Renault. Les personnes ressources confirment les niveaux d'attractivité de la fiscalité de ces grands ensembles assimilés à des zones franches sans impôts et sans douane qui se traduisent par l'exonération de l'impôt sur les sociétés et de l'impôt sur le revenu pour toutes les opérations effectuées à l'intérieur de ces grands espaces économiques. Pourtant, un certain nombre de ces mêmes commentateurs regrettent l'absence de fiscalités écologiques et de fiscalité pour financer la formation. Déclarent aussi que ces thèmes ressortent de plus en plus dans les contenus des discours officiels qui incitent à disposer de davantage de moyens pour atteindre les objectifs d'une meilleure gouvernance dans l'exécution de politiques publiques efficaces et efficientes.
- Les infrastructures : notre échantillon de personnes ressources évoque l'émergence d'une métropole et l'existence de nombreux chantiers ambitieux d'infrastructures structurantes. Tous soulignent la modernisation et l'ancrage accélérés à des mégaprojets comme Tanger Med, l'usine Renault ou la zone franche (TFZ), mais regrettent, en même temps, l'absence d'une réelle stratégie de développement industriel basée sur les transferts de technologie Nord-Sud (colocalisation). Ils estiment que la situation géostratégique de la ville et le renforcement des infrastructures routières, portuaires et ferroviaires devraient permettre de travailler davantage sur une compétitivité intelligente et plurielle de ces territoires et d'attirer et retenir à long terme les capitaux et les hommes pour créer les conditions d'une croissance durable et inclusive.
- L'éducation : tous profils confondus, les personnes croisées estiment l'existence de déficits flagrants dans les contenus, l'offre

et la qualité en matière d'enseignement. Du privé au public, du primaire au supérieur, l'enseignement à Tanger n'est pas à la hauteur, les ressources humaines font cruellement défaut et le niveau en langues et notamment en Français est l'un des plus bas des milieux urbains du Royaume. Ces personnes parlent d'un miracle économique à deux vitesses, une ville qui créée de la richesse économique et industrielle en parfaite déconnexion avec les outputs négatifs de son système éducatif. A demi-mot, des personnes parlent de la malédiction du numéro d'immatriculation de la carte d'identité nationale désigné par la lettre K suivie de chiffres et identifiant les personnes originaires de Tanger. Ce suivi de chiffres est le signe d'« incompétence » pour les recruteurs et les directeurs de ressources humaines, cette ségrégation envers les Tangérois existe à Tanger et elle n'a jamais été démentie, de même qu'elle confirme l'adage qui dit que nul n'est prophète dans son pays. Un des responsables donne l'exemple de la seule école d'ingénieurs publique de la ville (INSAT : Ecole Nationale des Sciences Appliquées de Tanger) : « 28.000 bacheliers du Bac S ont postulé en 2010 pour passer le concours d'entrée, 5.000 ont été convoqués pour l'écrit, seuls 120 ont été admis après les épreuves orales, seules 68 ont réussi le difficile passage en deuxième année, 45 élèves ingénieurs seulement se sont retrouvés en 3e année, le passage en 4e année a été accordé à seulement 24 élèves dont une seule Tangéroise, combien de lauréats sortiront à la fin de la cinquième année ? ».

- La santé : les différentes personnes ressources questionnées jugent l'état du secteur alarmant et le soupçonnent d'être parmi les facteurs qui poussent les personnes à déserter cette ville ou à rester le moins d'années possible, ils désignent cela par la faiblesse de la fluidité. Ils montrent du doigt les carences dans les établissements publics et les excès en matière tarifaire outre le manque d'éthique et de transparence du petit nombre de cliniques, seulement 23 pour plus d'un million d'habitants. Selon une des personnes ressources, même l'OMS s'est indignée du comportement des cliniques tangéroises, ville où se pratique le plus grand nombre de césariennes, plus de 90 accouchements sur 100, taux le plus élevé au monde. Nos interlocuteurs ont souligné avec vigueur le décalage entre la qualité des prestations dans les cliniques et le niveau exorbitant des factures. Tous espèrent enfin que la puissance publique agisse dans le sens de l'assainissement du secteur de la santé et pour une urgente mise à niveau en relation avec les déficits, mais aussi avec la poussée démographique que connait et connaitra cette métropole en devenir.

Pour explorer l'ampleur de l'impact des PPP à travers ces facteurs sur de simples citoyens de la population tangéroise choisis au hasard, nous ciblerons le coût du foncier, le coût de travail, les infrastructures et les secteurs sociaux éducation et santé.

4.3.2- Retombées des PPP : les externalités et les ressentis exprimés par de simples citoyens

S'agissant tout d'abord du coût du foncier, il nous a semblé que ce sujet a été « le serpent de mer » dans nos échanges avec les nombreux citoyens de la ville de Tanger que nous avons rencontrés. Afin de se faire une idée, encore plus concrète, Abdeslam, 42 ans, marié, chauffeur routier et père de 2 enfants, nous informe que la plupart des promoteurs immobiliers ne sont pas originaires de Tanger, ils sont venus soit de Casablanca, Rabat, Marrakech ou de Nador, tous profitent du faible prix du foncier, des aides de l'Etat et des facilités bancaires. Abdeslam avoue que ce n'est pas le cas pour tout le monde et ressort l'adage selon lequel les banquiers ne prêtent qu'aux riches. Il poursuit ses récits en disant qu'au bout de vingt ans d'activité, il vient seulement d'acquérir un petit appartement en pas de porte moyennant une rente viagère mensuelle de 900 dirhams payable à vie et versée aux héritiers du défunt propriétaire. Pour Ahmed, 36 ans, salarié, marié, 3 enfants, il estime que le boom immobilier et la disponibilité du foncier ne profitent pas amplement aux Tangérois d'origine. Pour lui, le bénéfice va aux nationaux, les Marocains de l'intérieur (dakhil) et à ceux de l'étranger (les z'immigrés). D'après Ahmed, cette catégorie de non tangérois construit souvent des résidences secondaires qui restent inoccupées toute l'année. D'autres personnes profitent pour faire de la spéculation ou de la promotion immobilière à des fins de blanchiment d'argent de la drogue. Abdeslam précise que beaucoup d'immeubles se construisent à Tanger et restent inoccupés. Pour Ghizlane, elle se définit comme pure Tangéroise, ce que montre son accent, 30 ans, institutrice, célibataire, les Tangérois de souche, dans leur majorité ne se préoccupent pas du prix du foncier, ils savent que la propriété est de plus en plus inaccessible, leur souci est surtout de se trouver des logements décents à des loyers abordables. D'une façon discrète, elle évoque la nostalgie du bon vieux temps, Ghizlane rajoute que les vrais Tangérois ont trop longtemps vécu comme des Européens, particulièrement avec des Espagnoles, et pour eux le bien-être passe avant l'accumulation des biens immobiliers ou le stockage de l'argent dans les banques. Pour Hamid, 48 ans, salarié de l'artisanat, marié, trois enfants, la ville de Tanger s'agrandit et attire de plus en plus de personnes marocaines et étrangères et cela crée des opportunités dans l'immobilier qui, tout en restant accessible, va rattraper dans quelques années les prix de Casablanca et de Rabat.

Concernant le coût du travail, Abdeslam nous explique que c'est une volonté de l'Etat pour attirer de plus en plus d'entreprises étrangères vers Tanger afin de sortir la ville de la misère, mais ce n'est pas la manœuvre n'est pas très aisée. Abdeslam rejoint par Hamid, nous précisent que la ville, dans son ensemble, ne comportait plus que 10% à 15% de vrais Tangérois. En effet, ils considèrent que, depuis son essor économique, la ville bénéficie d'un solde positif de l'exode rural et urbain, et cela soit vers ses périphéries soit vers son centre. Selon eux, les vrais Tangérois commencent peu à peu à changer et à accepter le travail, et ils acceptent même des salaires variant entre 2.000 et 3.000 dirhams. C'est récent et cela date de la fermeture définitive du port du centre-ville. Ce port et la vieille gare de la ville à côté, étaient des zones de commerces rapides et très rentables. Les jeunes Tangérois s'adonnaient au « fast work » ; ils vendaient des produits à leur sortie de la zone franche du port de la ville, des produits comme l'alcool, les cigarettes et surtout les monnaies étrangères. Malheureusement ou heureusement, le détournement du trafic et des passagers vers Tanger Med, à plus de 55 kilomètres à Tanger Med, a détruit toutes ces petites combines, et la municipalité a rasé le port et déplacé la gare. Désormais, beaucoup de Tangérois découvrent, et malgré eux les « vertus » du travail et le « goût » de l'effort, mais ce n'est pas facile ni pour eux, ni pour tous. Pour Saida, ouvrière, 32 ans, mariée, les Tangérois n'aiment pas le travail manuel, ils sont partisans du moindre effort, c'est une question d'habitude plus que de goût ou de préférence. Son mari comme beaucoup de Tangérois n'a pas fait d'études supérieures et n'a pas de qualification professionnelle, c'est une personne fière et qui a beaucoup de caractère comme la plupart des Tangérois. Il refuse d'être dirigé par une autre personne ou de travailler pour 100 dirhams par jour (environ10 euros). Saida montre un peu du doigt les non Tangérois qui acceptent tout type d'emplois même avec des salaires en dessous du salaire minimum ; ils viennent pour survivre et ils sont souvent surexploités par des patrons sans scrupules et qui ne sont pas toujours des Tangérois.

Le sujet de la fiscalité fait sourire à Tanger et les différentes personnes dites simples citoyens avouent que Tanger est une ville qui n'a jamais contribué à l'effort fiscal national à cause et grâce à son statut conventionnel de ville internationale. Abdeslam et Hamid nous confient que la ville a auparavant contribué autrement et qu'à l'avenir il va falloir chercher les impôts chez les riches et chez les personnes qui tiennent le commerce de la contrebande des produits alimentaires et domestiques dans la ville : produits qui échappent à la réglementation douanière provenant principalement d'Espagne et de Gibraltar. Ces affirmations sont confirmées également par Saida et Ghizlaine qui attestent que la collecte et le recouvrement de l'impôt ne seront pas choses aisées dans la ville du Détroit, et qu'il n'appartient pas aux couches défavorisées de payer pour ceux qui vivent dans l'informel, la contrebande et le commerce de la drogue.

Quant aux infrastructures, Saida nous déclare qu'elle n'a pas beaucoup d'idées sur Tanger-Med, sur la Zone Franche ou sur l'usine Renault, mais elle pense que c'est grâce à ces projets qu'il y'a plus de monde dans sa ville et que c'est cela qui explique la métamorphose perpétuelle des quartiers, des routes et des infrastructures comme la construction des deux nouvelles gares, routière et ferroviaire, puis le prolongement des travaux d'autoroutes. Abdeslam, Ahmed et Hamid sont très positifs sur les transformations de la ville et ils approuvent ce vent de modernité qui insuffle une dimension internationale à Tanger. Abderrazak, 34 ans, chômeur, célibataire, un peu amer et indiffèrent, quant à lui, il nous déclare que Dieu a créé les problèmes et leurs solutions. Il avoue l'existence d'un progrès, mais que tout cela ne le touche ni de près, ni de loin. Il pense que, plus Tanger se modernise et plus ses amis et lui-même ont du mal à se trouver des ressources financières en échange de petits services. Ils citent fièrement des petits métiers toujours rapides et sans peine comme le racolage des voyageurs pour leur vendre des places dans les taxis ou dans les bus, le lavage de voitures et de camions, la revente de petite quantités de cannabis ou de cigarettes, voire d'alcool parfois.

Enfin, l'Education et la Santé constituent le couple qui a occupé beaucoup de nos débats avec cet échantillon de simples citoyens, suffisamment lucides et pas seulement spectateurs face aux changements dans leur cité. Ces deux sujets sont les plus gros sujets de mécontentement de tous les citoyens contactés. Le constat est unanime pour lancer des critiques acerbes et dire tout le mal des échecs de la puissance publique et même de ceux du secteur privé, traité de mercantile dans le traitement des déficits, des carences et des manquements qui sont le marqueur des secteurs de la Santé et de l'Education. Pourtant les deux font partie intégrante des plus importantes fonctions régaliennes de l'Etat moderne. Chacune de ces personnes raconte un drame lié soit à l'impossibilité de scolariser un enfant dans des conditions décentes soit encore en relation avec des incidents graves dans une clinique privée ou dans l'enceinte d'un hôpital public.

Conclusion

Au cours de l'écrtiture de cet ouvrage, nous n'avons jamais cessé de penser que nous vivons le début de la fin de l'ére du capitalisme, que la stabilité de l'économie mondiale est menacée par la globalisation financière. Sans doute aussi que la répartition des richesses sera encore plus inégale dans la nouvelle économie digitale, et que malgré les plaidoyers des modèles alternatifs et des mécanismes macroéconomiques de sauvetage des nations font cruellement défaut. Et que sans être résigné, nous avons tenté d'entreprendre divers sentiers pour soulever des parts vérités sans jamais et en tout décence prétendre exprimer toutes les rélaités et les devenirs économiques, politiques et sociaux des pays du Sud et de l'Est de la Méditerranée (PSEM). Se dégage de nos contributions le souci constant de comprendre les discours passionnels des prophètes libéraux des économies dominantes et de leurs adversaires partisans d'économies souveraines et de l'action publique. Questionnements, dans un monde au pied du mur où le débat de portée théorique reste vif tout en étant dominé par le triomphe des idées néolibérales et le fléchissement contraint des postulats keynésiens. Concrètement, ce livre est né de multiples interrogations sur les coûts et les retombées des politiques d'ajustement structurel et de libéralisation financière subies durant les trois dernières décennies par de nombreux pays en développement. Parallèlement, nous avons tenté une évaluation des politiques choisies dites de « partenariat public-privé » utilisées dans certains pays du Sud et de PSEM, notamment au Maroc.

Ainsi dit, cette réflexion nous a conduit à nous pencher sur la fin du XXe siècle qui a été le théâtre de la proclamation du libéralisme comme le meilleur gouvernement du monde. Pour simplifier nos propos, nous considérons que ce paradigme a été essentiellement à l'origine de la mondialisation qui, peu à peu, a détruit des pans entiers du système capitaliste économique hérité d'Adam Smith et de ses disciples en lui substituant l'entreprise par actionnariat, la finance de marché et de nouveaux modes artificiels de redistribution de revenus. Ce tourbillon de séquences a engendré l'abandon progressif de la création de la valeur ajoutée, produite par la combinaison du capital et du travail au détriment d'une finance nomade qui a conduit à polariser la richesse et à criminaliser la pauvreté.

On y lit aussi que les mécanismes souverainistes et les élites politiques sont de plus en plus dépassés par l'essor de l'élément économique ancré en profondeur dans une globalisation accrue et stimulée par des transferts de technologies numériques à l'échelle planétaire et véhiculés par les fameuses autoroutes de l'information et de la révolution technologique 4.0. De façon générale et en observant les récentes révolutions économiques et sociales, le présent livre essaie de répondre à des questions de portée globale, exprimée comme suit : « Dans quelle mesure les politiques économiques telles qu'elles sont appliquées dans les Pays du Sud et de l'Est de la Méditerranée, durant les trois dernières décennies, ont impacté leur développement économique et social? ». Pour ne pas apporter une vision d'exploration portant exhaustivité, nous avons limité notre analyse à la sphère des politiques publiques, adoptées sous l'égide des bailleurs de fonds sous les noms de plan d'ajustement structurel (PAS) et/ou de libéralisation financière sans omettre de mettre en lumière des nouvelles voies de développement de portée nationale, voire régionale fondant des modèles de croissance puisant leurs fondements dans le partenariat entre les secteurs public et privé (PPP).

En ce qui concerne l'évaluation des politiques d'ajustement, nous avons constaté que, sans consensus sur le diagnostic, ni sur les solutions ni sur les outils, la mise en place du PAS ne peut se réduire globalement qu'à des mesures d'austérité engendrant l'accroissement du chômage et la détérioration du pouvoir d'achat des ménages malgré le recul remarqué de l'inflation et la contraction conjoncturelle, mais de courte durée des déficits. Ce n'est pas faute de le rappeler que chacune des mesures du PAS soulève des objections fondées et des interrogations légitimes : « Comment des solutions durables aux déséquilibres monétaires et financiers pourraient-elles reposer exclusivement sur des mesures générant plus d'exclusion et davantage d'inégalités ? ».

Cependant, tout cela ne représente encore qu'un premier pas de ce qui reste à faire. Outre les questions d'ajustement structurel et de libéralisation financière, on se doit d'évoquer le dernier acte de ces politiques, celui de l'approfondissement financier et de l'indice de développement financier. A nos yeux, les PSEM et à l'exception d'Israël et dans une moindre mesure du Maroc, ces pays sont marqués par la domination des banques étrangères et la présence de l'actionnariat bancaire public. Les finances sont duales, la monnaie plutôt fiduciaire et les taux de bancarisation faibles et situés aux antipodes des défis majeurs autant microéconomiques que macroéconomiques.

Et comme toute réponse à une question soulève bien des questions ultérieures et, sans doute ramène au point de départ, c'est l'interrogation initiale formulée sur la mesure de la causalité qui a été reprise , il s'agira ainsi de comprendre la question des inégalités que nous avons abordée dans le cas du Maroc sous l' angle empirique et économétrique des liens entre croissance économique, développement financier et réduction des inégalités.

Les discussions ont révélé que les inégalités des revenus au Maroc sont au carrefour de quatre problématiques :

- la dépendance énergétique et alimentaire vis-à-vis du reste du monde;
- l'insuffisance du pouvoir d'achat et le poids de la pauvreté ;
- l'existence de transferts et de subventions aveugles et anonymes qui profitent davantage aux riches et aux industries ;
- une économie à la merci de la demande intérieure et de la pluviométrie.

Face à de nombreux fossés économiques et financiers, devant les fragilités des finances publiques et sans la levée pédagogique des contraintes les caractérisant, des voies de bonne gouvernance semblaient de plus en plus urgentes pour éviter l'effondrement social et économique de nombreux pays. Notamment ceux de la rive Sud et de l'Est de la Méditerranée, qui risquent de plus en plus des Tsunamis sociaux et idéologiques et pas simplement le naufrage des arches. Dans nos interrogations portées sur le sort de cette région, nous avons fait le choix d'opérer une évaluation des initiatives prises par certains pays pour diversifier les sources de financement et d'expertises pouvant accompagner leur développement. Il s'agit de mesurer à titre d'exemple les retombées des politiques de partenariat public-privé dans les PSEM avec, comme exemple, les incubations dans la future métropole de Tanger.

Pour analyser les liens de causalité entre les projets de PPP et les tentatives d'émergence économiques, nous avons tenté de répondre à la question : « Quelles sont les principales transformations sociales, économiques et structurelles que connait Tanger depuis 2004, date à laquelle de grands chantiers et projets marchands et non marchands ont été lancés dans cette future métropole ? ».

Les analyses qualitatives exploratoires entreprises nous ont permis de mieux comprendre trois perceptions des retombées des contrats de partenariats public-privé marchands et non marchands dans un territoire délimité, mais approprié. Ces perceptions peuvent être formulées comme suit :

- Une bonne perception globale de la puissance publique qui défend le chemin tracé et publie des résultats confirmant la bonne justesse de ses choix;
- Une perception des personnes ressources qui défendent des projets et exposent des bilans de leurs expériences sur le terrain ;
- Une appréhension des simples citoyens qui mettent tous leurs espoirs pour que le changement soit instantané et surtout tangible, quand il s'agit de leurs pouvoirs d'achat ou de leurs droits sociaux.

Au jeu des analyses, soulignons finalement que les trois décennies 1981-2011, n'ont pas réussi à ajuster de manière optimale les économies des pays du Sud et de l'Est de la Méditerrané, les réformes structurelles et de libéralisation financière ont échoué dans leur projet de fusion des économies réelle et financière. Pire, les inégalités se sont davantage creusées dans des sociétés de plus en plus injustes et de plus en plus déchirées. On pourrait multiplier les exemples, mais, pour ce qui est des PSEM, les révolutions sociales par effet dominos et les projets de gouvernement par le glaive de l'Islam politique dont beaucoup de pays arabes ont été le laboratoire, ces « printemps dits arabes » ont signifié, en temps réel et au monde entier, le grand décalage entre le temps politique, le temps économique, le temps social et le temps administratif. Dans cette région et même ailleurs, la classe des rentiers de la politique est de plus en plus discréditée au moins dans les urnes et via les taux d'abstention parce qu'elle n'a pas compris les changements et n'a pas su se repenser pour contrecarrer la montée des extrêmes qui lui montrent ses propres limites et ses propres excès. Cela remet en cause et de plus en plus les modèles économiques libéraux et les schémas politiques de l'alternance dans le cadre du bipartisme même dans les plus vieilles démocraties, et illustre sans surprise de futures mutations. En réalité, les textures politiques ont été rendues caduques à cause de la fragmentation de l'esprit politique par l'homme économique.

Outre toutes ces questions, qu'il s'agisse du Maroc, pays central de notre ouvrage, son défi le plus récent est de réussir l'émergence pour accéder au développement équitable et inclusif. Un début de réponse a été apporté par le Roi Mohammed VI lors du discours du 30 juillet 2014 « si le Maroc a connu des avancées tangibles, la réalité confirme que cette richesse ne profite pas à tous ces citoyens….Nous nous ne voulons pas d'un Maroc à deux vitesses : des riches qui bénéficient des fruits de la croissance et s'enrichissent davantage ; et des pauvres restés en dehors de la dynamique de développement ».

Pour finir, et bien qu'il ne soit nullement dans notre intention d'apporter des conclusions parées de certitudes, nous pouvons dire d'abord que, contre les inégalités, nous ne pouvons gagner que des batailles et non pas la guerre et que nous ne devons pas choisir entre la croissance et l'équité. Ensuite, que la transition vers une démocratie plurielle dans la région étudiée est le préalable à toute forme de justice sociale. Puis, de reconnaître que l'outil principal de production n'est plus ni le capital, ni le travail, mais plutôt le capital humain. Ce dernier, est le seul capable de générer de la connaissance qui, combinée aux autres facteurs de l'intelligence, peut générer et créer durablement de la valeur ajoutée partagée favorisant le bien public global et non « indivisible ». De tels éléments devraient corroborer à accorder davantage d'intérêt, dans toute politique publique ou stratégie de développement, à mettre l'humain au centre de leurs préoccupations tout en axant pertinemment les efforts sur une réelle valorisation des compétences, véritables richesses des nations.

Listes

Tableau

Figures

Encadrés

Graphiques

BIBLIOGRAPHIE

A World Bank country study (2006), « Fostering higher growth and employment in the kingdom of morocco », the world bank, Washington d.c
A.ElBouhadi, A. El Khider, EL M. Kchirid, I. El Abbassi (2011), « Les déterminants du taux de change au Maroc : une étude empirique entre 1975 : I et 2006 : III », Faculté de Droit de Marrakech, Université Cadi Ayyad, Marrakech, pp. 1-27
Aboudrar A., 2011 « Financement de l'investissement : partenariat Etat, privé et collectivité locales », Caisse de Dépôt et de Gestion.
Abou-qarn A. S. & Abu-badr S. (2007), « Sources of growth revisited: evidence from selected MENA countries in world development », vol .35, n° 5, p. 752-771
Achy, L. (2005), « Financial liberalization, savings, investment, and growth in MENA countries », research in Middle East economics 6, pp.67-94
ADB, (2006), « Public-Private Handbook », pp 1-101, Asian Development Bank
African Development Bank group (2000), « Egypt, economic reform and structural adjustment program », operation evolution department, 2000, pp. 1-49
Akesbi N., (2012) : « une nouvelle stratégie pour l'agriculture marocaine : le plan Maroc Vert PMV », New Medit, N°2-2012, pp 12-23
Akyüz I. (2011), « Perspectives on Turkish economy », tüsiad Washington representative office, p.1-30., www.tusiad.org/tusiad/representative
Alméras G. et Joly C. : « Méditerranée 2030 Panorama et enjeux géostratégiques, humains et économiques », IPEMED, 2009
Amiar J., www.entreprendre.ma, «Forte-demande- d'emplois-sur-Tanger-et un- grand-problème de formation », 2012
Arab Monetary Fund, Amdr (2004), « Rapport annuel de la bourse de Tel Aviv »

Askane, Iftekar, Ihsane, McKarty (2005), « The role of earning and books values in pricing stocks: evidence from turkey »

Ayari C. (1998), « Le dinar tunisien et l'euro : l'illusion d'un ancrage formel », symposium international pour l'avenir de la zone franc avec l'avènement de l'euro, Codesria, Dakar, Sénégal

Ayari S. (2008), « Impact du microcrédit sur le secteur informel en Tunisie dans le contexte de la libéralisation financière », thèse de doctorat, université de Versailles-Saint-Quentin-en-Yvelines

Banque Mondiale (1993-2007), Rapports sur le développement humain

Bellan S. (2010), « La régulation monétaire en Algérie de 1990 à 2007 »

Belqat S., (2010), « Le Paretnariat Public-Privé (PPP) : nouveau mode de gestion des projets au Maroc », Troisième Dialogue Euro-Méditerranéen de Management Public

Bendaoud El Mataoui (2008), « Politique de réduction du déficit budgétaire et croissance économique au Maroc : état des lieux et perspectives d'avenir », Ed. Repères et perspectives, Casablanca

Billmeir A. et Massa I. (2009), « Go long or short in pyramids? News from the Egyptian stock market », IMF

BIT ACTRAV : « Maroc, Zones franches, droits des travailleurs et stratégies syndicales », Document de travail, International labour office, 2010, pp 1-72

Böhmer A., (2010), « Les partenariats public-privé (PPP) dans la région MENA en temps de crise : tendances actuelles de la participation du secteur privé et évaluation des PPP dans la région MENA », Economie et Territoire, N°241

Bouoiyour J., Dumas A. &Hanchane S., (2008), « Qualité de la formation professionnelle initiale au Maroc et impact des actions de formation continue sur les performances des entreprises marocaines »

Castel O. (1998), « Les maquiladores : Firmes passives ou Firmes actives », ORSTOM-GERDIC

Catusse M. (2010), « Maroc : un fragile état social dans la réforme néolibérale », in Etat face au débordement du social au Maghreb, p. 121-148

Central bank of the republic of turkey (cbrt), 2011, http://www.tcmb.gov.tr

Chevreau A., (2012), « Partenariats public-privé en Méditerranée : le parcours se fait sans obstacle », www.ipemed.coop
Chevreau A., (2012), « Pour une stratégie euro-méditerranéenne de colocalisation », IPEMED.
Colliers International, « Social Infrastructure & Public Private Partnership (PPP) in the MENA Region », World Finance Magazine – March/April 2013
Creane S., Goyal R., Mobarak M. & Sab R. (2003), « financial development and economic growth in the Middle East and North Africa », newsletter of the economic research, vol10, n°2
El-Erian M. &Mohieldin M. (2000), « Financial development in emerging markets: the Egyptian experience », edited by the Egyptian center for economic studies and the international center for economic growth
Femise (2003), « Report euromediterranianpartnership », Marseille, Femise
Femise (2004), « Report euromediterranianpartnership », Marseille, Femise
Hammami M. Ruhashyankiko J.F, Yehoue E. (2006), « Determinants of Public-Private Partnerships in Infrastructure », IMF WOrking Paper WP/06/99
Harakat M. (2012), « L'évaluation des politiques et des systèmes de gouvernance au Maghreb à la lumière du Printemps Arabe », In Revue Marocaine d'audit et de développement, N° 33, pp 1-326
Hassini A. (1998), « La privatisation du secteur public au Maroc », thèse de doctorat, I.D.P.D, université de Nice Sophia Antipolis
Haut-Commissariat au Plan, Soudi K. (2007), « Dynamique de l'inégalité et de la pauvreté et croissance économique au Maroc », Rabat
Huet F. (2007), « Partenariat public-privé et performance : Théories et applications au secteur de l'approvisionnement d'eau potable en France », thèse soutenue à l'université de Paris Panthéon-Sorbonne, pp. 1-218
Institut Royal des Etudes Stratégiques, sous la direction de El Aoufi N. (2009), « Inégalités et cohésionsociale au Maroc : une analyse économique », université Mohamed V, Rabat
Istanbul menkulkiylimetlerborsasi (2010), « yilik rapport annual factbook, Istanbul stock exchange », p.1-143

Jaidi L. : « Quelles perspectives pour l'intégration internationale de l'industrie marocaine ? », Prospective Maroc2030, Actes Forum I, 2012

Kairouani A. (2014) : « Les contrats de partenariat public-privé », In Revue Marocaine d'Administration Locale et de Développement, pp 157-201, N°116, Mai-Juin 2014

Kakwani, N, H& Son, (2008), « Poverty equivalent growth rate », Review of Income and Wealth, Forthcoming, Klase

Kiliç R., Erdal A. (2009), « The increasing importance for foreign direct investment and turkey »

Kratou H. & Kratou N. (2010), « Financial openness, institutions, financial development and economic growth: empirical evidence from the MENA region », university 7 November of Carthage, university of Tunis, Tunisia, p. 1-34

La Caisse de Dépôt et de Gestion, « Le Partenariat Public Privé L'expérience MEDZ », Avril 2011

Layau J.B, Lung Y. (2008) : « Attractivité et agglomération dans l'industrie automobile au Maroc et en Tunisie : une analyse comparative », Université de Bordeaux, GRETHA UMR CNRS, 2008

Lootavet B., Freund B, (2005) : « Où le partenariat public-privé devient l'instrument privilégié du développement économique local. L'exemple de Durban, Afrique du Sud » Revue du Tiers Monde, n°181, V46, pp 45-70

MENA-OECD Initiative : « Business climate Developpment strategy in Egypt », Phase I policy assessment, July 2010, pp 1-57

Naas A. (2003), « Le système bancaire algérien: de la décolonisation à l'économie du marché », éd. Inas, Maisonneuve et Larose. Paris

Nabug B. (2011), « Les marchés boursiers émergents : problématique de l'efficience », PubliBook

SaharAhed N. (2003), « Soundness of the banking system: the case of Egypt », Cairo university

SalihTuran K. (2008), « Is there a long-run relationship between taxation and growth: the case of turkey », department of banking and finance, eastern Mediterranean university

Selenium consulting (2010), « 20 ans d'internalisation du secteur bancaire, et maintenant »

Tarek M., (2010), « Operational Experience in PPP, The Egyptian Experience », Regional Workshop on PPP in ME, Jordan
Trésor Public de la République Française, ambassade de France en Algérie, publications des services économiques (2012), « Le secteur bancaire en Algérie »
Turkish statistical institue (turkstat), 2012, http://www.turkstat.gov.tr
Worthington J. (2014), « La zone franche de Tanger sixième meilleure zone de l'avenir pour l'année 2012-2013 »
Yamani N. (2012), « Politique économique et piège du sous-développement au Maroc », thèse de doctorat, université de Grenoble
Yüksel G. (2008), « Banking turkey: history and evolution »

Table des Matières

MAROC
AUX ÉDITIONS L'HARMATTAN

Dernières parutions

GOUVERNANCE ET "BRANDING" DES TERRITOIRES TOURISTIQUES
Hassan Faouzi, Mimoun Hillali
Spécialisé dans le mangement de marques, le branding est censé, en matières de tourisme, bonifier le potentiel touristique d'un territoire, d'une ville ou d'une localité. Il désigne une logique d'action promotionnelle visant à positionner un produit dans l'esprit du consommateur. Issu d'un colloque international qui s'est déroulé à Agadir, cet ouvage a pour objectif de s'interroger sur les différentes significations des images des destinations, villes et territoires touristiques qui, aujourd'hui, font face à de nombreuses incertitudes tant structurelles que conjoncturelles. Les contributions abordent, sous des angles variés, les enjeux du « branding » en tourisme et de la gouvernance des territoires touristiques.
(Coll. Colloques et rencontres, 364 p., 37 euros)
ISBN : 978-2-343-16615-5, EAN EBOOK : 9782140114014

ÉCRITURES DE LA SURVIE EN MILIEU CARCÉRAL
Autobiographies de prisonniers marocains des "années de plomb"
Jeanne Fouet-Fauvernier
Cet ouvrage traite d'écrits portant sur la remémoration d'une expérience de séquestration. Il questionne les limites de ce qu'un être humain peut supporter en termes d'atteinte à ses droits fondamentaux, et présente les ressources mobilisées par des prisonniers marocains durant « les années de plomb ». Les techniques salvatrices élaborées par ces témoins donnent beaucoup à penser sur ce qui constitue le propre de l'homme : langage, sociabilité, recours au surnaturel, bricolage, création de fictions, imagination au travail. Quand il ne reste rien, demeurent le désir de préserver l'appartenance à l'humanité et l'aspiration à la dignité.
(Coll. Études littéraires maghrébines, 304 p., 31 euros)
ISBN : 978-2-343-16219-5, EAN EBOOK : 9782140113888

LILA ET AMAR
Contes berbères du Rif de la tribu d'Ayt Waryagher
Jamâl Abarrou
Comment une fillette échappera-t-elle à un ogre, déguisé en maître d'école ? Pourquoi sept frères partent-ils en exil ? Qu'est devenue une petite fille plus belle que le soleil ? L'amour de Lila et Amar triomphera-t-il de la tradition ? Entre humour, cruauté, amour et sagesse, vous découvrirez les réponses dans ce recueil de contes qui illustre la vie des paysans berbères avec ses particularités, ses croyances et ses coutumes.
(Coll. La légende des mondes, 186 p., 14 euros)
ISBN : 978-2-343-15381-0, EAN EBOOK : 9782140105142

LETTRES ET CARNETS DE GUERRE
De la Lozère à l'Algérie, du Maroc à l'Oise
1912-1918
Jacqueline Chabrol
En 1902, préférant l'uniforme à la soutane, Justin Meynadier s'engage dans l'armée. Sa carrière militaire le conduit en 1912 en Algérie, puis en 1913 au Maroc avant qu'il ne regagne le front en 1915, où il participe, avec la 1re Division du Maroc, à la seconde bataille de Champagne, avant de rejoindre l'Oise. Capitaine au 8e Régiment de Marche de Tirailleurs, il prend part aux combats qui, en 1918,

permettent de stopper la dernière offensive allemande. De 1912 à 1918, Justin Meynadier n'a cessé d'écrire aux siens. Outre un passionnant témoignage sur l'Afrique du Nord coloniale, il laisse sur la Grande Guerre deux « récits » du front de l'Oise : celui, rassurant, destiné à sa famille et celui, terrible, vécu au ras des tranchées et consigné dans ses papiers personnels.

(280 p., 29 euros)

ISBN : 978-2-343-16030-6, EAN EBOOK : 9782140106439

RENCONTRES FRANCO-MAROCAINES

De Raymond Aubrac à Driss Chraïbi

mustapha Jmahri

Préface de Mohamed Benhlal

Ce livre relate les rencontres de l'auteur avec une quinzaine de personnalités ou d'intellectuels marocains et français. Il apporte un éclairage personnel sur certaines grandes personnalités telles que Raymond Aubrac, Driss Chraïbi, Abdelkébir Khatibi, et Guy Martinet entre autres. Un détail essentiel cependant attire l'attention du lecteur : tous ces personnages sont soit originaires d'El Jadida-Mazagan, soit ont été rencontrés dans cette ville ou s'y sont intéressé de près. Ce qui fait de Mustapha Jmahri un militant de la mémoire unissant les deux rives de la Méditerranée.

(112 p., 13 euros)

ISBN : 978-2-343-15859-4, EAN EBOOK : 9782140103285

CARNET DE RECHERCHE :

Tinghir, des Berbères du Maroc

Identité Amazigh et langue tamazight dans le Todgha

Erwan Delon

Cette recherche de trois mois en "immersion" dans une région montagneuse et rurale du Sud-Maroc permet à l'auteur de présenter des éléments concernant l'écosystème (la palmeraie, les croyances et pratiques liées aux végétaux et aux animaux) ; l'architecture (casbahs et ksour) ; la langue tamazight et ses spécificités ; les différents constituants de la population du Todgha (les tribus et rapports inter-tribaux).

(Coll. Socio-anthropologie, 182 p., 19 euros)

ISBN : 978-2-343-15240-0, EAN EBOOK : 9782140104206

FOUAD LAROUI

Najib Redouane, Yvette Bénayoun-Szmidt, Bernadette Rey Mimoso-Ruiz

Depuis Les Dents du topographe (1996) jusqu'à L'Insoumise de la porte de Flandre (2017), Fouad Laroui parle de son pays d'origine, le Maroc, il en dresse un tableau où l'absurde côtoie la tendresse et le rire frôle les larmes. Avec légèreté, humour et ironie, il aborde les thèmes fondamentaux de la société contemporaine dont il saisit toute la complexité qui va au-delà du royaume chérifien. A travers l'étude romanesque de Fouad Laroui sont mis en valeur des liens entre Maghred et Europe et un humanisme hérité des lumières de la sagesse d'Ibn Rushd.

(Coll. Autour des écrivains maghrébins, 370 p., 37,5 euros)

ISBN : 978-2-343-15866-2, EAN EBOOK : 9782140103599

L'ETREINTE DES CHENILLES

Roman

Ghizlaine Chraibi

Dialogue indirect en deux voies, ce roman fait part de deux visions, l'une féminine et l'autre masculine. Evitant tout manichéisme, Ghizlaine Chraibi nous fait découvrir un univers où la parole féminine n'est pas un synonyme automatique de féminisme, ni la parole masculine un renvoi mécanique au machisme patriarcal. Pour une critique de la masculinité tout en subtilité.

(196 p., 19 euros)

ISBN : 978-2-343-15887-7, EAN EBOOK : 9782140103858

UN AMOUR FRACTAL

Ghizlaine Chraibi

Dans ce roman initiatique résolument moderne, la narratrice fait le choix, encore fortement tabou, de sa liberté aux dépens de la maternité. Au rythme d'une playlist musicale dont les liens figurent au fil des pages, vous pourrez suivre les aventures d'une femme arabo-musulmane au XXIe siècle, par-delà tout stéréotype.

(174 p., 17,5 euros)

ISBN : 978-2-343-15886-0, EAN EBOOK : 9782140103841

MAROC, CITÉS D'ART, CITÉS D'HISTOIRE

Mohamed Métalsi

Préface d'Abderrahman Tenkoul

Cet ouvrage est consacré aux villes de Fès, Meknès, Rabat, Marrakech, Tanger et Tétouan. Hauts lieux de savoir et de rencontres, importants centres de pouvoir et de négoce, ces cités anciennes constituent de véritables joyaux. En les décrivant avec le double éclairage historique et architectural, l'auteur retrace leur dynamique, convoquant les événements, les sultans, les savants, les intellectuels et les populations qui y ont vécu. Il met au grand jour l'ampleur du multiculturalisme dont les cités traditionnelles du Maroc sont pétries. Cette entreprise féconde et originale constitue une approche quasi inédite du Maroc où histoire, anthropologie et sociologie sont continuellement mêlées (illustrations couleur).

(Coll. Harmattan Maghreb, 284 p., 25 euros)

ISBN : 978-2-343-15235-6, EAN EBOOK : 9782140098260

LES PARALLÈLES FINISSENT TOUJOURS PAR SE CROISER

Roman

Olivier Sorin

Félix Glop, 40 ans, déteste le nombre 23, les toiles cirées sur les tables de cuisine et les femmes qui portent des collants couleur chair. Et pourtant, Félix est doué pour les autres. Un don qui l'a conduit à écumer les enterrements comme certains « serial noceurs » s'invitent aux mariages des autres. Il gagne sa vie en enjolivant celle de ceux qui ont passé l'arme à gauche lors des enterrements d'inconnus. La rencontre d'un vieil homme va chambouler cette existence tranquille...

(Coll. Rue des écoles, 204 p., 19,5 euros)

ISBN : 978-2-343-15002-4, EAN EBOOK : 9782140098567

MOBILITÉS SPATIALES À CASABLANCA

Caractéristiques, mécanismes et impacts

Saâdia Agouray

La mobilité spatiale représente un enjeu économique, social et même culturel capital, à la fois pour la ville, mais aussi pour le simple citoyen. De même, elle constitue un outil pour l'aménageur et les dirigeants afin d'intervenir sur l'espace urbain. Pour le géographe, elle permet l'approche du citoyen « acteur » dans sa vie quotidienne et la « stratégie » qu'il développe en matière de déplacements et consommation de l'espace. La mobilité induite est un élément nécessaire pour anticiper l'évolution de l'espace urbain. Cela est d'autant plus important que ce dernier, comme dans les grandes villes des pays du Sud, ne cesse de s'étaler et les trajectoires de la mobilité de se diversifier et se complexifier.

(Coll. Histoire et perspectives méditerranéennes, 380 p., 38 euros)

ISBN : 978-2-343-15081-9, EAN EBOOK : 9782140096396

PARCOURS MIGRATOIRE ET TRAJECTOIRES DE VIE DES PERSONNES ÂGÉES IMMIGRÉES

Sociologie de l'accompagnement social

Fatima Mezzouj

Cet ouvrage s'intéresse aux personnes immigrées en France âgées de 60 ans et plus, originaires du Maroc, de l'Algérie et de la Tunisie, et aux professionnels de l'action sociale et médico-sociale. À partir de l'analyse des parcours de vie de ces personnes âgées immigrées, il apporte un éclairage intéressant sur la souffrance et le bonheur de cette population.

(Coll. Espaces interculturels, 262 p., 27 euros)

ISBN : 978-2-343-14762-8, EAN EBOOK : 9782140092404

ABDELKÉBIR KHATIBI

La sensibilité pensante à l'oeuvre dans Le livre du sang

Lahoucine El Merabet

Préface de Hassan Wahbi

Dans Le Livre du sang, l'écriture est dotée d'une force telle que la fin de l'arrière-plan narratif et de la fiction mystique ne coïncide pas avec la fin du récit. Le langage subsiste et mène le texte jusqu'à son terme. Le narrateur subit le même sort que les autres figures. Tout au long du récit, l'écriture est mue par la nécessité de répondre à des questions relatives à des valeurs qui régissent l'ordre du monde. Ce paradigme didactique développe une pensée structurelle, subtile et consubstantielle au contenu fictionnel du récit. C'est la sensibilité pensante qui est à l'oeuvre.

(134 p., 15 euros)

ISBN : 978-2-343-15038-3, EAN EBOOK : 9782140094095

LE CONTENTIEUX ÉLECTORAL DANS LA JURISPRUDENCE DU CONSEIL CONSTITUTIONNEL MAROCAIN

Etude comparative

Adil Moussebbih

Préface du Pr Dominique Rousseau et du Pr Abdallah Saaf. Présentation du Pr Pascal Chaigneau

Le juge constitutionnel est reconnu aujourd'hui comme un acteur central de la régulation du jeu démocratique. S'appuyant sur son expérience professionnelle au sein du Conseil constitutionnel, l'auteur a puisé sa documentation dans la jurisprudence constitutionnelle marocaine et comparée. Il a procédé à une fine analyse des décisions électorales de 1994 à 2011 et couvrant les différentes législatures. L'auteur restitue ce contentieux délicat dans son contexte et trace les voies d'une évolution jurisprudentielle favorable à un Etat de droit moderne.

(Coll. Logiques Juridiques, 510 p., 39 euros)

ISBN : 978-2-343-10860-5, EAN EBOOK : 9782140093647

L'AUDIOVISUEL AU MAROC EN 10 QUESTIONS

Approche socio-économique

Yassine Akhiate

Le présent ouvrage s'intéresse à la socio-économie de l'audiovisuel au Maroc. Il dresse un panorama des différents questionnements qui concernent le secteur de l'audiovisuel, ses acteurs institutionnels et économiques, ainsi que la dynamique qui les anime. De précieux renseignements y sont fournis sur des sujets divers affectant le quotidien des Marocains.

(Coll. Socio-anthropologie des mondes méditerranéens, 200 p., 20,5 euros)

ISBN : 978-2-343-14968-4, EAN EBOOK : 9782140091407

GENS DE GUERRE AU MAROC

suivi de textes inédits

Emile Nolly

Présentation de Gérard Chalaye avec la collaboration de Guy Riegert et Roger Little

Il y a peu de guerre dans Gens de guerre. Malgré son titre, ce n'est pas un livre de guerre, mais un livre dans la guerre. Le récit, plus qu'une Iliade, se veut une Odyssée terrestre menant le narrateur de Casablanca à Fès, aller-retour sinueux, contre les tribus Beni m'Tir, Zemmour ou Zaër. Le capitaine Émile Joseph Détanger (1880-1914), alias Émile Nolly de son nom de plume, est un militaire-écrivain. Il édite en 1912 ses Gens de guerre au Maroc, roman-récit semi-autobiographique.

(Coll. Autrement Mêmes, 226 p., 21 euros)

ISBN : 978-2-343-14999-8, EAN EBOOK : 9782140091469

Structures éditoriales du groupe L'Harmattan

L'Harmattan Italie
Via degli Artisti, 15
10124 Torino
harmattan.italia@gmail.com

L'Harmattan Hongrie
Kossuth l. u. 14-16.
1053 Budapest
harmattan@harmattan.hu

L'Harmattan Sénégal
10 VDN en face Mermoz
BP 45034 Dakar-Fann
senharmattan@gmail.com

L'Harmattan Cameroun
TSINGA/FECAFOOT
BP 11486 Yaoundé
inkoukam@gmail.com

L'Harmattan Burkina Faso
Achille Somé – tengnule@hotmail.fr

L'Harmattan Guinée
Almamya, rue KA 028 OKB Agency
BP 3470 Conakry
harmattanguinee@yahoo.fr

L'Harmattan RDC
185, avenue Nyangwe
Commune de Lingwala – Kinshasa
matangilamusadila@yahoo.fr

L'Harmattan Congo
67, boulevard Denis-Sassou-N'Guesso
BP 2874 Brazzaville
harmattan.congo@yahoo.fr

L'Harmattan Mali
Sirakoro-Meguetana V31
Bamako
syllaka@yahoo.fr

L'Harmattan Togo
Djidjole – Lomé
Maison Amela
face EPP BATOME
ddamela@aol.com

L'Harmattan Côte d'Ivoire
Résidence Karl – Cité des Arts
Abidjan-Cocody
03 BP 1588 Abidjan
espace_harmattan.ci@hotmail.fr

L'Harmattan Algérie
22, rue Moulay-Mohamed
31000 Oran
info2@harmattan-algerie.com

L'Harmattan Maroc
5, rue Ferrane-Kouicha, Talaâ-Elkbira
Chrableyine, Fès-Médine
30000 Fès
harmattan.maroc@gmail.com

Nos librairies en France

Librairie internationale
16, rue des Écoles – 75005 Paris
librairie.internationale@harmattan.fr
01 40 46 79 11
www.librairieharmattan.com

Librairie l'Espace Harmattan
21 bis, rue des Écoles – 75005 Paris
librairie.espace@harmattan.fr
01 43 29 49 42

Lib. sciences humaines & histoire
21, rue des Écoles – 75005 Paris
librairie.sh@harmattan.fr
01 46 34 13 71
www.librairieharmattansh.com

Lib. Méditerranée & Moyen-Orient
7, rue des Carmes – 75005 Paris
librairie.mediterranee@harmattan.fr
01 43 29 71 15

Librairie Le Lucernaire
53, rue Notre-Dame-des-Champs – 75006 Paris
librairie@lucernaire.fr
01 42 22 67 13

www.ingramcontent.com/pod-product-compliance
Lightning Source LLC
LaVergne TN
LVHW011006061026
849535LV00006B/1736